KB038814

증/언/집

강제로 끌려간 조선인 군위안부들 2

증/언/집
강제로 끌려간 조선인 군위안부들 2

한국정신대문제대책협의회·한국정신대연구소 엮음

서문

증언의 의미

오랫동안 묻혀 있던 일본군위안부 문제가 1980년대 말 사회의 관심을 받기 시작한 지 거의 10년, 한국정신대문제대책협의회(이하 정대협)가 만들어져 본격적으로 피해자들을 돕기 시작하고, 일본을 중심으로 하여 관계문서가 발굴되기 시작한 지 벌써 8년이 되었다. 군문서를 비롯한 자료들이 이 문제의 전모를 밝혀줄 듯하더니, 피해자들이 증언한 내용조차 받쳐주지 못한 채, 그 발굴이 중지되어 버렸다. 일본정부도 이제 더 이상 밝혀질 것도 없다면서 법적 책임을 회피한 채 '여성을 위한 아시아 평화국민기금(국민기금으로 약칭)'을 지급하는 것으로 서둘러 종결하고 있다. 1993년 정신대연구회와 정대협이 펴낸 피해자 증언집 1(『강제로 끌려간 조선인 군위안부들』)에서 밝힌 군위안부 문제의 실상에서 일본 군인이나 헌병, 경찰 및 타 관리들의 강요와 협박, 폭력에 의한 연행의 사실과, 요금이 거의 지급되지 않았다는 사실은 그것을 증거해주는 문서자료가 없다는 이유로 일본정부에서 인정하지 않고 있다. 보수적인 여론에서도 이것을 검증되지 않은 역사로 돌리고 있다. 그로부터 3년여를 우리 정신대연구회 회원들은 다른 여러 피해자들을 만나고 또 만나면서, 또다른 많은 사실들을 밝혀냈다. 이것 역시 기록된 문서가 없다는 이유를 들어 정확한 역사로서의 자리를 차지하지 못하는 것일까?

역사는 기록된 문서로서만 구성되는 것이 아니라는 점은 이미 역사학에서 널리 받아들여지고 있다. 당시를 살았던 사람들의 생활상, 주택 양식, 무덤, 그림, 남겨진 일기, 편지 등이 중요한 자료가 된다. '역사란 … 당시의 사람들을 얼마나 가까이 접근하여 파악할 수 있는가를 가늠하는 시험대'라고 할 수 있는 것이다. 역사적 기록이란 항상 불충분한 성격을 지니는 것이고, 더욱이 매우 한정될 수밖에 없는 문서자료에만 기초한 역사는 심각하게 왜곡되기 쉽기 때문이다. 그러므로 여기 그 사실을 경험한 사람들이 직접 토로해 내는 이야기를 모을 수 있는 것은 역사를 밝혀나가는 데 매우 유리한 입장에 서게 되는 것이다.[1]

군위안부문제와 같이 고의로 문서가 은폐되고 폐기된 경우에, 문서 자료에만 의존하여 어떠한 사실을 인정하고 또 배제하는 것은, 그 왜곡의 정도를 보다 심각하게 할 위험이 명확관화하게 존재한다. 우리는 관련자료를 주로 독점하고 있는 일본정부에게 자료의 공개를 요구하는 한편 간접적으로 이 사실의 윤곽을 드러내줄 당시의 역사자료도 모아 왔다. 그러나 무엇보다도 한 사람 두 사람 자꾸 스러져가고 있는 생존 자들의 증언을 모으는 것이 가장 시급하고 중요한 작업이라는 데 뜻을 같이 하고 있다. 이들의 증언은 서로 일치하는 점들이 많고, 당시를 살았던 사람들의 인식과도 대체로 부합된다. 우리는 신중을 기해, 여러 번에 걸쳐 면밀한 조사를 했고, 조사한 사항을 서로 발표하고 그에 대해 토론했다. 특히 문서자료에서 발견되지 않은 사실들에 대해 진지한 논의를 했다. 그러한 사실들을 뒷받침할 자료를 발견한 후에 발표할 것인가, 아니면 이대로 실을 것인가에 대해 찬반 의견이 있었으나, 우리는 증언의 일관성을 충분히 검토하고, 당사자의 증언 외에 친구들의 증언이나 학적부 등 주변 자료들을 가능한 대로 보충한 후 발표하기로 하는 데 의견을 모았다.

본 서문에서는 조사결과의 전반적인 정리를 간략히 한 후, 주로 지난

---

1) 제임스 홉스 저, 유병용 역, 『증언사 입문』, 한울, 1995.

1집에서 나타나지 않은 문서자료로서 뒷받침되지 않는 사실들을 중점적으로 논의할 것이다.

전반적 조사결과

1집을 낸 후 수년에 걸쳐 수십 명의 피해자들을 접촉하고 증언 채록을 시도했다. 그 중 아직 더 보완작업이 필요하다고 생각되는 경우, 기억이 희미하여 도저히 일관된 증언을 얻기 힘들다고 판단된 경우 등을 제외하고, 최종적으로 16명의 증언을 2집에 싣기로 결정했다.

- 위안부 출신: 지난 1집에 실은 피해자들의 경우와 마찬가지로, 이들은 처음에 근로정신대로 동원되었던 1명을 제외하고 거의 예외 없이 극히 빈곤한 농촌 출신이다. 때문에 소학교 6학년 때 근로정신대로 동원되었던 2명을 제외하면 거의 학교를 다니지 못한 상태였다. 1명만이 결혼한 경험이 있으나, 연행 당시에는 다시 본가로 돌아와 있었으며, 그 외 모두가 미혼의 어린 나이(12~18살)에 연행되었다. 여러 가지의 예외를 보인 근로정신대의 경우는 뒤에서 보다 자세히 논의할 것이다.

- 동원방법: 동원방법은 대체로 인식하고 있는 바와 같이 취업사기(9명)와 폭력(4명)이었으나, 역시 출신배경에서도 차이점을 보였던 근로정신대를 경유한 두 사람의 경우에 소학교 담임선생님의 권유에 의해 가게 되었다. 폭력은 모두 군인과 헌병, 순사에 의해 이루어졌으며, 취업사기는 민간인(7명의 경우)과 구장, 반장 등의 관(官)에 의해(2명) 이루어졌다.

- 연행시기 및 지역: 근로정신대로 동원되었던 경우(1944년)를 제외

하고, 12명이 1936년으로부터 1942년에 연행되었으나, 1명이 보다 빠른 1932년에 연행되었다. 1932년에 연행된 피해자는 만주의 위안소에 있었는데 그 후에 연행된 경우에서와 다소 다른 점들이 나타나고 있다. 근로정신대로 동원되었던 2명이 모두 일본의 위안소에 있었고, 다른 사람들은 중국, 남양군도, 남아시아, 대만, 만주 등의 지역으로 끌려갔다.

■ 위안소 상황: 위안소는 주로 조선, 특히 남부지역의 여성들로만 이루어졌으며, 이들은 모두 '○○코'라고 하는 일본식 이름을 지어 받았다. 군대에서 관리한 경우가 6명이나 되었고, 민간인이 관리한 경우에도 군대에서 건물을 세워준다든가, 위생감독을 하는 등 군대의 체계적 관리통제가 이루어졌다. 대부분 정기적인 성병 검사도 받았다. 수없이 들이닥치는 군인, 관리인과 군인의 잔혹행위, 혹독했던 위안소생활도 1집에서 다룬 경우들과 마찬가지였으며, 요금 수령 상황도 유사했다. 군인이 낸 요금의 일정 부분을 받았다고 증언한 1명을 제외한 전원이 전혀 돈을 받지 못했거나, 다소의 팁을 받았을 뿐이었다.

■ 귀환 및 그 후의 생활: 중도에 병이 들어 돌려보내졌거나(1명), 일본군인의 도움으로 돌아온 경우(2명)도 있으나, 대부분 전쟁이 끝나고 위안소에 버려져 스스로 또는 미군수용소를 거쳐 귀향했다. 대부분의 피해자가 위안소에서 아편중독, 매독, 학질 등의 병에 걸렸거나, 임신을 했던 경우 자살을 시도했던 경험을 가지고 있고, 군인에게 당했거나 폭탄에 맞아 부상을 당했으므로 귀향 후 그 정신적·신체적 후유증을 가지고 있다. 정신병으로 고생한 사람이 2명이나 된다. 아이를 낳은 경우가 5명이 있으나, 나머지는 모두 임

신이 불가능했으며, 대부분 결혼하지 못했고 결혼을 한 경우에도 잘 살지 못하고 결국 혼자 살게 되었다.

위안부 연행의 도구가 되었던 근로정신대 제도

1980년대 말, 이 문제가 사회의 관심을 받기 시작하면서부터 정신대와 군위안부의 개념은 큰 혼란을 빚었다. 당시의 일본정부와 식민정부의 공식자료에 의하면, 여자정신대는 여자근로정신대와 같은 용어로 사용되었고, 일본의 군수공장에 노동을 위해 미혼 여성을 동원한 제도로서 군위안부 제도와는 아무런 관련도 없는 것이었다. 그러나 이 문제를 위해 조직된 '한국정신대문제대책협의회'나 '한국정신대연구회'의 이름에서도 볼 수 있는 대로 우리의 인식에서 정신대는 곧 일본군대에 끌려가 성노예로 착취를 당한 여성이었다. 정신대로 끌려가는 것을 피하기 위하여 아무렇게나 서둘러 결혼했거나 어느 친척집에 숨어 있었다거나 하는 이야기를 우리는 주위에서 많이 들었으며, 면사무소 직원이나 순사가 연행에 앞장섰다는 것은 상식처럼 생각되었다. 종군위안부라는 어휘는 최근에 일본에서 말하기 시작하여 알게 되었지, 그전에는 들어보지도 못한 것이었다. 1944년의 ≪매일신보≫와 ≪경성일보≫에서 '군위안부 모집'이라는 기사를 발견한 것도 최근의 일이다. 군위안부정책이 극비리에 행해졌고 관계 군문서에서도 위안부, 취업부, 종업부 등 갖가지 용어가 사용되고 있으므로, 사실상 군위안부가 공식적 명칭은 아니었다고 생각된다. 정대협에서 1990년에 피해자 신고를 받았을 때, 공장노동을 위해 동원되었던 사람들과 군위안소로 끌려갔던 사람들이 모두 신고한 것은 정신대라는 이름으로 노동과 성의 착취가 동시에 이루어졌을 것이라는 짐작도 가능하게 한다. 이제 다만 근로정신대와 군위안부의 여성착취의 형태 그 자체를 구별하기 위해, 우리는 당시의 신문 등 문서에서 발견되었던 '군위안부'라는 용어를 사용하기로 잠정 합의했지만, 그 둘이 과연 실제로 확연히 구분되어 실시된 제도였는지에 대해서는 확신을 가지고 있지 않다.

　이런 차에 소학교 6학년 때에 근로정신대로 동원되었다가 군위안부가 되었다고 증언한 피해자가 등장한 것은 우리를 참으로 긴장시켰다. 사실 2집을 위해 우리가 접촉했던 피해자 중 네 사람이 근로정신대로 갔다가 위안부가 되었다고 증언했는데, 결국 두 사람의 증언은 불충분해서 보충하기로 하고, 두 사람의 증언만을 실었다. 한 사람은 일본에 가서 간단한 훈련과 체조를 배운 후, 공장에는 가보지도 않고 위안소로 가게 되었으며, 다른 한 사람은 공장에서 일하다가 공장이 폭격 당해 그 후 살아 남은 여자들이 위안소로 끌려갔다고 증언했다. 우리는 이 증언들에 보다 세심한 주의를 기울였다. 해당 초등학교에 가서 학적부를 검토하여 실제로 근로정신대로 갔다고 하는 문서자료를 확보했고, 같은 학교에서 함께 정신대에 갔던 사람을 조사하여 상황에 대한 이해를 보다 풍부하게 하려고 노력했다. 일본 도야마껭에 근로정신대가 동원되었던 공장들이 군과 밀접한 관련을 갖고 있던 것은 주지의 사실이나, 우리는 더 나아가서 도야마껭에 군부대가 있었는지 폭격이 있었는지를 확인하기 위해 조사를 했다. 과연 도야마껭에 군부대가 있었으며, 폭격도 있었다는 사실을 확인했지만, 바로 공장지역에 있었는지는 확인되지 않았다. 그러나 수차례에 걸친 면접에서 계속 같은 내용의 증언이 이루어졌으므로, 피해자의 의견을 존중하여 일단 증언을 공개하는 것으로 우리는 합의를 보았다.

　정신대라는 이름을 사용하여 군위안부를 동원했을 것은 충분히 추측할 수 있으나, 소학교를 통한 공식적 근로정신대의 동원이 군위안소로 직결되었다는 증언은 당시의 확산되었던 인식을 증명하는 매우 충격적인 것이다. 앞으로 이러한 상황을 나타내줄 더 많은 증언과 관련 문서의 발굴을 기대하고 있다.

1930년대 초부터 시작된 연행

일본군대가 군위안부를 사용했다는 흔적은 노일전쟁의 시기부터 발견되나, 이후 일관된 증거는 발견되지 않는다. 1930년대 초에는 만주에 군인들을 위한 위안소가 많이 발견되나 민간차원에서 행해진 것이었으며, 상해에는 부분적으로 해군 위안소가 설립되었으나, 1937년 중국침략 후 본격적이고 체계적인 군위안소 정책이 실시되었다는 것이 일반적 해석인 듯하다.

최정례 할머니의 경우는 이러한 일반적 해석을 부정하는 새로운 사실을 보여주고 있다. 피해자는 1932년에 군인에 의해 강제로 연행되어, 10여 년간 같은 군부대 안의 숙소에서 다른 여자들과 함께 생활하면서 군인들의 빨래를 해주고, 술시중, 환자 보살피기 등 여러 일을 했으며, 군인들이 막사로 여자들을 불러내면 위안부일을 했다. 주1회 성병검사를 받았고, 가끔씩 팁을 받았다. 1937년 이후 널리 발견되는 전형적인 형태의 위안소가 아닌 새로운 형태의 성착취 모습을 보여주며, 1930년대 초 만주에서 이미 군대가 여성을 동원하고 관리하여 위안부로 사용한 사실을 증명하는 것이다.

강도 높은 성 착취

위안소에서의 혹독한 생활은 지금까지 여러 가지로 증언되었다. 그러나 김복동, 강무자 할머니의 경우에서와 같이 오지 부대로 파견 위안을 간 경우는 드물다. 중국에서 돌아오지 못한 위안부 피해자의 증언중, 주병의 소부대로 혼자 한 달간씩 끌려가 군인들을 상대한 경우가 있었다. 혼자 쉴 새도 없이 셀 수 없이 밀려드는 군인들을 상대하느라 나중에는 걸을 수도 없이 아팠다고 피해자는 증언했다. 김복동 할머니의 경우, 1942년 중국에서 시작하여 홍콩, 싱가포르, 인도네시아 등지의 위안소로 이리저리 끌려 다니다가 싱가포르에서 위안소에 있으면서, 가끔 군인들의 경비하에 10여 명의 여자들과 함께 산 속 깊은 곳의 군부대로 일 주일 정도씩 출장을 가게 되었다. 여자들이 가면 천막 하나를 임시 위안소로 만들어 놓고 여자들을 임시 칸막이 한 방에 들어가도록 했다. 일 주일 동안의 집중적인 이용이었으므로, 여자들은 하루종일 일어날 사이도 없이 군인들을 받았고, 저녁이 되면 다리를 펼 수가 없을 정도가 되었다. 강무자 할머니도 파라오의 위안소에 있으면서, 주위의 작은 섬에 5~7명씩 파견되어 열흘 정도씩 그 곳 군인들을 맞아야 했다. 이렇게 강도 높은 성 착취의 형태는 일본군위안부제도의 새로운 지평을 보는 것이다. 새롭게 전선을 확대한 곳이나, 군인의 수가 적은 지역에 이러한 형태의 성 착취가 많았을 것을 짐작할 수 있다.

피해자간의 분열, 갈등

일제가 식민지 조선의 여성을 끌어가면서, 그 앞잡이로 조선인을 사용했다는 것은 잘 알려진 사실이다. 취업사기를 알선하거나, 연행에 적당한 여성의 소재를 알려주고, 정해진 장소로 여자들을 인도하거나, 위안소 관리를 맡은 수많은 조선인들이 있었다. 일본인이 시킨 일인 줄은 알았지만, 직접 속임을 당하게 했던 우리 조선 사람이 더 미웠다고 하는 피해자들의 증언이 우리 가슴을 아프게 했다.

위안소내에서 서로 다독거리며 피해에 대항했어야 할 여자들 사이에도 경쟁을 조장하여 서로 질시하게 했다. 여자들을 군인을 많이 받은 순서대로 등수를 매겨, 그것이 피해라는 사실을 잊고 서로 경쟁하게 했던 경우는 적지 않게 발견되었다. 배족간 할머니의 경우는 그 중에서도 특이하다. 군인을 많이 받았거나 경력이 오래된 순서대로 여자들에게 계급을 주고, 군인들과 같이 계급장도 달게 한 후, 상급 계급장을 단 여자들로 하여금 하급 계급의 여자들을 벌을 주거나 때리는 등의 권위를 부여했던 것이다. 이렇게 하여 여자들 사이에 갈등을 유발시키고, 통제를 용이하게 했다. 피해자들이 공통의 피해의식을 잊고 서로 희생자를 찾도록 만드는 극악한 방식이었던 것이다.

여자들 사이의, 특히 조선인들 사이의 갈등이 우리가 겪은 가장 심한 상처 중의 하나이다. 이들이 돈을 벌기 위해 가졌던 마음, 행한 행위, 또 돈으로 인해 무감각해진 자존심은 더 깊은 상처인 것이다. 일본이 우리에게 행한 잘못 중 가장 큰 것은 바로 이같은 민족간의 분열, 질시를 만든 것이고, 자존심을 파괴하는 것이었다. 지금 또 일본정부는 피해자를 비밀리에 개별접촉하는 기형적 방식으로 '국민기금'을 지급하는 것을 통해 피해자는 물론 우리 국민들 사이를 분열시키고, 돈으로 자존심과 존엄성을 파괴시키는 시도를 하고 있다. 지난 시기에 겪은 우리의 피해의 경험을 정리한 이 증언집에서 지금의 이 혼란을 슬기롭게 헤쳐갈 수 있는 비전을 찾아낼 수 있기를 바라는 마음이다.

우리가 이 작업을 진행하는 동안 두 분의 할머니(최정례, 전금화)가 돌아가셨다. 우리의 이러한 작업이 피해자의 자존심을 회복시키는 데 일조를 할 것이므로, 그리고 왜곡되었던 역사를 바로잡는데 한 몫을 할 것이므로 우리는 초조하다. 한 사람의 이야기라도 더 찾아내어 한을 쓰다듬고 떨어져 나간 역사의 한 귀퉁이를 붙여나가기 위해 우리는 3집을 준비하고 있다. 독자들의 많은 격려와 질책, 그리고 도움 말씀을 기다리는 바이다.

이 책을 내는 데 재정적·정신적 도움을 준 보건복지부와 여성민우회에 심심한 감사를 드리며, 변함없이 이 역사작업을 성원해주고 있는 한울 출판사에 감사의 뜻을 표한다.

한국정신대연구회 회장
정진성

차례

낯선 땅 대만의 굴 속에서 해군 위안부가 되어

진경팽

**"남자들에게 몰려서 지금도 남자가 짐승
같이 보이지 사람처럼 보이지 않는다."**

나는 경남 합천군 용주면의 가난한 산골에서 1923년에 태어났다. 삼 남매 중 둘째로, 오빠와 세 살 아래의 여동생이 있다. 남동생이 있었지만, 돌도 못 지내고 죽었다. 아버지는 남의 집 머슴을 살았는데, 내가 여섯 살 때 돌아가셨다. 그래서 엄마가 품팔이를 하여 생계를 이어갔다. 오빠도 남의 머슴을 살아서 자주 볼 수 없었다. 너무 가난하여 난 보통학교를 다닐 수 없었기에, 엄마의 일을 거들거나 남의 집 아이를 돌봐주곤 하였다. 엄마는 주로 목화를 따거나 베를 짜셨는데, 그 당시에는 품삯 없이 곡식이나 철따라 몇 벌의 옷을 대신 받는 정도였다.

만 열다섯 살인 1939년, 추석을 지낸 지 얼마 안 된 어느 날이었다. 그 날도 엄마와 함께 목화를 따는데, 작은 군용차를 타고 빨간 완장을 찬 일본 헌병 4명이 나타났다. 그들은 긴 칼을 차고 있었는데, 그 당시에 겐뻬1)라 하면 아이들이 다 무서워했다. 겐뻬들은 내가 모르는 일본 말로 몰아세웠고, 난 무서워서 반항도 못하고 "엄마!"만 외쳐댔다. 엄마가 겐뻬의 다리를 붙들고, "우리 애기를 데리고 가려면 날 죽여 놓고 가라"고 하자, 겐뻬는 다리로 엄마를 내리찍었다. 엄마는 발을 구르면서 휘뜩 자빠지셨고, 그것이 엄마와의 마지막 이별이었다.

---

1) 헌병(憲兵). 일본어인 켄페이(けんぺい)를 겐뻬라 부른 듯하다.

처음 간 곳은 마산으로, 겐삐네 집인 듯한 곳에는 나 말고도 여자 3
~4명이 더 있었다. 우리 산골에서는 나 혼자 끌려갔다. 처음엔 하얀
쌀밥에다 시골에서는 맛볼 수 없는 반찬이라 맛있었지만, 밤이 되니까
엄마생각이 났다. 원피스를 얻어 입고, 이발소에서 단발을 한 후 사진
을 찍었다. 왜 사진을 찍는지는 알 수 없었다. 나이 많은 언니들은 비녀
를 꽂고 있었다. 결혼은 안 했지만 비녀를 꽂은 것은 붙잡히지 않으려
고 그런 것인데, 결국 붙잡히고 말았다고 한다. 그 언니들이 나중에 단
발을 했는지는 생각이 잘 나지 않는다. 그 집에서 보름을 지낸 뒤, 지프
로 부산 부두에 갔다. 부산에는 20명쯤의 여자가 있었고, 5층 정도의
건물에 잠깐 있다가 바로 배를 탔다. 그 날은 비가 내렸다.

굴 속에서 시작한 위안부 생활

어두울 때 배를 타서는 날이 희뿌옇게 될 무렵에야 시모노세키에 도
착했다. 가을이라 약간 쌀쌀했다. 바나나와 '가끼우동(가락국수)'을 먹
었는데 생전 처음 먹어보는 것이라 맛있었다. 아침 9시에 다시 큰 배를
탔다. 함께 배를 탄 사람들이 그 큰 배 이름을 '다쿠사마루'나 '교마루'
라고 불렀는데, 그런 큰 배는 부산에 못 들어와서 시모노세키에서 탄다
고 했다. 배를 타니까 언뜻 보면 아줌마 같은 20세 정도의 여자들이 10
여 명 있었다. 나 같은 어린애는 경기도가 고향인 '애치코'밖에 없었다.
애치코라는 이름은 해군이 배 안에서 지어준 것이다. 해군이 내게도
이름을 물어 진가라고 하자, '히가시와 미츠코'라고 이름을 지었고, 다
른 여자들도 해군이 일본이름을 각각 붙였다. 그 때 나는 일본말을 전
혀 몰라서 일본말을 알아듣는 나이 많은 언니들이 옆에서 통역을 해주
었다. 해군이 내 이름을 지을 때 성을 물었지만 그저 적당히 지은 것
같다. 우리를 인솔한 사람들은 헌병이나 군인이었는데, 옮기는 곳마다

....

군인이었는데, 옮기는 곳마다 인솔자가 바뀌었다. 그래서 그 놈이 그 놈 같아 인상에 남는 사람들이 없다.

　그 배는 3층으로 된 듯한데, 동그라한 유리 사이로 물고기들이 보이는 것으로 보아 아마도 맨 밑층에 있었던 것 같다. 배멀미로 그 당시의 상황을 잘 파악할 수는 없었지만, 바닥에는 다다미 비슷한 것이 펴져 있었고 4~5명이 맞대고 잤다. 가끔 남자들이 다니는 것은 보였어도 그들이 우리쪽으로 오지는 않았다. 배멀미로 바람을 쐴 수 있는 배의 제일 윗쪽을 올라간 적이 있었는데, 언뜻 보아 거기에 야채가 심어져 있었던 것 같다.

이틀 밤 사흘 낮만에 대만 기륭(基隆, Jilong)이라는 곳에 도착하니까 아침이었다. 40명 정도가 큰 비행기를 타고 아주 산중인 오카야마²)라는 곳의 해군부대가 있는 곳에서 내렸다. 그 큰 비행기의 이름은 얼핏 듣기에 비29(B29)라 하는 것 같았다. 비행기가 기착한 곳은 산 위에 있는 큰 비행기장이지만, '센토기(전투기)'처럼 작은 비행기는 굴 속에 기착하기도 했다. 굴 속에는 3중대 소속의 해군들이 있었는데, 그 당시는 전쟁중은 아니었다. 지금의 기차터널보다 조금 넓은 굴이 여러 개 있었는데, 비행기도 굴로 들어가 굴에서 나오면 하늘이고 바다였다.

그 굴 속 위안소에는 어디서 왔는지 모르지만 이미 3명의 여자들이 있어서 모두 17명 정도의 위안부가 있었다. 간호원처럼 보이는 여자들이나 식당에서 일하는 군인…. 위안소는 부대가 있는 곳과는 떨어진 굴에 있어서, 비행기가 뜰 때 잘 갔다오라고 굴 밖에서 깃발을 흔들기도 했다. 위안소를 관리하는 사람들은 군인이나 헌병인데, 구체적으로 어떻게 관리했는지 당시로서는 파악할 수 없었다. 그러한 것은 군대기밀이고, 조금 움직이는 데도 암호 같은 것을 말해야 했다.

나는 그 당시 위안부가 뭔지, 위안소가 뭔지도 몰랐는데, 굴 속에 들어가니까 담요 같은 포장으로 몇 칸씩 된 곳에 1호, 2호 등의 이름이 붙어 있었다. 심지를 뽑아 14명 정도의 여자들이 각각 들어갔다. 안쪽은 시멘트로 된 듯했는데, 담요 7장을 받아 개어놓고 2장은 깔고 1장은 덮으면서 사용했다. 방은 누울 정도의 크기로, 소독약을 탄 물통과 건빵이나 비스켓, 사탕 따위의 비상식량이 담긴 배낭이 있었다.

식사는 식당 같은 움막에 가서 군인들이 해놓은 밥을 먹었는데, 매일

---

2) 오카야마라는 명칭은 해군부대 이름을 지명처럼 사용한 듯하다. 비행기를 타는 사람들이 많았다고 한다.

먹는 것은 납작한 보리쌀과 쌀이 반씩 섞인 밥과 '닥꽝(단무지)' 그리고 가끔 시금칫국이나 '간즈매(통조림)'를 먹었고, 점심은 건빵으로 많이 때웠다. 밥그릇에는 플라스틱 같은 것에 큰 숟가락으로 두 숟가락 정도의 밥이 담겨 있었다. 여자들은 사람에 따라서는 아침밥을 거르기도 했다. 어쩌다 운 트인 날은 군인 감시 아래 파인애플이나 바나나, 산딸기, 다래 비슷한 과일을 따먹기도 했고 군인이 따줄 때도 있었다. 주먹밥도 여러 번 먹고, 친하면 군인들이 건빵과 비스켓을 주었다. 같은 위안소에 있어도 각자 자기 배고플 때 알아서 챙겨먹고 하여, 여자들끼리도 인사만 할 뿐 서로의 이름을 묻지도 않았다. 마실 물은 차잎인 듯한 연료로 끓이는 큰 주전자의 물을 사용했고, 목욕물은 바닷물을 기계로 끌어다가 썼는데, 목욕을 자주 하지는 못했다.

화장실은 굴을 나와서 '가빠'[3]로 만든 네모난 것이 여러 개 있어, 여자들끼리만 각자 열쇠를 가지고 사용했다. 열쇠를 가진 것은 많은 군인들이 쓰면 냄새가 심해서인데, 밤에 자는 군인이나 자기 손님에게는 사용하게 했다. 화장실 청소는 여자들이 직접 했다. 그 굴 속 위안소는 특정한 간판은 없었고, 군표도 없었으며, 그 곳에서는 돈구경도 하지 못했다. 일본여자는 4명이 있었는데, 모두 나이가 20살이 넘었다. 일본여자들과는 어쩌다 인사 정도만 했을 뿐이고, 서로 상대를 잘 안 했다. 왜냐하면 장소도 떨어진데다 사실 서로 놀러다닐 만큼 여유가 없었기 때문이다.

처음 당했을 때는 먹는 것도 싫고 사람도 싫어 죽고 싶은 마음뿐이었다. 겁이 나서 소리도 지르지 못하고 울기만 했다. 그 때 나는 5~6명을 받았는데 밑이 째지고 피가 나서, 그 후 몇 개월 동안 아파서 군인을 받지 못했다. 너무 아프고 경황이 없어서 첫 상대자가 장교였는지 아닌지도 잘 모르겠다. 그 때는 초경도 없었고(17살에 초경을 했다) 그

---

3) 집, 가마 따위에 비박이로 덮는 동유지

저 아프기만 했다. 엄마 생각에 밤낮 없이 울어서 군인들에게 꾸중도 많이 들었다. 그렇다고 해서 많이 맞거나 하지는 않았다. 나이가 어려서 군인들이 나를 많이 달랬다. 군인들이 폭행을 하기도 했지만, 보통은 여자들이 맞지 않으려고 미리 주의를 하면서 한 번 더 하자는 식의 군인들의 요구사항을 들어주는 경우가 많았다.

나를 사랑한 일본군인 오카

나를 동생처럼 생각하고 1년 반 정도 자주 온 군인이 있었다. 그는 19살로 고향이 히로시마였는데, 원래 이름은 '다나베 아끼라'이지만 나는 그를 '오카'라 불렀고, 그는 나를 '진(또는 미짱)'이라 불렀다. 그 당시 나는 해군에 있을 때는 '미츠코(光子)'라고 불렸고, 육군에 있을 때는 '히후미(一二三)'라고 불렸다. 미츠코는 해군부대에서 지어준 이름이고, 히후미는 내가 지은 이름이었다. 그와 난 두 살 차이였는데, 안 보면 보고 싶었다.

당시에 난 한국말을 잊어버릴 정도로 일본말만 쓰게 되어 그는 내가 조선사람인지 몰랐던 것 같다. 헌병에 끌려오기 전에는 산골에서 일본말을 전혀 쓰지 않아 처음에는 못 알아들었다. 3개월 정도 지나니까 오라, 가라 정도의 말은 알아들을 수 있었다. 여자들에게 따로 일본말 교육은 없었기 때문에, 눈치껏 스스로 익혀서 6개월 정도가 지나서야 간단한 인사를 하고, 1년 반 정도가 되니까 의사소통이 거의 가능해졌다.

그는 아버지와 남동생이 있었고, 고등학교를 나와 군대에서는 비행기 조종사였다. 얌전한 성격으로 인물이 좋고 키가 컸는데, 다른 사람과는 말을 잘 안 했지만 나하고는 말을 잘 해 지금도 얼굴이 생생하게 생각난다. 전쟁이 끝나면 결혼하자고 했지만 그는 비행기를 타다 죽었다.

그 독한 606호 주사를 맞아

나는 6개월이 지나 매독에 걸렸다. 또 일본말로 '요코네'라 하여, 그 증상이 사타구니에 몽아리가 섰고 머리며 눈알까지 가려웠는데, 일본약으로 삭아내려 다 나았다. 그 후 매독으로 2명의 여자가 죽었다. 병원은 따로 없었는데, 군의관이 오면 일 주일에 한 번은 방마다 성병검사를 받았다. 그 독한 606호 주사를 맞아, 사흘 동안 하늘이 뱅뱅 돌고 속도 메스껍고 월경도 한 달씩 걸러 했다. 월경할 때도 군인을 받았다. 군인을 받을 때나 잠잘 때는 밑이 트인 속옷을 입었다. 606호 주사는 한 달에 두 번 정도 맞았지만, 병에 걸리면 자주 맞았다.

군인들은 2교대라서 아침부터 줄을 섰다. 보통 아침 7~8시면 기상해서 아침식사를 8시경에 하고, 9시부터 군인을 받았다. 점심은 건빵이나 물로 때웠는데, '라무네'라는 사이다 같은 맛의 음료수를 마시기도 했다. 저녁밥은 밑 씻는 시간을 이용해서 군인 비위를 안 상하게 눈치껏 식당에 가서 먹었다. 시간이 정해진 것이 아니라 밤 11시나 새벽 2시까지 받을 때도 있었다.

다른 여자들은 군인을 많이 받았지만, 나는 몸이 약하고 작아서 하루에 적게 받을 때는 열댓 명 정도이고, 많이 받을 때는 30명이 넘기도 했다. 토요일이나 일요일은 군인이 훈련을 나가서 손님이 적을 때도 있었지만, 부대가 풀릴 때는 수천 명이 풀려고 나왔기 때문에 너무 많아 감당하지 못할 때도 있었다. 선임하사의 경우는 마누라가 있는 경우도 있었다. 상대하는 시간은 20분 정도이고 상대자는 주로 졸병이었는데, 밤에는 가끔 장교가 자고 가기도 했다. 삿쿠(콘돔)를 사용했는데, 사용 안 하려는 군인도 있었다.

우리가 있는 곳은 사방이 산이나 바다, 하늘이라 대만사람이 누군지도 몰랐고 만난 적도 없었다. 하루에 몇 번은 헌병들이 경비를 돌고, 전신에 군인들이 보초를 서거나 여자들의 도망이나 자살을 감시하기 때문에 우리들은 그저 체념하고 살았다. 바다 건너 간똥⁴⁾이라는 곳은 요정이 있고 팔려온 여자도 있다고 했다. 그래서 휴가받은 상급 군인은 놀러가기도 한 것 같다. 기릉에서 1년 반쯤이 지나 싱가포르 전쟁에 이겨서인지⁵⁾ 약간의 자유를 주었다. 일본배우도 오곤 했는데, 그들은 원피스나 기모노, '고시마끼(속치마)'를 가져와 나눠주거나 노래와 춤을 추기도 했다. 그 당시에 우리는 조선으로 돌아간다는 것은 생각도 못해서 무조건 일본이 이겨야 한다고 생각했다. 여자들도 몸빼를 입고 훈련을 받기도 했는데, 옷은 세 달에 한 번 주는 해군복을 입었고 해군이 후퇴할 때 육군으로 넘어가서는 육군복을 입었다.

육군의 산 속 위안소로

해군부대에는 군인들이 싱가포르 전쟁에 나가 폭격을 당해서 많이 죽고 비행기로 후퇴하기도 했다. 군인들도 적어지고, 어디를 가려 해도 길을 모르니 그저 울면서 사나흘을 보내야 했다. 며칠이 지나 육군에서 보낸 트럭이 왔다. 폭탄이 빗발치는 전장 속에서 기적처럼 살아난 우리는 다시 육군으로 옮기게 되었다. 트럭을 타고 옛날에는 사람을 잡아먹었다는 산적⁶⁾이 나온다는 기나리야마⁷⁾라는 곳으로 갔다.

여자들은 일본여자를 포함해 열댓 명인 듯했다. 사실 그 당시에는 컴컴한 솔밭 같은 곳이라 사방을 분간하기 힘들고, 사람을 헤아릴 만한 여유가 없었다. 산 속의 육군 위안소는 뱀이 많은 지역이라 임시로 나

---

4) 중국 본토의 광동(廣東).
5) 일본은 1942년 2월 15일 싱가포르를 함락했다.
6) 사람을 잡아 제사를 지낸다는 고산족인 듯하며, 그 때 일본군인들은 그들을 '세방'이라 불렀다고 한다.
7) '기나리야마'는 해군부대 이름을 지명처럼 사용한 듯하다.

무로 지은 우리나라의 오두막 같은 곳이었는데, 위험하면 다시 굴 속으로 들어가기도 하였다. 해군에서보다 육군에서 군인을 더 많이 받았다. 거기서 육군 7중대라는 부대와 2년 반 정도 있었다.

육군 위안소의 성병검사도 군의관이 방마다 왕진을 도는 식으로, 해군 때와 똑같았다. 먹는 것은 해군에 있을 때보다 조금 못했고, 밥그릇이 해군의 플라스틱 같은 것과는 다른 빨간색의 뚜껑이 있는 나무그릇이었다. 육군으로 와서 처음에는 해군보다 지저분하고 배도 더 곯은데다 대우도 좋지 않아 울기도 많이 울었다. 가끔은 여자들이 군인 몰래 청소를 담당하는 산적들과 물물교환을 했다. 여자들은 건빵과 비누, 사탕을 오리알과 바꿨다. 그 곳은 원숭이가 많았는데, 이 원숭이들이 사람을 해치기도 하여 군인들이 원숭이를 가두기도 했다.

육군에서 군인을 받을 때 한번은 난리가 나서 일본군인들이 많이 죽었다. 해방되기 4개월 전으로 아마도 싱가포르가 함락되어 후퇴했던 것 같은데, 미국 비행기가 폭탄을 터트리는 통에 나도 뼈가 보일 정도로 엉덩이를 다쳤다. 아직도 이 때의 흉터가 남아 있다. 무언가 파편이 스치고 지나가 살이 칼에 베인 것처럼 아파 1주일간은 군인을 못 받았는데, 군의관이 치료를 해줘 새 살이 돋고 대충 나았지만 지금도 비가 오면 쑤시고 아프다. 606호 주사도 맞아 속도 메스껍고 사는 것이 사는 게 아니었다. 나는 지금도 그 생각을 하면 잠을 못이룬다.

유일하게 외출을 한 적이 있었는데, 군인과 함께 여자 셋이 위안소와 가깝게 사는 산적을 만나러 갔다. 군인들이 곳곳에 서서 감시를 하고 있어 멀리는 못 갔다. 그들은 오두막을 짓고 흩어져서 살았는데, 수수나 고구마, 토란을 심고 있었다. 바나나 껍질 같은 것으로 치마를 두르고 위에는 옷을 입지 않았는데, 머리엔 엽전 같은 것을 두른 것이 괴상했다. 그들은 우리에게 귀한 손님 접대로 개구리 눈알이 땡그랗게 뜬 개구리국을 줬는데, 일본군인은 먹고 여자들은 안 먹었다. 그 대신 고

구마와 감자를 얻어 먹었다. 그 산적들은 일본군인과 일 대 일로 만나면 죽이기도 했으나 3~4명이 모여 있으면 겁을 냈다. 그들의 말소리는 내게 '까락까락' 하는 소리로 들렸다.

엄마는 홧병으로 돌아가시고

해방도 기나리야마에서 맞았다. 일본군 군인들은 그 때 자살로도 많이 죽었다. 총으로 자살하거나 칼로 할복자살하는 것도 보았다. 해방하고 이틀 뒤에 일본군은 다카오(高雄, Gaoxiong) 시내로 우리를 트럭으로 실어다 주었다. 다카오 시내 역 근처의 일본사람이 살았던 집인 듯한 곳에 며칠 있다가, 어떤 한국사람이 모두들 다카오 강당으로 모이라 하여 강당으로 갔다. 그 강당에는 200명 정도의 사람들이 있었고 높은 한국사람도 있어, 그 사람들 도움으로 4~5개월 정도 강당 안에서 생활했다. 여자들은 우리들뿐이었고, 그 강당에서 처음으로 애국가를 배웠다. 여자들 중에 2명은 일본으로 간 사람도 있었다. 다른 여자들도 같은 배에는 타지 않고 먼저 타거나 뒤에 오는 배를 타거나 하여 뿔뿔이 흩어졌다.

다카오에서는 일본으로 가는 배는 있어도 한국으로 가는 배는 없어 기륭까지 기차로 가서, 한 달 정도 거기에 있다가 배를 타고 한국으로 돌아왔다. 1946년, 내 나이 22세의 귀환이었다. 제주도에서 내린 사람도 있었지만, 나는 부산에 내려서 주먹밥을 먹고 수용소 생활을 1주일 정도 했다. 다른 위안부는 없었고 대만에서 살림했던 사람들이 많았다. 수용소에서 천 엔을 받아 가지고 화물기차를 타고 대구로 가서, 다시 버스를 타고 합천에 도착했다.

합천에서 내가 단발하고 스커트에 구두를 신고 시계를 찬 것이 수상했는지, 자전거를 탄 사복차림의 형사 2명이 나를 불렀다. 시계는 친하게 되면 해군들이 여자들에게 갔다줬는데, 내 경우도 친했던 다나베 아끼라가 준 것이다. 형사들은 나를 경찰서로 데려가, 서장에게 얘기해서 고향으로 실어다 주었다. 그러나 합천 고향에는 엄마도 안 계시고, 오빠는 징용에 끌려가 죽고, 여동생은 합천 대량에 있는 다리 병신한테 시집갔다는 얘기를 들었다. 가족은 만나지도 못한 채 친척집에서 밭 매고 논 매면서 1년도 채 못 있다가 나왔다. 엄마는 내가 일본헌병들에게 끌려간 뒤에 점을 보셨는데 내가 죽었다고 점괘가 나와서 홧병을 얻으신데다가 오빠마저 징용으로 끌려가 죽어, 해방도 못 보시고 돌아가셨다고 고향 사람들에게 들었다.

여동생은 내가 돌아왔는지도 모르고 또 힘들게 사니까 서로 보지도 못하고 살다가 6.25후에야 만나게 되었다. 첫애가 3살이고 둘째애가 난지 얼마 안 되었다. 시어머니는 콧병을 앓고 계셨고, 우리가 살았던 시골움막보다 못한 집에서 생활하는 동생을 보니 그저 눈물만 나서, 밤새도록 서로 안고 울면서 그렇게 하루를 보내고 왔다.

한국에 돌아오자마자 그 해가 흉년이라 굶기도 많이 굶고 남의 집에서도 얻어 먹다가, 23세에 상처한 집을 소개받아 재취로 들어가 애들 셋을 키웠다. 혼인신고는 6.25 후에야 했다. 영감은 병들어 죽고 애들은 커서 출가시켜 놓으니 나를 부담스러워하는 것 같아서, 마흔두 살에 서울로 올라가 수색 근처의 웅암동 포수마을에서 남의 집 식모로 있다가 '덴뿌라(오뎅)' 공장에서 1년 정도 일했다.

끌려가고 싶어 끌려간 것도 아닌데

서울에 와서 고생을 많이 했는데, 이웃에서 생활보호대상자로 신청해 줘서 배급을 받게 되었다. 지금의 분당 임대아파트에서 살기 전에는 성남에서 비만 오면 새고 냄새가 나는 반지하에서 살면서 인형공장에 다

넣는데, 그 때 시청 과장님이 이 임대아파트를 신청해주셨다.

하루는 집에 놀러온 사람들이 신문에서 보상해준다는 것을 봤다며 유족회 위치를 알려주었다. 그래서 눈이 제법 많이 왔던 1990년 12월경에 유족회(태평양전쟁희생자유족회)에 찾아가서 신고를 했는데, 그 당시에는 신고한 사람이 별로 없었다. 영감도 자식도 없고 먹고살 도리도 없는 처지라, 신고를 할 것이지 말 것인지 하는 갈등은 없었다. 자주 만나는 친척도 없고, 작년에 합천에 갔을 때는 그 동네집에서 이틀을 묵고 차비는 이장이 주었다. 4월에는 열흘간 입원했는데, 정부보조 생활비로는 약값과 생활비도 부족한 형편이다. 구경도 다니고 싶고 과일도 먹고 싶은데, 늘 아파서 병원비 댈 돈이 가장 아쉽다.

남자들에게 물려서 지금도 남자가 짐승 같이 보이지 사람처럼 보이지 않는다. 그래서 사람들 많은 곳은 싫고, 그 당시 고생했던 습관으로 지금도 음식을 많이 먹지 못하고 소식을 한다.

요즘은 수요집회8)에도 가끔 나가고, 지난 4월에는 유족회를 통해 3박 4일로 히로시마에 갔다온 적도 있다. 학교나 여성단체에 가서 위안부로 끌려간 경위나 위안부생활에 대한 증언을 했다. 그 때 나는 일본 사람들에게 "독도9)는 내가 어릴 때도 우리땅이었는데, 왜 독도를 일본

---

8) 한국정신대문제 대책협의회에서 주관하여 일본대사관 앞에서 일본정부에 일본군 위안부 범죄에 대한 자료공개, 사죄, 배상, 책임자 처벌 등을 촉구하는 집회. 1992년 1월 8일부터 시작하여 200회를 넘었으며, 매주 수요일에 모인다. 1996년 1월부터 함께 참여하는 단체는 민주주의 민족통일 전국연합, 한국정신대연구회, 한국여성민우회, 한국기독학생총연맹, 경제정의실천시민연합, 한국여성단체연합, 통일맞이 7천만 겨레모임, 한국여성의 전화, 한국여신학자협의회, KNCC, 한국기독청년협의회 등이다.

9) 독도는 일본이 식민지 통치 때 시마네현의 영역으로 일방 편입시킨 이후, 지금도 독도의 소속문제를 둘러싸고 한국과 일본이 팽팽한 줄다리기를 하고 있다. 작년에 이어 지난 1996년 4월에 일본정부는 독도의 주변수역을 제3수역으로 설정해 공동관리수역으로 하는 방안을 한국에 제안할 방침을 굳혔다고 일본신문에 보도되면서 또다시 여론화되었다. 그러나 독도문제는 한국이 압도적으로 유리한 정황 증거와 역사적 증거를 갖고 있다. 한국이 현재 독도를 점유하고 있

땅이라 합니까? 도와주지도 않고 사죄도 못하면서 왜 독도가지고 난립니까? 일본사람들 나쁩니다. 얼굴도 똑같고 말만 다를 뿐인데 왜 원수 삼으려 합니까? 우리가 끌려가고 싶어서 끌려간 것도 아닌데, 죽기 전에 일본정부가 사죄하고 보상해야 합니다"라고 말하니까, 일본사람들이 크게 박수를 쳤다.

올 뿐만 아니라 일본의 여러 문헌과 공식문건조차 한국(조선)의 영토라는 것을 증명하고 있는 것이다.

✚ 진경팽 할머니는 1923년 식민지 조선의 한 가난한 산골마을에서 태어나셨다. 아직은 앳된 만 15세의 나이에 강제연행되어 해방된 조국의 품에 돌아오시기까지 7년이라는 한많은 세월을 대만의 이국하늘에서 보내셨다.

푸욱 패인 주름, 깡마르고 자그마한 체구의 할머니를 두 번째 만났을 때는 더 왜소하고 지쳐 보이셨다. 기운이 없어서 밥해 먹기도 싫어 자주 끼니를 거르신다고 하여, 처음 만났을 때는 할머니가 좋아하신다는 짬뽕을 시켜드려 맛있게 드시는 것을 보았는데, 이번에는 드시고 싶다던 수박을 겨우 몇 조각 드실 뿐이었다. 감기가 걸려서 더 입맛을 잃으신 듯하다. 하루에도 두통약을 몇 개는 먹어야 하루를 견딜 수 있다는 얘기를 듣고, 할머니의 짜증이 이해가 갔다.

할머니에게 현실적으로 가장 아쉬운 것은 역시 약값이었다. 병원에서는 피 뽑는다, 무슨 무슨 조사다 하며 법석만 떨 뿐 기운만 더 빼서 병원에 안 가시겠다고 하신다. 임대아파트 관리비를 내고 정부 생활보조비로 약값이 모자라다 싶으면, 할머니는 조바심이 나고 짜증의 강도가 높아지면서 사람들에 대한 경계심마저 깊어지는 듯했다. 이런 상황에서 일본정부가 말하는 '여성을 위한 아시아평화국민기금'을 통한 전 일본군위안부에게 2백만 엔 이상의 일시금 지급이란 할머니에게 달콤한 유혹이 아닐 수 없다. 그래서 할머니도 몸이 많이 아프실 때는 가끔 흔들리신다. 죽기 전에 약값이라도 쪼들리지 않았으면 좋겠다고 하신다. 그렇지만 할머니도 일본정부의 눈가리고 아웅하는 식의 민간배상은 싫다고 하신다. 죽기 전에 정부 차원의 사죄와 배상을 꼭 받고 싶다고(1996년 5월 11일과 6월 2일의 만남).

✳ 조사·정리자 강제숙은 강원도 태백산의 정기를 타고 태어나, 중앙대학교에서 국어국문학을 공부했다. 대학을 졸업하고 사회살이를 조금 거친 뒤에, 일본땅으로 건너가 동경대학 대학원에서 사회학을 공부했다. 동경에서 일본정부에 일본군위안부 범죄에 대한 사죄와 배상을 촉구하는 집회에 참가하고 재일교포 송신도 할머니의 재판투쟁을 지켜본 것을 계기로, 1995년 12월의 귀국 후에도 자연스럽게 정신대연구회 활동에 참여하게 되었다. 모든 차별문제에 관심이 많다.

주인과 관리인에게 맞아서 귀가 멀었다

박두리

......

"나는 보청기가 없으면 보통 대화도 못
한다."

나는 1924년 경상남도 밀양군 청도에서 태어났다. 아버지는 농
사를 지으셨고, 집안 형편은 조금 여유가 있었다. 그런데 큰아버지와
아버지가 바람을 피워 재산을 모두 탕진해 버렸다. 그 후 우리집은
목수 일을 시작한 아버지 때문에 경상북도 청도군과 밀양군을 오가며

수없이 이사를 다녀야 했다. 일곱 남매 중에 맏이인 나는 아버지가 열아홉 살 때 태어났다. 바로 아래 남동생과는 다섯 살 차이가 나고, 밑으로 남동생 두 명과 여동생 세 명이 더 있다.

나는 학교에 한 번도 다니지 못했다. 그 시대에 학교에 다니는 여자 아이는 동네에서 많지 않았다. 그래서 나는 글을 전혀 모른다.

방 세 칸이 있는 집에서, 어머니는 아이들만 키웠고 나도 동생들을 돌보며 지냈다. 그 때 막내동생은 세 살이었다. 열두 살인 바로 아래 남동생은 학교에 다니지 않고 아버지의 목수 일을 도왔다. 우리는 생활이 어려워서 나물을 뜯어 먹기도 했지만 밥을 굶지는 않았다.

일본 공장에서 돈을 벌어 부모님 도와 드리고 싶었는데

내가 끌려갈 때 우리 가족은 밀양군 삼랑진에서 살고 있었다. 그 당시 아버지는 '나까무라구미(中村組)' 건설회사에서 목수로 일하고 있었다. 이 회사는 북청(北靑)까지의 단선 기찻길을 복선으로 만드는 공사를 하던 중이었다.

부모는 나를 시집보내려고 했지만 내 마음에 맞는 사람이 없어서 가지 않았다. 내 생각에는 시집을 좀 늦게 갔으면 했다.

나는 열일곱 살이 되던 해인 1940년에 끌려간 것이 분명하다. 그런데 그 해 언제인지는 생각이 나지 않는다. 덥지도 춥지도 않은 날씨였다는 것밖에는. 둘째 남동생이 그 당시 초등학교 1학년이었다.[1]

어느 날 우리 마을에 남자 세 명이 왔다. 세 명이 흩어져서 따로따로

---

1) 할머니의 신고를 도왔던 남동생의 증언. "그 때 나는 아홉 살, 초등학교 1학년 이었다. 어느 날 갑자기 누나가 없어졌다. 나는 형과 함께 누나를 찾아다녔다. 어머니가 '저기 까치가 울고 있는 곳에서 누나가 죽었을지도 모르니까 가봐라' 고 했다. 그렇지만 형도 나도 무서워서 가지 못했다. 어머니에게는 '누나를 찾으러 거기까지 갔는데 누나는 보이지 않았다'고 거짓말을 했다."

여자를 모집했다. 우리집에 온 남자는 오십대로 보이는 키가 큰 일본사람이었다. 이 일본 남자가 세 명 중에서 책임자로 보였다. 그는 조선말로 얘기했지만 조선말이 똑똑하지 않았다. 그래서 부모님과 나는 그 사람이 일본에서 사는 조선사람인 줄로만 알았는데, 대만에 도착해서야 일본사람이라는 것을 알았다. 나머지 두 명은 조선사람인 것 같았다. 그 사람은 나를 일본 공장에 넣어준다고 말했다. 나는 일본에서 돈을 벌어서 부모님께 보내고 싶다고 말했다. 부모님도 의심하지 않고 반대하지 않았다. 정말 돈을 벌러 일본 공장으로 가는 줄 알았더니….

그들은 우리 마을에서 젊은 여자 열 명 가량을 데리고 갔다. 무엇을 타고 부산까지 갔는지 하나도 생각이 나지 않는다.

부산에서 이층으로 된 큰 배를 탔다. 군인들도 민간인들도 많이 탔다. 열 명 내외의 여자들이 군데군데 모여 있었다. 그 배는 일본에 들르지 않고 직접 대만으로 갔다. 처음 배를 타보니까 멀미를 해서 여자들이 다 심하게 토했다. 바람도 세게 불었다. 배에서 담요 두세 개를 받았다.

우리는 어느 항구에서 내렸다. 그 항구 이름이 생각나지 않아서 무척 답답해 했는데 정리자가 대만 도시 이름들을 일본말로 하나하나 부르는 걸 듣다보니 생각이 났다. '쇼까(彰化)'… 쇼까. 쇼까에서 나와 함께 내린 여자들도 있었고 또 다시 다른 곳으로 그 배를 타고 떠난 여자들도 있었다.

주인과 관리인에게 맞으며

쇼까에 도착해서 일 주일이 지났는지, 며칠을 있었는지 모르겠다. 그렇게 멀미가 심했다. 무엇을 타고 항구에서부터 이동했는지 모르겠지만 몸을 파는 집2)까지 가는 길에 일반 가정집들이 보였다. 내가 끌려간 곳은 대만사람의 집이었는데 큰 단층집이었다. 창문에 창살이 있었다. 그 집에는 간판이 있었다. 간판을 받을 때는 허가가 있어야 한다고 했다. 아무리 생각해도 그 간판에 씌어 있던 집 이름이 생각나지 않는다. 집 앞에는 산이 있었고, 바나나, 밀감도 열려 있었다.

대문 입구에는 주인과 관리인이 앉아 있는 사무실이 있었고 그 앞으로 복도가 있었다. 그리고 복도 양쪽에는 색시방이 죽 늘어져 있었다. 사무실 맞은 편에도 색시방이 있었다. 가운데에 작은 마당이 있고 그 주변으로 색시 방이 나란히 있었던 것이다. 식당은 사무실 왼쪽에 있었다. 대문 옆에는 꽃이랑 나무가 심어져 있었다. 우리는 방을 한 개씩 차지했고, 그리 크지 않은 방에는 이불과 옷이 있었다. 집안은 깨끗하지 않았다. 화장실도 하나뿐이었다. 화장하고 옷을 갈아입고 나온 여자들은 사무실의 오른쪽 방에 나와 앉아 있었다.

나를 삼랑진에서 데려간 그 일본 남자가 그 집 주인이었다. 그 사람은 수완이 좋아서 군인들과 교섭을 아주 잘했다. 그 집에는 이미 대여섯 명의 젊은 여자들이 와 있었다. 모두 조선 여자였다. 새로 온 우리들은 공장에 보내주길 기다리고 있었다.

그런데 군인들이 오기 시작했다. 주인이 갑자기 우리한테 손님[3]을 받으라고 했다. 그 때서야 내가 군인을 상대해야 하는 데로 온 것을 알았다. 얼마나 놀랬는지. 남자는 처음이었다. 도망을 할까 생각했지만 글도 모르고, 길도 모르니 도망갈 수가 없었다. 나가면 죽는 판인데. 아는 사람 한 명도 없이…. 죽는 게 더 낫겠다고 생각했지만 그래도 꼭 붙어 있어야 했다.

군인들은 들어오자 마자 마음에 드는 여자를 한 명씩 데리고 방으로 들어갔다. 대문 밖에서는 많은 군인과 민간인들이 기다리고 있었다. 손

---

2) 할머니는 위안소라는 말은 모르고 '몸을 파는 집'이라고 한다.
3) 할머니는 위안소에 온 남자들을 '손님'이라고 불렀다.

님은 한 사람씩 올 때도 있고, 두세 명씩 올 때도 있었다. 하루에 열 명 정도의 손님을 받았다. 더러는 밤에 자고 가는 군인도 있었다. 육군과 해군이 다 왔다. 그 부근에 부대가 있었던 것 같다. 군복 색깔이 달라서 양쪽 군인이 오는 것을 알았다.

민간인 손님은 일본사람과 대만사람이었다. 민간인이라도 한 시간씩 자고 가는 뜨내기도 있었고, 하룻밤 자고 가는 사람도 한 달에 몇 명씩 있었다. 나한테 오는 민간인들은 주로 대만사람이었다. 일본말이 아닌 다른 말을 하고 피부가 일본사람보다 검고 냄새도 나니까 대만사람인 줄 알았다. 옷은 보통 민간인 옷이었다. 추잡했다. 그런 대만사람들은 다른 여자한테는 가지 않았다.

그렇지만 민간인보다는 군인들이 많았다. 군인들이 많으면 민간인은 왔다가 돌아갔다. 군인들은 휴가 때 외에는 자주 못 오기 때문에 돈이 많든 적든 군인들을 상대해야 했다. 군인들은 낮이건 밤이건 시간이 되면 왔다. 쇼카에는 그런 집이 여러 군데 있었기 때문에 군인들은 다른 집에도 갔다.

토요일과 일요일에는 특히 많이 왔다. 군인들은 돈이 없으니까, 월급을 받아서 적당히 왔다. 군인 중에서는 '나지미(단골 손님)'도 생겼는데 부대가 이동하면 오지 않았다. 나는 특정한 일본 군인에게 애정을 갖지는 않았다.

군인이 나를 방으로 데리고 가면 하룻밤에는 얼마, 한 시간에는 얼마 하는 규정이 있었다. 돈은 관리인 여자가 받아서 장부에 적고 주인한테 주었다. 그 여자가 따라와서 군인에게 돈을 받았기 때문에 나는 그 액수는 잘 몰랐다. 우리를 관리하는 여자는 삼십대의 일본 여자였는데 청소는 언제하라는 등 모든 것을 관리했다. 우리에게 밥을 가져오는 사람도 그 여자였는데, 관리하는 사람은 많으면 둘이고 보통은 그 여자 혼자했다. 주인은 관리인이 가져다준 돈을 받아서 계산하고 손님이 누구한테 많이 오는가를 점검했다.

월경을 할 때도 쉬지 못했다. 허리가 너무 아파서 일어나지도 못했다. 삿쿠는 군인들이 가지고 왔다. 삿쿠를 사용하지 않는 군인도 소수 있었다. 우리와 같이 있었던 나이를 먹은 여자는 군대가 이동하는 데로 여기저기 따라다녔다.

하룻밤 자고가는 군인이, 내가 어떻게 여기까지 왔는지를 얘기하면 불쌍하다고 돈(요즘 돈으로 천 원이나 이천 원 정도)을 주고 가기도 했다. 그 때는 담배도 안 피우고 술도 먹지 않았으니까 헛돈은 쓰지 않았다. 군인들은 나를 때리지는 않았다.

장사[4]를 시작할 때 주인이 '네마까(잠잘 때 입는 기모노)' 두 벌과 '오비(띠)'를 주었다. 장사할 때 입는 여러 가지 무늬의 기모노도 각자 서너 벌은 준비해야 했다. 그래서 군인한테서 받은 용돈을 할 수 없이 써야 했다. 화장품이랑 옷 등은 돈을 주면 관리인이 사다 주었다.

머리는 허리까지 길었는데 장사를 시작할 때 쇼카의 어느 미장원에서 잘랐다. 주인의 뜻이었으니 시키는 대로 해야 했다. 손님이 많아서 여유가 있는 여자는 파마도 했다.

여자 주인도 일본사람이었다. 우리한테 화장품을 사서 예쁘게 화장을 하라고 했다. 화장은 꼭 해야 했다. 그녀는 내가 못생겨서 화장을 안 하면 사람이 오지 않겠다고 말했다. 나의 일본이름은 '후지코'였다. 주인이 그렇게 지어주었다.

우리는 손님이 하룻밤 자고 가면 일어나서 세수를 하고 청소를 했다. 나는 손님이 있거나 없거나 밤에는 잠을 자지 못했다. 낮 한두 시까지 자야 밤에 또 장사를 할 수 있었다.

내가 있었던 그 집 주인은 우리 말고도 한국에서 여자를 또 많이 데리고 왔다. 모두 시골 아가씨였고 열대여섯 살이었다. 그 집에서는 보

---

4) 할머니는 위안소에서 경험한 일을 '장사'라고 말한다.

통 스무 명 정도의 여자들이 있었다. 그러나 다른 데로 간 여자도 있어서 열 몇 명 있을 때도 있었다.

그 집에서는 한 명이 잘못하면 군대식으로 전부 맞았다. 무릎을 꿇어 앉으라고 했고 주인과 우리를 관리하는 일본 여자가 허벅지 위를 몽둥이로 때렸다. 손님한테 보이지 않도록 그 부위를 때린 것이다. 너무 아팠다. 까맣게 줄이 생겼다. 내가 잘못해서 맞는 게 아니라 여자들 중에서 한 명이라도 술을 많이 먹고 장사를 못하겠다고 하면 열이고 스물이고 모두 때렸다. 또 주인에 대해서 나쁜 말을 하다 걸려도 맞았다. 나는 주인이 좋아도 좋다고 말하지 않고 나빠도 나쁘다고 말하지 않았다. 우리는 장사가 잘 안되면 야단을 맞았는데, 그래도 손님이 적다고 때리지는 않았다.

나는 아침 규정시간내에 손님을 빨리 보내주지 않았다고 몇 번 걸렸다. 자고 있는 손님을 깨우지 못해서 또 매를 맞아야 했다. 주인과 관리인은 심하게 때렸다. 지금 귀가 멀게 된 것도 그 때 맞은 것 때문이라고 생각한다.

관리인은 아침마다 우리 성기에 기계를 넣어 검사를 했다. 검사한 후에 소독도 했다. 피임약이라면서 알약을 주고 먹으라고 했다. 우리는 그 약을 방에 놓고 때때로 먹었다. 우리가 성병에 걸리면 손님한테 옮기고 장사를 못하게 되니까 조심하라고 관리인이 말했다. 여자들이 병이 있으면 주인이 병원에 데리고 갔다. 여자들이 성병이 있어서 그 병을 손님한테 옮기면 집 간판이 떨어진다고 했다. 병이 난 여자는 병원에서 주사를 맞았다. 그 병원은 아주 크고 군인들도 민간인들도 많았다. 의사는 일본사람이었다. 병원에서 치료를 받아 금방 괜찮아지는 여자도 있었고, 며칠 입원한 여자도 있었고, 수술을 받은 여자도 있었다. 나도 수술5)을 받았다. 손님을 많이 받으니까 오른쪽 넓적다리가 퉁퉁 부어

---

5) 병명은 '서혜부 임파선 육아종'이라고 추측된다. 성병의 하나인데, 현재는 거의

올라서, 병원에 갔더니 수술을 하자고 했다. 그 수술자국이 지금도 있다. 어떤 사람은 내게는 일본 군인들을 상대하는 집에 갔다온 증거가 확실하지 않다고 말했는데, 이 상처 자국(정리자가 길이 5㎝의 **흉터**를 확인했다)이 바로 그 증거다.

배가 너무 고파서

대만에서 제일 힘들었던 것은 밥을 제대로 먹지 못한 것이었다. 그 집에서는 밥도 제대로 주지 않았다. 쌀이 귀해서 굶기기도 했다. 한창 밥이 먹고 싶을 나이인데… 밥 한 공기, 된장국과 멸치를 하루에 두끼만 줬다. 밤에 장사를 해서 밤샘을 하기 때문에 아침을 먹지 못했다. 나는 밖으로 나가지도 못하고 먹고 싶은 것이 있어도 사 먹을 돈이 없었다. 주인은 나중에 내가 번 돈을 꼭 주겠다고 했지만 한 번도 준 적이 없었다. 대만에서 살았던 약 5년 동안 나는 주인한테 돈 한 푼도 받아본 적이 없었다. 밥을 얻어 먹은 것뿐이었다.

주인은 우리한테 일본말을 쓰라고 강요했다. '이랏싸이마세(어서 오세요)' '아리가토 고자이마쓰(감사합니다)' '오사케(술)' '다바코(담배)' '하리(바늘)' '이또(실)' '코매(쌀)' '무기(보리)' 등이 생각난다. 두 달 정도 지나자 군인과 일본말로 간단한 대화도 할 수 있게 되었다.

우리는 한 달에 한 번 휴가를 받았다. 난 휴가 때도 자주 나가지 못했다. 더구나 해변에는 한 번도 못 나갔다. 혼자서는 자유롭게 못 나가게 해서 여럿이 함께 나갈 때만 외출을 했다.

관리인은 주인으로부터 한 달에 얼마씩 월급을 받았다. 돈은 일본돈이었던 것 같다. 낮에 자고 나면 손님을 맞을 시간까지는 심심했다. 한번은 어떤 사람이 물건을 사러 나갈 때 따라나가 본 적이 있었다. 산에

발생하지 않는다.

철망을 둘러놨는데 바나나를 따다가 들켜서 주인한테 흠씬 두들겨 맞았다.

대만 집에서 친한 친구도 생겼다. 그 친구와 헤어질 때는 어머니, 아버지와 헤어지는 것보다 더 슬펐다. 얼마나 울었던지… 팔 떼어가는 것보다 더 섭섭했다. 밥도 안 먹고, 사나흘을 그렇게 울기만 했다. 그때 헤어진 친구들이 어디로 갔는지는 확실히 몰랐다. 내 생각엔 돈을 받고 팔아넘기지 않았나 싶다. 요즘 애들 데려다 파는 것과 마찬가지로.

그 집 마당에서 친구들과 찍은 사진을 부모님께 부치기도 했다. 글을 아는 친구의 도움으로 우체국에서 편지를 보낼 수 있었던 것이다. 물론 잘 있다고 써 달라고 했지, 고생에 대해서는 쓰지 말라고 했다. 우리집이 또 이사를 갔을지도 모른다는 생각에, 편지는 내가 삼랑진에서 끌려갈 때 동생이 다니던 학교로 보냈다. 얼마 후 동생한테서 연필과 공책을 부쳐 달라는 편지가 왔다. 둘째 동생이 초등학교를 다닐 땐 우리 집이 못 살았다. 그래서 동생이 전학해서 다니고 있던 청도 화양초등학교로 소포를 부쳐 주었다.[6] 돈이 조금밖에 없어서 많이 보내지는 못했다.

수술을 받은 후에 나는 전에 있던 집에서 다른 집으로 옮겨졌다. 새 주인도 일본 사람이었다. 여자 스무 명이 다 같이 옮겼다. 어떤 대만 사람이 우리가 다 팔렸다고 말해 주었다. 또 한 번의 수술을 받은 후 1년쯤 있다가 해방이 되었다.

---

6) 남동생(1931년생)의 증언. "청도 화양초등학교 2학년 때(1941년) 대만에 있는 누나가 연필과 지우개, 색연필 등을 두 번 부쳐 주었다. 나는 삼랑진에서 전학을 했는데 학교에서 연락을 잘 해 준 것이다. 소포를 받고 나는 너무 기뻤다. 그 당시 나는 어렸기 때문에 누나가 대만 공장에서 돈을 많이 벌고 있는 줄만 알았다. 대만 주소는 잊어버렸다. 누나가 일본정부를 상대로 재판을 시작했는데 그때 주소를 알아두었으면 좋았을텐데 아주 아쉽다. 두 번째 선물을 받은 후 나는 어머니와 여동생 둘, 아버지와 형이 먼저 가 있던 이북으로 갔다. 거기서 해방을 맞았다."

아무한테도 대만에서 한 고생을 말하지 않았다

해방이 되자마자 주인도 친구들도 뿔뿔이 흩어졌다. 해방이 되어 기뻤지만 주인한테서 돈을 전혀 받지 못했기 때문에 몹시 실망했다. 나는 먼저 있던 집에서 심부름을 하던 조선인 남자와 같이 배를 타고 부산으로 왔다. 부산에서 기차를 타고 청도까지 왔다. 서울 출신인 그 남자가 나를 청도 집까지 데려다 주었다. 대만에 갔다왔을 때 나는 스물두 살 (1945년)이었다. 그는 나보다 열 살 위였다. 나를 좋아하는 그가 나도 좋았다. 대만에선 그의 빨래도 해 주었다. 그는 우리집에서 하룻밤을 자고 서울로 올라갔다. 부모님은 그에게 나와 결혼할 생각이냐고 물었다. 남자는 이미 서울에 본처가 있어서 결혼은 하지 못한다고 했다. 그가 기혼자라는 것은 그 때 처음 알았다. 그 후 그에게서 서울에서 같이 살자고 편지가 왔지만 나는 가지 않았다. 이미 본처가 있는데 서울까지 어떻게….

부모님께는 공장에서 일했다고 거짓말을 할 수밖에 없었다. 돈을 많이 벌어 왔어야 했는데 그렇지 못해서 부모님은 실망을 많이 하셨지만 공장에서 일했다는 것은 믿어 주었다.

집으로 돌아온 지 2년 뒤에 아는 사람의 소개로 시집을 갔다. 스물네 살 때였다. 나중에 알고보니 남편은 이미 본처가 있었다. 처음엔 나도 남편을 좋아했지만 아들을 못 낳는다고 나를 괴롭히기 시작한 후 그가 싫어졌다. 남편은 물론 내가 대만에서 고생한 일을 몰랐다. 그것을 차마 어떻게 말할 수 있겠는가. 본처가 죽은 후 나는 정식으로 호적에 올랐다. 서른여덟 살이었다. 청도군 매전면이란 산골에서 남편과 나 그리고 시동생들과 농사를 짓고 살았다. 남편은 부자가 아니었는데도 또 다시 젊은 여자를 첩으로 들였다.

나는 스물아홉 살 때 아들을 출산했다. 남편과 동거해서 5년만에 겨우 낳은 아들이었다. 그 후 딸 셋을 낳았다. 딸 둘은 어렸을 때 병으로 죽었고, 남편은 내가 쉰두 살 때 죽었다. 나는 아이들을 데리고 부산으로 갔다. 아들은 내가 쉰아홉 살 때 연탄가스 중독으로 죽었다. 그 때부터 나는 담배와 술을 시작했다. 그렇게 할 수밖에 없었다. 두통이 너무 심해졌다. 내가 예순여섯 살 때 속상한 일이 또 생겼다. 나보다 젊은 첩이 낳은 아들이 내 호적에 올려져 있었는데, 이 아들이 결혼하면서 시어머니가 두 명 있으면 며느리가 뭐라고 할까봐 나를 분가시킨 것이다. 나는 호적상 이 세상에서 혼자가 된 것이다.

나는 보청기가 없으면 대화를 하지 못한다. 정부에서 나온 생활지원금으로 오랫동안 고치지 못했던 보청기를 새것으로 바꿨다. 어떤 동생은 내가 머리를 못 쓰는 것을 보고 바보같다고 한다. 대만에서 몸을 팔때 주인과 관리인에게 하도 머리를 많이 맞아서 이렇게 나빠진 것인데 식구들은 그 일을 모르는 것이다.

하나 남은 딸한테는 우리 정부에 내가 신고한 이유를 젊었을 때 일본 공장에 가서 일하고 돈을 한 푼도 못 받았기 때문이라고 이야기했다. 딸도 그 말을 믿었다. 일본에서 보상이 나오면 둘째 동생 도움 덕분에 나오는 것이니까 조금 주고 딸에게도 조금 주고 싶다.

부산에서 나물 장사를 했지만, 한 달에 20만 원이 드는 생활비를 대지 못했다. 그래서 '나눔의 집'으로 왔다. 나는 갈 데가 없다. 죽어도 여기서 죽고 살아도 여기서 살겠다. 여기가 마음이 편하고 좋다.

할머니는 1924년 9월 2일, 경상남도 밀양군에서 태어났다. 1940년, 어느 일본인이 마을에 와서 일본 공장에 취업을 시켜준다고 했다. 할머니는 돈을 벌어 부모님을 도와드리고 싶어서 가게 되었다. 도착해보니 일본이 아니라 대만이었다. 대만 쇼카에서 5년 정도 군인을 상대했다.

할머니는 나이에 비하면 귀가 아주 먼 편으로 잘 듣지 못한다. 그래서
인지 항상 큰소리로 말씀하신다. 대만에서 집 주인에게 맞은 것 때문
에 귀가 멀었을 가능성이 높다. 겨울이 되면 무릎이 아프다. 너무 아
파서 잠을 잘 수 없을 정도이다. 대만에서의 생활이 생각날 때에는 술
을 먹고 담배도 많이 피워야 잠을 잘 수 있다.

할머니는 1992년 겨울 '나눔의 집'에 들어왔다. 가족으로는 딸 두명이
어렸을 때 죽고, 아들도 1982년에 죽었기 때문에 막내딸만 남아 있을
뿐이다.

'나눔의 집'에서의 공동 생활은 불편함이 조금 있지만 혼자서 힘들게
살던 부산 생활보다 여러 가지로 살기가 편하다. 할머니는 '나눔의
집'을 나가면 갈 데가 없다. 할머니가 가진 것이라고는 이불과 옷 외
에 아주 오래된 작은 냉장고뿐이다. 책상 위에는 손주들의 사진이 놓
여 있다.

할머니는 일본 정부에서 보상금이 빨리 나와야 한다고 생각하고 있
다. 왜냐하면 당신에게 남아 있는 시간이 별로 없다고 느끼기 때문이
다.

❋ 조사·정리자 오쿠야마 요코는 일본 시즈오카현 출신으로 오사카 외국
어대학을 졸업했다. 1984년부터 지금까지 서울에 거주하고 있다. 연세
대학교 국제학대학원에서 동아시아학을 전공했고, 1991년부터 동덕여
자대학교 일어일문과에서 전임강사로 일본어 회화 등을 담당하고 있
다. 식민지 시대의 한일간 역사는 아직 밝혀지지 못한 점이 많다. 이
증언집Ⅱ를 통해, 양국의 젊은 사람들, 특히 일본의 젊은 세대에게 역
사적 사실을 알리고 싶다.

파라오의 폭력 속에서 살아나와

강무자(가명)

"여자 없는 이 섬 저 섬을 돌아다니며…"

나는 용띠로 1928년 일본 교토 근처에 있는 시가(滋賀)현 히코네 (彦根)시에서 태어났다. 창씨명은 '기요모토 중준 아이'였다. 집안에서 는 나를 '나미짱' 또는 '나미코'라고 불렀다.

아버지는 마산에서 서당을 다니셨는데, 열일곱 살에 '나카무라'라는 일본인에게 뽑혀 집 짓는 일을 하는 측량꾼이 되었다. 그래도 살기가 힘들어서, 어머니도 아버지를 고용하고 있던 일본인 집에 들어가 어린 아이를 돌봐주었다. 부모님은 부산에서 영도다리를 세울 무렵 창원 곰 절(현재 성주사)에서 물을 떠놓고 혼례를 치렀다.

나카무라는 일본으로 들어가면서 아버지와 삼촌을 데리고 갔다. 그 때 임신한 어머니도 함께 갔다. 나카무라는 삼촌에게 동경 유학을 시키 는 대신 아버지를 경도, 고베, 나가사키, 후쿠이, 오사카, 동경 등으로 끌고 다니면서 길을 닦고 기찻길을 놓는 측량일을 하게 했다. 한 달에 이삿짐을 세 번 싼 적도 있었다. 또 탄광에서 조선인 갱부들 200명을 맡아 일을 시키는 '오야가다(親方)'도 했다. 성질이 거친 아버지는 일본 사람들이 배급을 잘 안 준다거나 하면 그들에게 항의를 하거나 사무실 을 여러 번 뒤엎어서 형무소에 가기도 했다. 내가 아홉 살 때에도 아버 지가 윗사람을 두들겨패서 엄마가 내 손을 잡고 다쳐 누워 있는 사람을 찾아갔던 적이 있다.

어머니는 집안일은 물론 일꾼들 밥을 해서 나르는 일도 했지만, 살기가 어려워서 '지카다비(작업화)'나 '게다(나막신)' 끈을 짜는 공장에 들어가서 일하기도 했다. 아버지는 오사카 근처에서도 일했는데 나에게는 동경에서 살던 때의 기억이 많다. 내가 맨발로 놀고 있으면 일본 여자들이 게다를 신으라고 갖다 주기도 했다. 형편이 어려워서 학교는 들어가지 못했다. 어머니가 다니는 공장 주인의 부인이 야학을 해서 나는 거기에 잠시 다녔다. 어느 날 가보니, 선생님들이 잡혀갔고 책들은 다 불태워졌다.

열 살이 되던 해 가을쯤 아버지는 일이 끝나서 조선으로 쫓겨나왔다. 마산으로 와서 살았는데, 어머니는 남의 집 빨래나 청소 같은 일을 도와주기도 하고 그릇장사도 하다가 우리 가족은 곧 다시 일본으로 들어가게 되었다. 이 당시에 삼촌이 군인으로 잡혀갔다는 소리를 들었다. 두 달 후 삼촌이 해군복장을 하고 찾아왔다. 큰 군함을 탄다고 했다. 내가 열세 살 때인가 다시 조선으로 나오려고 큰집에 편지를 했다. 그랬더니 큰집에서 조선에서는 여자들을 간호부로 모집하러 다닌다고 나오지 말라는 답장을 해왔다. 그래도 부모와 함께 열세 살에 부산으로 돌아왔다. 열네 살에 다시 마산으로 왔다.

나는 학교는 못 다녔지만 일본어는 배웠다. 큰동생은 건강도 좋지 않고 형편이 어려워서 학교에 다니지 못했다. 그런데 일본 선생이 자식들 중 하나는 공부시켜야 하지 않느냐고 해서 막내동생은 소학교에 들어갔다.

열세 살 때(1940년)부터 어린 여자와 처녀들을 또 잡으러 왔다는 소문이 들려서 쌀 뒤주 안에 숨기 시작했다. 마산 완월동에 있는 애들이 많이 잡혀서 만주로 끌려갔다는 소문이 났다. 그 때 아버지가 완월동과 자산동 친구들을 만나보니 딸들을 많이 시집보냈다고 하시면서 일본 사람들이 호적을 보고 시집만 갔다고 하면 안 잡아간다고 했다. 시집을 가면 안 잡아간다고 해서 당시에 여자들은 영감한테도 시집가고 병신한테도 시집갔다고 했다.

배급을 타 달라는 동생의 애원에

열네 살(1941년)이 되고 나서도 처녀들을 잡아간다고 해서 완월동 화장막[1]에 20여 일간 숨어 있었다. 숨어 있는 동안 잠은 화장막지기 할아버지가 쓰던 방에서 잤다. 그 방에는 나처럼 피난온 다른 계집애 2명이 더 있었다. 화장할 때 배 터지는 소리와 뼈가 타는 소리를 그 때 처음 들었다.

당시 아버지는 마산에서 받은 수건을 자전차에 싣고 진해로 다니면서 팔던 때였다. 어머니는 자갈을 주으러 다니는 일을 했는데 어머니가 한 달을 일해도 나뭇단 한 단을 사지 못했다.

어느 날 동생이 화장막으로 와서 할머니가 신민서사를 못 외워서 배급을 타지 못하기 때문에 배가 고파 죽겠다고 했다. 신민서사를 잘 외는 나보고 배급을 타 달라는 것이다. 당시는 배급을 타러 가도 신민서사를 못 외우면 배급을 타지 못했다. 그래서 할 수 없이 배급을 타러 내려왔다. 엄마는 너는 나이가 어리니 집에 와도 괜찮을 것이라고 했고, 아버지는 일본 사람들이 그렇다고 안 잡아가겠느냐고 하며 서로 싸웠다. 나는 엄마 말을 믿었다. 엄마는 내가 시집간 것으로 보이게 머리에 쪽을 지어 흰수건을 씌워 주었다.

그러던 어느날, 엄마가 콩깻묵을 주으러 가는 것을 따라갔다. 길에서 이장 아들이 나보고 배급을 안 타느냐고 물었다. "오빠가 좀 타다 줘"라고 했더니 내가 가야 준다고 했다. 그런데 조금 있다가 차가 오더니 칼을 찬 순사와 총을 맨 헌병 세 명이 뛰어내리면서 배급을 줄 테니 가

---

1) 화장(火葬)을 하는 굴을 말한다.

자고 했다. 무서워서 안 가려고 했는데 식구들 생각에 따라갔다. 그들을 따라 신마산 헌병 부대로 가니 거기서 배급을 주었다. 쌀, 밀, 보리를 두 되 정도 주고 나에게 소원이 뭐냐고 물었다. 그래서 할머니와 남동생이 신을 고무신을 달라고 했다. 짧은 칼을 찬 헌병이 계급이 높은 군인들만 타는 오토바이로 나를 집 근처까지 데려다 주었다. 동네 아주머니들이 지나가면서 무슨 배급이 이렇게 많고 군인들이 집까지 실어다 주느냐고 쑥덕거렸다.

배급을 탄 후 이삼일이 지난 아침이었다. 학교에 다니는 남동생이 밀을 볶아달라고 했다. 그 날이 음력으로 1941년 3월 19일이다. 3월 23일이 할머니 생신이라 날짜를 기억한다. 양력으로는 4월이다. 그래서 부엌에서 밀을 볶고 있는데 다다다닥 구둣소리가 났다. 문을 발로 걷어차면서 순사 한 명과 헌병 세 명이 뛰어들어 왔다. 이들은 모두 누런 군복을 입고 각반을 차고 있었다. 헌병은 완장을 차고 있었다. 헌병 두 명이 양쪽에서 팔목을 잡고 뭐 물어볼 것이 있다고 잠깐 가자고 했다. 방에 있던 아버지가 여기서 물어보지 왜 강제로 데려가느냐고 물었다. 그랬더니 헌병이 욕을 하면서 갔다오면 알지 않느냐고 했다. 아버지는 문 밖으로 나와 부엌에 있던 칼을 들고서 "내 동생과 딸을 잡아갔으면 됐지"[2]하고 욕을 하면서 다 죽인다고 했다. 그러자 헌병이 총대로 아버지 이마를 때렸다. 나는 아버지 이마에서 새빨간 피가 흐르고 아버지가 쓰러지는 것을 보면서 끌려갔다. 어머니는 내가 잡힌 것을 보고 옷이나 좀 입혀가라고 소리질렀다. 한 명이 이 말을 듣고 옷을 달라고 하자 옷을 내준 어머니는 마당에 기절해서 쓰러졌다. 나는 양단 저고리에 깡통 치마를 입고 있었다. 트럭에는 나 혼자 타고 갔다.

트럭을 타고 신마산 헌병부대 안에 있는 창고에 도착하니 이미 계집

---

2) 해군에 끌려간 강무자 씨 삼촌과 동경에서 행방불명된 언니를 이야기하는 것이다.

....

애들을 댓 명 잡아다 놨다. 밤 9시쯤 되니까 석탄을 조금 피워 주었다. 며칠이 지나 떠날 때는 신월, 안월, 북마산, 신마산, 구마산, 자산동 등에서 잡아와서 모두 14명이었다. 이름이 기억나는 사람이 미즈다니, 김금옥, 이끝순, 이옥순, 이정순, 윤복희, 유미숙 등이다. 이옥자는 진주 애인데 이모네 집에 놀러왔다가 잡혔다고 했다. 그 애들은 모두 내 또래였다.

지금 생각하니 나보고 배급을 타가라던 이장 아들이 계집애가 있는 집을 다 가르쳐준 것이 아닌가 싶다.

그 날 우리는 진주에서 오는 밤차를 타고 떠났다. 기차에서는 우리들 세 명에 헌병 한 명씩 앉아 모두 다섯 명 정도의 헌병들이 인솔했다. 헌병들은 화장실에까지 따라왔다. 새벽에 부산에 도착해서 영지동의 대동여관으로 들어갔다. 간판이 한자로 쓰여 있어서 읽지는 못했지만 거기서 애기하는 것을 듣고 여관 이름을 알 수 있었다. 여자가 35명이 되어야 한다고 하더니 동래와 대구에서 금방 잡아왔다. 방이 4개가 있었는데, 10명씩 세 방, 5명이 한방해서 모두 35명이 되었다. 이 중엔 대구

달성정 권번에서 온 열다섯 살, 열일곱 살 먹은 애들도 있었다. 자매가 잡혀오기도 했다. 그 애들은 모두 한복을 입고 있었다. 대구와 부산 서대신동 강은리에서 많이 잡혀왔다. 모인 35명 중에서 내가 제일 어렸다. 나머지는 나보다 한두 살 이상 많았다. 대동여관의 주인은 일본사람이고 조바는 조선인 남자였다. 문이 모두 세 개여서 문마다 한 명씩 헌병들이 삼교대로 보초를 섰다. 이 여관에서 한 20일 머무는 동안 아침 6시면 기상시켜 라디오 체조를 시켰고, 저녁 8시면 취침했다.

한번은 경찰서에서 서류작업을 하기 위해 우리를 불렀다. 여자들은 두 줄로 서서 경찰서로 갔다. 역 앞에 헌병부대도 있어서 헌병도 왔다. 경찰이 헌병대에게 내 나이가 어리다고 하자 계집애들이 없으니 나이에 상관없이 그냥 하라고 했다.

떠나기 이틀 전에 군인들이 집에다 전보를 쳤다. 그래서 떠나는 날 아버지가 왔다. 아버지는 어머니가 아파서 마산 병원에 누워서 못 일어난다고 했다. 아버지는 연락선을 타고 가다가 먹으라고 집에 있던 오징어 한 축 하고 주먹밥과 꿀삼을 가지고 오셨다. 오징어는 강원도에 가서 일을 해주고 얻어오신 것이고 꿀삼도 일본사람이 수고했다고 준 것이었다. 꿀삼은 멀미하는 데 먹으면 좋다고 가져오신 것이다. 내가 잡혀올 때 맞은 상처로 아버지는 머리에 붕대를 감은 다음 중절모를 쓰고 있었다. 아버지는 나에게 어디 가든지 몸이나 건강하고 편지하라고 하셨다. 나는 아버지께 갔다올 때까지 건강히 계시라고 했고 돌아오면 꼭 동생들 공부시키겠다고 말했다. 금옥이와 끝순이가 아버지가 가시는 것을 본 후에 떠나자고 얘기했는데 옆의 헌병들이 말하지 말라고 총대로 때렸다. 헌병들이 나가지 못하게 해서 나는 아버지가 가는 것도 보지 못했다.

연락선을 타러 갈 때는 헌병들 15명 정도가 인솔했다. 오후 대여섯 시에 연락선을 탔는데 기적 소리에 가족 생각이 나서 울었다. 배 안에서 주먹밥을 줘서 먹은 후 헌병에게 아버지가 가져온 것을 동무들과 나눠먹겠으니 달라고 했다. 그런데 헌병은 모른다고 했다. 시모노세키에 떨어지니 새벽이었다. 배에서 내린 후 열차를 타고 히로시마에 내렸다. 헌병들은 우리를 누런 군복을 입은 군인들에게 인계하고 돌아갔다.

트럭을 타고 조금 가자 공회당에 도착했다. 그 곳에는 하중선 기생들 20명 정도가 먼저 와 있었다. 그 언니들은 한복을 입고 있었다. 어느 날은 집으로 편지를 쓰라고 했다. 내 편지는 먼저 온 이북 출신 언니들이 대신 써주었다. 배를 타기 직전에 편지를 한 번 더 보냈는데, 편지가 갔는지는 모르겠다. 답장은 못 받았다. 어떤 때는 일본 연극배우가 나와서 '아이요이요' 하고 노래 부르고 우산 돌리는 공연을 하면서 우리 마음을 안정시키고 위로해 주었다.

밥은 군인들이 했는데 콩나물국에 단무지 두 조각과 고등어였다. 하루 세 끼를 먹었는데 밥은 딱 한 공기였다. 어떤 때는 '다닝돔부리'라고 밥 한 공기에 새우 한 마리 튀긴 것을 주었다. 콩장도 주었다. 밥은 군인들이 교대로 날라다 주었다. 밤에는 담요 두 장으로 공회당 안에서 잤다. 히로시마는 춥다고 긴팔 투피스와 내의도 주었다. 화장실 옆에는 머리에 가발을 씌워놓고 얼굴에 붉은 칠을 한 채 곤약을 입에 물고 있는 허수아비 같은 것을 세워두었다. 이것을 본 여자들이 귀신이 나왔다고 소리질렀다. 무서워서 화장실도 같이 갔다. 우리들이 도망가지 못하게 세워놓은 것이다.

부대에서는 여자들에게 이름을 지어주었다. 내 이름은 '마이코(舞子)'였다. 다른 여자들도 '미에코' '요시코' '다케코' 등 군인 마음대로 이름을 붙였다.

히로시마에는 밀감밭이 많았다. 마침 밀감이 주렁주렁 열려 있어서 사방이 온통 노랬다. 아침마다 출석을 부르고 밀감과 무화과를 따러 나갔다. 열 명씩 줄을 서서 앞과 중간 그리고 뒤에 군인이 한 명씩 섰다.

총끝에 칼을 꽂아서 우리를 죄수 같이 데리고 가면서 "도망치면 쏜다, 찌른다"고 협박했다. 우리는 몸빼처럼 생긴 작업복과 운동화를 입었다. 작업복을 입고 밀감을 따서 상자에 넣으면 군인들이 못질을 해서 트럭에 싣고 갔다. 어디로 가지고 가느냐고 했더니 배로 가지고 갈 거라고 했다. 배가 없어서 기다린다고 했다. 하루는 군인이 "너희가 입고 있는 옷이 무슨 옷인 줄 알아? 깨끗하게 입어" 하기에 무슨 옷이냐고 물으니 '데이신타이(정신대)' 옷이라고 했다.

내가 어디로 가느냐고 했더니 말하면 안된다고 했다. 처음에는 상해로 간다고 하더니 "고노야로 바가야로(이 바보 자식)" 입 다물라고 했다. 스파이가 뒤따르면 안된다고 하면서, 나중에 배가 오면 간다고 했다. 일단 떠나왔으니까 하라는 대로 안하면 죽는다고 했다. 그 소리를 들은 계급이 높은 장교는 나한테 대답한 군인을 총대로 개 잡듯이 때렸다.

어느 날 이제 떠난다고 하면서 치약, 칫솔, 속옷, 약가방 같은 것을 주고 돈을 50전 주었다. 야스쿠니 신사가 그려진 지폐였다. 시장에 가서 조선사람에게 고추장과 멸치를 조금씩 샀다. 우리에겐 군인들이 다치면 심부름이나 하는 일선 지구에 간호부로 간다고 했다. 그러니 서로 헤어지지 말라고 했다. 얼굴이 노랗고 코가 커다란 사람을 보면 스파이니까 입을 다물고 자리에 그냥 앉으라고 했다. 코 큰 사람은 굽이 높은 구두를 신었는데 굽을 콕 누르면 사진이 찍히고 단추로도 사진을 찍는 스파이라고 가르쳤다. 떠나기 전날에는 다음날 아침에 북해도에서 군인 배가 오게 되는데 배가 여러 척 오기 때문에 서로 헤어질지도 모른다고 했다.

새벽에 나이 어린 우리 35명만 불러내어 트럭에 싣고 군인들이 옆에 붙어서서 갔다. 배 이름은 '미도마루'였는데 아주 컸다. 구명대와 배 구석구석에는 일본어와 한자로 배이름이 쓰여 있었다. 배 안에서부터 우리들은 서로 군인이 지어준 일본이름을 불렀다. 우리가 갈 때 배는 모두 8척이었다. 미도마루가 복판에 있고 군인, 군속이 탄 배가 양옆으로 세 척씩 갔고 앞에 잠수함이 있었다. 배에 같이 탄 군인들은 모두 육군이었다. 군인들이 "엄마, 아버지 언제 볼 줄 알어?" 하면서 "너희는 이제 큰일났다"고 했다.

배에서는 냄새가 많이 났다. 층층이 나무로 된 침대가 있었다. 계급이 높은 군인은 제일 위에서 자고 우리는 중간에서 잤다. 군인들이 장난을 쳐서 잠을 제대로 못 잤다. 어떤 일본 군인이 몇 살이냐고 해서 열네 살이라고 대답했더니 "젖이나 더 먹고 오지, 부모 형제 보고 싶어서 어떻게 왔느냐"고 했다. 낮에는 두 명씩 화장실에 갔다. 화장실에도 보초가 서 있었다. 식사는 기관실 옆에 올라가 국과 밥을 타다 먹었다. 밥은 2분내로 먹어야 했다. 신호가 오면 빨리 줄을 서서 차렷하는 것, 신민서사와 기미가요 부르는 연습을 했다. 나는 일본말을 조금 할 줄 알기 때문에 일본말 반장이 되어서 여자들에게 신민서사와 기미가요를 가르쳤다. 이따금 배를 타고 가다가 사이렌 소리가 나면 빨리 갑판으로 올라가서 자세를 잘 잡아야 했다. 그래야 배가 안 넘어간다고 했다.

배를 타고 가면서 수염이 하얀 할아버지 같은 장교에게 군가를 배웠다. 파도를 타고 가듯 손을 허리에 얹고 흔들면서 노래를 불렀다. 기억나는 군가 중의 하나는 다음과 같은 것이다. "이기고 오리라/ 용감하게 맹세하고 나라를 떠난 까닭에/ 공을 세우지 않고서 죽을 수 있으랴/ 진군 나팔소리 들을 때마다/ 눈앞에 떠오르는 깃발의 물결."[3]

그 장교에게 조선으로 보내달라고 애원을 했다. 그랬더니 보내준다고 했다. 하지만 가도 가도 바다뿐이었다. 아침에 사이렌과 나팔을 불

---

3) "勝ってくるぞと勇ましく/ 誓って國を出たからは/ 手柄入てずに死なれよか/ 進軍ラッパきくたびに/ 瞼に浮かぶ旗の波." 할머니는 지금도 이 군가의 앞구절을 기억하여 일본어로 불렀다.

었는데 나팔 부는 소리가 "생갈치, 생갈치, 생갈치가 죽었다고 전보왔다네" 하는 소리로 들렸다. 그러면 전부 갑판 위로 올라가 기미가요와 여러 군가를 불렀다.

금옥이와 끝순이와 함께 화장실에 가다가 서로 말을 하는 것을 들은 일본 군인 두 명이 조선사람이 아니냐고 물어서 반가워서 오빠라고 불렀다. 그는 속초 출신으로 이름은 임창수라고 했다. 다른 한 명은 양은칠로 영천 출신이었다. 오빠들이 어린 너희들을 데리고 짐승도 못 사는 남양군도에 간다고 했다. 남양이 어디냐니까 파라오라면서 거기는 토인만 살고 옛날에는 토인이 사람도 잡아먹었다고 했다.

히로시마를 떠난 지 이틀만에 배가 어뢰에 맞았다. 새벽 세 시쯤이었다. 사이렌이 불어서 우리는 계단으로 올라갔다. 졸병들은 줄을 타고 올라갔다. 배가 침몰하기 시작했다. 이물(배의 머릿부분)에 올라가서 물로 뛰어내리라고 했다. 뛰어내리면 산다고 했다. 나는 무서워서 못 뛰어내리겠다고 했다. 히로시마에서 떠날 때 받은 보자기를 허리에 맸다. 마지막엔 군인들 4명과 나, 그리고 같은 고향 친구인 금옥이와 끝순이만 남아 있었는데 군인이 칼을 빼어 들고 뛰어내리지 않으면 칼로 치겠다고 위협했다. 그래서 할 수 없이 뛰어내렸다. 배가 침몰하면서 우르르 소리가 났다. 배가 커서 24시간 동안은 떠있을 거라고 했다. 바다에 떨어져서 보니 판대기가 떴는데 일본 군인들 서너 명이 타고 있었다. 조선인 오빠들이 끈을 풀어줘서 내가 잡았다. 그들이 나를 올려 주었다. 내가 타고 나서 판대기에 기어오르려는 일본 군인들을 못 올라오게 차버렸다. 너무 많이 타면 판이 뒤집어지기 때문이다. 바다에는 우리가 히로시마에서 딴 밀감 상자가 부서져서 밀감들이 둥둥 떠다녔다. 군인들이 밀감을 주면서 이거라도 먹어야 산다고 했다. 배가 고프니까 껍질 채로 그냥 먹었다. 주위에 여러 척 있던 배들이 다 도망갔다. 처음에 물에 빠졌을 때는 물이 따뜻했는데 오후쯤 되니까 이가 덜덜 떨리고 추웠다.

조선인 오빠들이 근처에 있는 섬에 해군들이 있으니까 구출하러 금방 올 거라고 했다. 비행기가 와서 흰 기, 빨간 기로 신호를 보냈다. '다이죠부(안심하라 구출하러 곧 온다)'라는 뜻이라고 했다. 해군들이 모터배를 타고 와서 나를 잡아당겨 배에 태웠다. 이 배에 타려고 보니 오른쪽 다리가 말을 듣지 않았다. 그제서야 오른쪽 무릎뼈가 부러진 것을 알았다. 섬에 도착하자 해군들이 다리에 나무판을 대주고 물에 쓸려서 난 상처를 치료해주었다. 옷은 병사들이 입는 아래 위가 달린 조종사 옷을 배급받아 입었다. 옷이 커서 접어도 끌렸다. 치약, 칫솔, 수건 등을 넣은 가방을 새로 장만해 주었고 두통약을 주었다. 인원을 확인해 보니 나와 함께 마지막으로 뛰어내린 금옥이와 끝순이는 배가 가라앉으면서 생긴 물살에 휩쓸려 죽었다고 했다. 여자들 33명은 해군 부대 안에서 하루를 보내고, 다음날 새벽 파라오로 향했다. 군인들을 인솔하는 나이도 많고 수염도 긴 장교에게 우리를 조선으로 보내달라고 했더니 그 장교가 내 머리를 쓰다듬으며 같이 울었다.

다음날 다른 배가 와서 탔다. 그 배가 '오사카마루'다. 배이름은 배 바깥뿐 아니라 배 안의 보트며 깃발에도 다 쓰여 있었다. 조선으로 간다고 해서 배를 탔다. 조선은 무슨 조선인가? 밤에 조선인 군인들이 나와 마산 아이 하나를 데리고 계단을 기어올라가서 여기서는 우리말을 해도 되지만 저 아래에서 조선말을 하면 총대로 맞는다고 했다.

곧바로 가면 일 주일이면 갈 거리라는데 어뢰 때문에 섬마다 붙어가느라고 한 달 삼일만에 남양군도 파라오[4]에 도착했다.

파라오 위안소에서

파라오의 코롤 섬에 도착하니 입술은 빨갛고 눈만 반들반들한 토인

---

4) 현재의 지명은 팔라우이다.

들이 나왔고 군인들도 몇 명 없었다. 장교들은 말을 타고 나왔다. 우리
는 트럭에 실려 부대로 들어갔다. 군인들이 우리를 여러 섬으로 흩어지
게 배치하는 것 같았다. 파라오에는 술집, 밥집도 있었다.

처음에 군인들이 데리고 간 집은 코롤 병원[5] 뒤에 있는 위안소였다.
간판이 한자로 쓰여 있어서 뭐라고 되어 있는지 몰랐다. 집은 사각형인
데 방은 30개가 넘었다. 방에는 침대가 있었다. 그들은 방 서너 개를
터서 방 하나로 만들더니 우리에게 다 들어가라고 했다. 처음 3일은 조
선에서 나오느라 고생했다고 소독약을 뿌려주고 빗물 받아 놓은 것으
로 목욕하고 그냥 쉬게 했다. 뭐하는 곳인지 몰랐지만 옆에 병원이 있
으니까 간호원처럼 붕대나 감아주고 군인들 옷을 빠는 곳인가보다 했
다.

우리보다 20여 일 먼저 도착한 나이 많은 여자들이 왕초 노릇을 하
려고 했다. 이들은 만주에 있다 온 이북 여자들이라고 했는데 20~30
명 정도였다. 우리들은 데리고 온 장교가 따로 있으니까 그들이 우리를
마음대로 할 수는 없었다. 위안소 관리자는 계급이 높은 군인이었고 그
군인과 같이 사는 나이든 여자가 여자들을 관리하는 것을 도왔다. 이름
이 전옥자인데 기생 출신이라고 했다. 평안도 여자로 나이는 서른다섯
살쯤 되었다. 이 여자가 군인들에게서 표를 받았고, 먼저 와 있던 여자
들을 회초리로 때리기도 했다. 우리가 아프다고 하면 약을 주었다. 밤
참을 갖다 주기도 했다.

3일이 지나자 부대 안에 집을 지어 놓았다면서 우리 여자들을 트럭
에 태워서 부대마다 흩어놓았다. 나는 7~8명과 같이 고사포 부대로 갔

---

5) 1995년 9월 한국정신문화연구원의 권희영 교수 등의 마리아나 군도 및 미크로
네시아 지역 한인희생자 상황조사에 의하면 팔라우의 코롤 섬에 유락 자리, 병
원 자리, 위안소 자리가 남아 있다고 한다. 또한 일본군 고사포 부대 자리도 남
아 있다고 하였다. 한국정신문화연구원, 『1995년 해외희생자유해현황조사 사업
보고서』, 384-385쪽.

다. 고사포 부대에서 1층짜리 야자나무 집을 짓고 방을 만들어 방 앞에 커튼을 쳐놨다. 그 집을 암호처럼 '가네모토 빵빵가루'[6]라고 불렀다. 가네모토는 관리자로 있던 높은 군인의 이름이다. 그 군인 위에 계급이 더 높은 군인이 또 있어서 가네모토가 보고해야 한다고 들었다. 위안소는 부대 안에 있었는데, 간판에 군인 위안부 유곽이라고 씌여 있는 것 같았다. 부대를 지키는 보초병이 서 있었다. 집에는 방이 20개 정도였는데 방 하나씩을 우리에게 주었다. 집에 먼저 와 있던 여자들도 있어 모두 20여 명이 되었다. 일본 여자는 없었고 오키나와 여자가 다섯 명 정도 있었다. 방 앞에 이름과 번호가 붙어 있었다. 파라오에서도 나를 '마이코(舞子)'라고 불렀다. 방은 혼자 누울 정도의 크기였고 담요와 모기장이 하나씩 있었다. 경대와 세숫대야도 방에 있었다. 구리무, 가루분, 휴지, 삿쿠, 연고 등을 부대에서 배급해 주었다. 삿쿠는 통에 들어 있었다.

처음에 내 옷을 홀딱 벗겨놔서 무슨 일인지 몰랐는데 장교들이 달려들었다. 별을 둘이나 셋 달은 장교들이었다. 정신이 왔다 갔다 했다. 그래도 군인들은 내가 죽거나 말거나 올라왔다. 처음부터 두서너 명이 차례로 달려들어서 밑이 찢어져 피가 나고 따가웠다. 반항을 하니까 허리끈을 풀어 다리를 묶어놓기도 했다. 반항은 많이 했지만 도망은 못 갔다. 자기 마음대로 안되니까 손가락을 집어넣으려고 했다. 그래서 발로 몇 번 차버렸다. 한 군인은 저리로 벌떡 나가 떨어져서 머리를 부딪쳤다. 나는 욕을 하면서 나도 인간이라고 소리질렀다. 나중에는 다섯 명

6) 강무자 씨는 '빵빵가루'는 군인들끼리 씹(성교)하자는 쌍소리로 이해하고 있었다. 사전을 찾아보니 빵빵가루는 가창(街娼)이라는 뜻인데 2차대전 이후 일본에서 유행하였다고 나와 있다. 패전 전에 파라오에 있었던 강무자 씨가 이 말을 알고 있는 것이 이상했는데, 칸자키 씨의 글을 읽고 이해가 되었다. 그의 조사에 따르면 빵빵이라는 말은 1차대전 후 사이판 섬에서 매소부를 지칭하기 시작하였고 이후 남양일대의 해외추업부와 위안부에게로 확대된 말이라고 한다. 칸자키(神岐淸), 『매춘(賣春)』, 현대사출판회, 1974, 8-10쪽.

이상 달려들어 코에서 피가 나고 입에서도 피가 나고 전신이 마비가 될 정도였다.

아침 7~8시에 일어나 밥을 먹고 10시부터 오후 5시까지, 처음에는 하루에 다섯 명에서 열 명을 상대했다. 마산에서 간 미즈타니와 같이 있었다. 우리보다 먼저 와 있던 나이든 언니 서너 명이 "군인들이 달려들어도 받지 않으면 안된다, 안그러면 총살시킨다"고 협박하면서 가르쳐 주었다. 장교가 와서 인물을 보고 장교를 받는 여자들을 뽑았다. 나는 전쟁나기 전에는 장교만 상대했고 나이 많은 언니들은 주로 졸병들을 상대했다. 나이 어린 애들은 장교들이 차지하고 있었다. 장교는 아무 때나 자기 마음대로였다. 그래서 나이가 많은 장교에게는 무조건 아버지라고 불렀다. 그러면 달려들지 못했다. '오오무라'라는 장교는 '요시코'라는 딸이 나와 나이가 같다고 하면서 나를 귀여워했다. 장교 중에서 계급이 중간 정도되는 군인들이 제일 지독했다. 입으로 빨라고 하고 세워놓고 하라고 하고 말로 못할 행위를 요구했다. 내가 악발이 같이 달려들고 욕을 하면서 너희 엄마에게 가서 그러라고 하면 그 말을 들은 군인이 나를 때려서 이가 부러졌다. 그래서 귀국할 때 이가 거의 없었다. 어떤 군인은 달려들지 않고 젖통만 만지다 가는 애들도 있었다.

일본 군인 중에 '야마모토'라는 소위가 있었다. 그는 25살인데 어머니는 조선인이고 아버지가 일본인으로 집은 경도였다. 그는 조선 여자들에게 아주 잘해 주었다. 조선여자들에게 아스피린, 붕대, 건빵, 통조림 등을 갖다주다가 대대장에게 걸려 혼이 나기도 했다. 그는 조선말도 잘했고 아리랑도 잘 불렀다.

자꾸 내 질 속에 손가락을 넣으려는 장교가 있었다. 그래서 나는 그를 죽이고 싶도록 미워하던 중 야마모토가 가져다 준 포크로 그 장교의 가슴을 찌르고 나도 죽으려고 했는데 잘 안되었다. 나는 끌려가서 심하게 맞았다. 나쁜 군인은 말도 못하게 나쁘지만 좋은 군인은 같이 울기도 하고 자기들도 천황명령이기 때문에 어쩔 수 없다고 했다.

고사포 부대 군인뿐 아니라 데루 부대 군인들도 왔다. 데루 부대는 칼과 다이너마이트를 가지고 배로 가서 다이너마이트를 터뜨리는 부대이다. 거기서 휴가 나온 임창수, 양은칠을 다시 만났다. 그들은 '기리코미(칼을 휘두르며 쳐들어가는)' 부대였다. 기리코미 부대는 비행기를 타고 250밀리 폭발탄을 안고 미군의 배 안으로 뛰어내려 죽는다고 했다. 언제 폭발탄을 가지고 나갈지 모른다고 했다. 임창수의 창씨명은 '야스다'이고 양은칠은 '미야모토'였다. 긴밤은 저녁 7시부터 아침 8시까지인데 조선인 군인이 많이 와서 밤새 얘기하고 울다가 갔다. 우리끼리 조선말을 했다고 많이 맞았다. 조선인 군인들은 와서 건빵, 카라멜을 주고 갔지만 몸에는 손도 안 댔다. 삿쿠를 쓴 것처럼 비벼서 물에 담근 다음 쓰레기통에 넣었다. 연고약도 짜서 쓴 것처럼 하고 버렸다. 밖에서 감시를 해서 안하면 혼나니까 한 것처럼 하는 것이다. 이들은 봉급 타면 아스피린 같은 것을 사서 주었는데 약을 먹으면 다리가 아픈 줄 모르고 아래가 터지는 줄도 몰랐다.

파라오 주위에 있는 사이판, 앙가루라는 섬에는 여자가 없었다. 그래서 우리 여자들 10명이 통통배를 타고 갔다. 어떤 때는 5명, 7명이 가기도 했다. 우리가 5명이면 인솔 장교는 2명이었고 우리가 10명이면 군인이 5명이었다. 군인들이 5명이나 되는 것은 부대의 다른 일로 가기 때문이다. 사이판에는 군속들이 많았는데 군속들 중에는 조선인이 반이 넘었다. 앙가루는 흙에서 유황 냄새가 났다. 이런 섬에서는 나무 아래에 커튼을 치고 일을 치렀다. 여자 없는 이 섬 저 섬을 돌아다니면서 군인을 상대하는 것이다. 부대마다 여자를 배급해 주는 셈이다. 가면 한 열흘 정도 머물었다.

일 주일에 한 번 10명씩 교대로 코롤 병원에 가서 검사를 했다. 군의와 위생병이 있었다. 간호원은 없었다. 아래 간수를 잘 못하는 여자들은 사흘마다 검사가 떨어졌다. 검사에서 떨어지면 일 주일 동안 손님을 받지 않았다. 의사에게 잘 보이면 쉬라면서 일 주일 휴가라고 붙여 주었다. 대신 자기들에게 밉게 보이면 질 속에 손가락을 넣고 휘질러 댔다. 나이 어린 우리에게는 안됐다고 말하기도 했다. 소독약을 줘도 질이 부으면 손가락도 안 들어가서 잘 바르지 못했다. 매독, 임질 같은 병에 걸리지 말라고 한 달에 두 번인가 606호 주사를 놓았다. 애를 못 낳는 주사도 놓았다. 가끔 아주 힘들다고 하면 잠 오는 약을 하나씩 주기도 했다.

군인들이 가져온 표는 상자껍데기 같은데 크기가 작았다(대략 가로 7cm, 세로 5cm). 군인이 소속된 부대 이름이 적혀 있고 빨갛게 부대장 도장이 찍혀 있었다. 시간까지 찍혀 나왔다. 맨처음에는 사용 시간이 1시간으로 나왔는데 전쟁이 나고 30분으로 줄 때가 많았다. 전쟁이 나고 졸병들이 오면 30분이 아니라 3분 정도 걸렸다. 부대에서 준 휴가증으로 몇 명이 오는지를 관리자가 보고했다. 표를 관리한 것은 장교들이었다. 그렇지만 파라오에서는 1엔도 받지 못했다. 군인들이 마음이 있으면 봉급받은 돈으로 구리무, 손수건, 가루분도 사다 주었다. 속치마를 제일 많이 사다 주어서 그것을 제일 많이 입고 있었다. 손님이 많으면 팬티도 못 입고 있었다. 가끔 부대장이 팬티를 사 주기도 했다.

식사는 군인들이 해서 가져다 주었다. 물은 빗물을 탱크에 받아서 먹었다. 파라오는 어찌나 더운지 발바닥과 얼굴이 세네 번씩 벗겨졌다. 도마뱀, 풀벌레가 많아서 지금도 다리에 풀벌레에게 물린 자국이 남아 있다. 여자들끼리 놀러간 적은 없었다. 부대에서 장교들이 심부름을 시키기도 했다. 내가 제일 어리니까 하루에 몇 명이 다녀갔는지를 적은 장부를 가져오라고 하면 가지고 갔다. 그들은 우리들이 도망가서 자살이라도 할까봐 꼼짝도 못하게 했다. 군인들이 자주 둘러봤기 때문에 자살을 할래야 할 수가 없었다.

군인이 우리보고 위안부라고 하면 장교들이 그런 소리 하지 말라고 했다. 우리나라를 위해 여성들이 왔는데 그런 소리 한다고 뭐라고 했다. 이름을 부르라고 했다.

내가 지어서 부른 노래도 있다. "잘있어라 파라오야 두 번 다시 오지 않는다. 잠깐의 이별, 눈물을 닦으며 그리운 당신의 유품을 보며 야자나무 잎이 우거진 야자의 섬"[7]이라는 노래였다. 어떤 일본 군인들은 내 노래를 듣고 많이 울었다. 한번은 이런 노래를 지었다고 군인에게 붙들려가 머리를 맞기도 했다.

파라오에 간 지 1년쯤 있다가 전쟁이 났다.[8] 그리고 나서는 하루에 2,30명이 보통이었다. 토요일과 일요일에는 줄을 길게 서서 군인들이 옷 벗을 사이도 없이 벨트를 풀어 총대 옆에 놓고 당고바지의 단추를 풀곤 했다. 질이 너무 부어서 들어가지 않으면 남근에 연고를 바른다. 그러면 미끄덩거려서 들어갔다. 군인들은 처음에 삿쿠를 가져와서도 쓰지 않았는데 나중에는 매독 때문에 삿쿠를 끼워주라고 명령이 내렸다. 들어오자마자 싸는 놈, 밖에서 기다리다 싸는 놈, 커튼 열고 들어와 빨리 가라고 끄집어 내는 놈도 있었다. 월경이 있으면 멘스라고 글씨가 쓰인 딱지가 붙어 손님을 받지 못한다고 했는데도 군인들은 달려들었다. 섬을 돌아다니면서 군인을 상대할 경우에도 전쟁 전에는 군인들이 많이 달려들지 않았다. 전쟁이 나고는 낮에는 공습 때문에 못 가고 밤에 달이 안 뜰 때만 섬으로 갔다.

군인 20여 명을 받은 다음엔 정신이 없었다. 그리고 일어나려고 하는데 몸이 말을 듣지 않고 사타구니 양쪽이 툭 터져서 그냥 피고름이 나왔는데, 자궁내에 생긴 고름이 썩은 후 부풀어서 저절로 터진 것이었다.

---

7) "さらばパラオよ二度とこないよしばし別れた/ 涙をくんで懸しあなたのしな/ じな見れば/ ヤシの葉かげにヤシのしま" 할머니는 이 노래도 일본어로 불렀다.

8) 미군의 파라오 공습은 1944년 3월 31일, 4월 1일, 8월 8일, 그리고 8월 25일부터 9월 9일까지 계속되었다.

다리도 부었다. 밑이 뒤집어져서 대소변도 못 봤다. 군의관이 와서 터진 것을 닦아내고 고름을 빨아내고 가제를 상처에 댔다. 병원에는 못 가고 풀숲에 숨겨놨다. 그래서 군인들에게 업혀다녔다. 그러면 군인들 등에 피고름이 묻었다. 장교들이 붕대, 약솜, 연고를 가지고 와서 닦아내고 치료해 줘서 나았지만, 지금도 그 자국이 남아 있다. 폭격을 피하기 위해 굴 안으로 들어가다 엉덩이에 폭탄 파편을 맞아서 상처가 많이 나기도 했다.

전쟁이 난 후 괭이를 들고 우리가 보국구덩이를 팠다. 섬을 돌아다니면서 공습을 피했는데 그런 때 양은칠과 임창수가 나를 들것에 업고 다니기도 했다. 나는 몸이 회복된 다음에 폭발탄을 날라주기도 했다. 피난중에도 나무판을 가져다가 칸만 질러놓고 가려놓으면 물을 떠놓은 대야에 밑 씻을 여가도 없이 달려들었다. 바나나, 야자, 사사포 나무 등 과일 나무마다 밑에 커튼을 치고 군인을 받았다. 술 먹고 달려드는 군인을 내가 밑이 붓고 몸뚱이가 말을 안 들어서 밀어냈더니 칼로 어깨를 쳤다. 어떤 때는 총대로 얼굴을 때렸다. 거기다 걸음도 못 걸으면서도 피묻은 붕대 등의 빨래도 해야 했다.

남양에 간 처음 1년은 쌀과 납작보리쌀로 밥을 해서 주면 한 공기를 받아 먹었다. 그 뒤로는 오사카마루가 식량을 가지고 들어오다 침몰되어 보급이 끊겼다고 했다.[9] 그래서 바나나와 참외 같은 사사포를 먹었다. 다비오카[10]를 갈아서 먹기도 했다. 이런 과일은 처음에는 누워서도 따먹었는데 나중에는 하도 따먹어서 먹을 게 남아 있지 않았다. 그 뒤부터는 밤에 장갑을 끼고 나가 달팽이를 잡아먹고 살았다. 달팽이는 독이 많아서 그냥 먹으면 즉사했다. 재를 넣어 독을 빼고 삶아 먹었다. 토

---

9) 3천 톤급 수송선 오사카마루는 1944년 3월 미군기뢰에 맞아 침몰하였다고 징용으로 끌려갔던 서왈석, 박노수 씨가 증언하였다. 《중앙일보》 1996. 2. 28.
10) 카사보라는 식물 뿌리에서 채취하는 식용 녹말이다.

인들에게 해삼을 잡아오게 해서 갈아 먹기도 했는데 질겨서 먹을 수가 없었다. 일본 군인들은 도마뱀을 보면 알콜램프에 그을려서 뚜루룩 껍질을 벗겨 먹었다. 항고(군인들의 휴대용 식기)에 건빵 다섯 알과 우리가 일 년에 두 번 농사 지어 수확한 고구마를 넣고 소금을 넣어서 끓여 먹기도 했다.

배가 고파서 그렇기도 했지만 고구마 밭에서 죽은 사람은 다 조선인 군속이었다. 밤에 몰래 들어가 고구마를 캐 먹다가 일본 군인이 쏜 총에 맞아 죽은 것이다. 죽으면 그냥 물에 갔다 내버렸다. 창고에서 건빵 하나라도 훔치려다가 걸린 조선인은 나무에 매달고 귀를 베거나 코를 아래서 위로 깎았다.

싱가포르에서 30~40대 아저씨들을 군속으로 많이 싣고 와 파라오 본도에다 풀어놨다. 인도인, 인도네시아인, 토인으로 세 파였다. 중국에서도 많이 붙들려 왔다. 포로들이 대부분이었는데 대만 사람, 오키나와 사람들이 많았다. 중국에서도 포로로 붙들려 온 사람이 많았다.[11]

'데이사쯔기(정찰기)'가 오면 담배 연기도 못냈다. 그것만 왔다가면 3분내로 전투기가 와서 난리가 났다. 그리고 나면 웅하고 폭발탄이 떨어져서 쿠당탕탕 뒤흔들고, 뒤에 전투기가 따라오면서 따다다다 기총소사를 퍼부었다. 밤이나 낮이나 퍼부어대는 그 곳에서 살아나온 것이 기적이다. 그런데 미군이 공습할 때 우리는 굴에 앉아서 비행기 오는 것을 보고 일본기로 착각하고 박수를 쳤다. 미군 비행기는 먼저 조명탄을 터뜨리고 나서 폭발탄을 터뜨렸다. 공습은 낮에도 했지만 밤에도 많이 했

---

11) 파라오는 1914년 일본이 점령하고, 1919년부터 위임통치를 시작하였다. 수도 코롤에 남양청을 개설하고 남양 개척을 시작한 일본은 파라오의 바벨탑 섬, 페리류 섬, 앙가루 섬 등을 개발하였다. 항만시설과 공군기지 건설에 많은 노무자를 투입했다. 중국 관동지방에서 1만 2천여 명이 전입되었는데 이들은 대개 한국인이었다. 오키나와인과 대만인도 집결되었다. 해외희생동포위령사업회, 『해외희생동포 위령사업10년사—하늘이여, 땅이여, 조국이여』, 대구대 출판부, 1987, 69-70쪽.

다.

코롤 마찌(町)는 불밭이 되어서 '이와야마(돌산)'이 있는 '혼토오(本島)'로 건너갔다. 본도는 돌산도 높고 숲도 깊어서 숨어서 살 수 있었다. 본도로 피난간 후는 코롤에서 표만 받던 평안도 출신 여자도 군인을 받아야 했다. 여자들은 모두 뿔뿔이 흩어졌다. 미즈다니, 요시코, 나를 포함해서 너댓 명은 죽어도 같이 죽고 살아도 같이 살자고 했다. 우리는 장교들을 따라다니면서 야자 나무로 지은 천막에서 군인들을 받았다. 집도 절도 없는 천사꼴이었다. 더운 지방이라 밤에도 아무데서나 잤다. 벌레들이 달려들었다. 여기서 어떤 군인이 내 엉덩이를 칼로 찔렀다. 지금도 그 상처가 남아 있다. 건빵을 항고에 끓여 먹고 살았다. 그러고 있는데 야마모토가 쌀을 가져다 주었고, 토인집에서 물을 얻어다 주기도 했다.

밤에 여자가 없는 사이판에 갔다가 돌아오는 길이었다. 폭격을 당해 엎드렸다 일어나보니 옆에 있던 수스랑이라는 달성 권번 출신 언니가 목에 총을 맞아 죽어 있었다. 내 악어 지갑에도 구멍이 났다.12) 밤에 가다 공습을 만나면 배 엔진을 끄고 가만히 있어야 했다. 그러면 무조건 타타타타 바다에 쏘아대곤 했다. 그리고 아침이면 바다는 온통 새빨갛게 변해 있었다. 달성 권번 출신 언니들은 거의 모두 죽었다. 폭격으로 급한 마음에 엄마라고 조선말을 하면 일본 군인이 총대로 어깨를 때렸다. 우리는 폭격으로 다친 군인들을 치료하기도 했다.

동굴마다 조선인들을 모아다 죽였다. 장교들은 우리 언니들 중의 일부가 아래가 아파서 몸을 안 주고 칼로 일본 군인들을 죽이려고 달려드니까 그런 언니들을 동굴로 데려가 우리 보란듯이 자궁에다 총을 쏘고 젖통을 베어내기도 했다. 이 때 미에코와 마쓰무라 요시코라는 언니가

---

12) 구멍난 악어지갑은 가지고 돌아왔으나 남편이 자꾸 버리라고 해서 재작년엔가 버렸다.

죽었다. 이 언니들은 일본놈들한테 욕을 해서 그런 것이다. 하도 언니들을 죽여대서 하루는 밤에 우리들이 흰수건을 가지고 나가서 공습하러 온 비행기를 향해 흔들면서 장교들 있는 여기를 폭격해 달라고 신호를 보낸 적도 있다. 그런데도 아무 일도 일어나지 않았다. 얼마나 분하면 그랬겠는가?

열아홉 살이 되자 폭격이 더욱 심해졌고 하룻밤 자고 나면 높은 계급의 일본 군인들이 자결을 했다. 내가 창수 오빠에게 그들이 왜 죽냐고 물었다. 그들은 미군이 올라와도 다시 전쟁을 일으킬까봐 죽일 것이니 자살하는 것이라고 설명해 주었다. 그러던 어느 날 '죠도헤이(상등병)'가 와서 업히라고 하더니 야마모토가 칼자루를 땅에 꽂고 엎어져 죽었다고 알려 주었다. 우리한테 달려들었던 군인들도 아침에 죽었다고 연락이 왔다.

임창수 오빠가 자신의 피로 태극기를 그려서 내 발바닥에 붙여 주었다. 그것을 8개월간 지니고 다녔다. 미군이 올라와서 급할 때면 보여주라고 했다. 미군 배가 섬 주위를 포위하니 조선인 군인만 나서도록 하여 죽게 만들었다. 양은칠과 임창수 오빠도 죽었다고 누가 와서 알려 주었다.

일본군은 패전된 것을 모르고 고사포 부대에서 순찰온 연합군 비행기를 쏘았다. 파라오 야스쿠니신사 앞에 비행기가 떨어졌다. 트럭을 타고 가다가 배가 고프면 죽은 사람들 옷에 들어 있는 먹을 것을 꺼내 먹기도 했다.

9~10월쯤 어디서 날아왔는지 삐라(전단)를 보았는데 천황이 항복했다고 했다. 미군들이 삐라를 뿌렸던가 보다. 모두 집합하라고 해서 갔더니 일본 장교들이 막 울었다. 천황이 항복을 했고 이제 전쟁이 끝났다고 했다.

11월에 미군이 올라와서 나는 본도에서 잡혀 파라오에 있는 코롤 섬

....

으로 건너왔다. 일본 여자들, 오키나와 여자들도 있었다. 팬티 하나만 입혀 놓고 사진을 찍는데 그건 뼈가 어떻게 생겼는지 다 나온다고 했다. 몰래 나갈까봐 찍는다고 했다. 토인들이 사는 곳에 우리를 집어넣고 하나씩 불러서는 "아리랑, 도라지 언더스탠?" 하기에 울면서도 "그래"라고 했더니 "오케이"라면서 초콜릿을 주었다. 일본군 부대에서 서류를 찾은 모양인지 "마이코"라고 나를 부르면서 고생 많이 했다고 했다. 어느 나라 사람인지 기를 그려보라고 했다. 나는 나가서 태극기를 그렸다. 미군 장교인데 이름이 '케리'라고 하면서 미국 국기를 그렸다. 나를 보더니 "오케이, 코리안 아메리카 오케"라고 하고 박수를 쳤다. 일본 국기는 "노"라고 하면서 뭉개 버렸다. 김치와 밥을 먹고 싶은 게 소원이었다.

집에서는 내 제사를 지내고

1946년 2월쯤에 미국 배를 타고 나왔다. 음력으로 섣달 그믐날이었다. 열아홉 살이었다. 갑판에서 하나씩 전부 사진을 찍었다. 그렇지만 찍은 사진을 주지는 않았다. '간단후쿠(간단한 옷)'를 입고 구두는 발바닥이 뜨거워서 높은 것을 신었다. 여자들이 모두 몇 명 탔는지는 모르겠고 미즈다니와 삼천포 아이가 같이 탄 것만 안다. 군속이었던 조선인 남자들도 많이 탔다. 만주에서 몸 팔다가 온 늙은 여자들도 같이 탔다. 배 안에는 당구장과 수영장도 있었다.

부산에 도착했다. 간단후쿠를 입어 얼어죽을 판이었다. 부산도청에서 주먹밥을 해서 갖다 주었는데 주먹밥이 얼어서 물에 던져버리고는 집에 보내달라고 했다. 그 날 저녁은 역에서 잤다. 이튿날 마산, 대구, 진주로 가는 사람들은 기차를 태워 주었다. 집에 도착하니 정월 초하루가 되었다.

집에 들어서니 어머니는 장독에 물 세 공기를 떠놓고 내가 간 동쪽을 보고 절을 하고 있었다. 정월 초하루라서 내 제사를 지내고 있었던 것이다. 집안에서는 내가 물 건너가 죽었다고 할아버지와 함께 제사를 못 지낸다고 밖에서 물을 떠놓고 절을 한 것이다. 내가 들어가 "엄마"라고 불러도 대답을 안했다. "엄마"하고 또 불러도 대답을 안했다. 다시 내가 "엄마 나 왔어" 했더니 어머니는 뒤도 못 돌아보고 까무라쳐 버렸다.

귀국해서는 남양에서 하도 맞아서 거의 다 빠진 이를 해넣었다. 몸이 아파서 남양에서부터 먹기 시작한 진통제를 돌아와서도 계속 먹었다. 어머니와 동생 내외와 살면서 남양에서 있었던 일을 말하지 않았다. 어머니는 내가 당한 것을 들었으면 아마 목을 매서 죽었을 것이다. 누구하고도 목욕을 같이 안 갔다.

6.25 무렵 한 경찰과 결혼하기로 하고 집까지 산 적이 있었는데, 나중에 알고보니 고향에 처와 딸이 있는 사람이었다. 그는 자기를 기다리라면서 떠나고는 1년 이상 연락이 없었다. 그래서 나는 부산의 삼화 고무공장에 들어가서 일을 하고 있었다. 그 후로는 결혼 말이 나오면 안하겠다고 해서 친정 식구들과 사이가 좋지 않았다. 진해로 가서 베짜는 공장, 고무공장 등에 다니면서 살다가 1962년 동생을 따라 서울 수유리로 이사를 왔다. 어머니가 밭을 매주고 번 돈으로 내가 약을 사 먹기도 했다. 그러다 혼자 신촌으로 나와서 이내과에서 붕대를 빨고 감아주는 일을 하기도 했다.

세상이 살기 싫어 마흔아홉 살에 자살하려고 한강 다리에서 뛰어내렸다. 마침 한강에서 고기를 잡던 남자가 나를 구했다. 그 남자에게 '왜 나를 살렸느냐'고 하니 그 남자도 사고로 한쪽 불알을 다쳐 결혼을 못하고 혼자 산다고 남은 인생 같이 살자고 했다. 그는 나보다 네 살 어리다고 했다. 내가 처녀로 죽을까봐 나도 모르게 혼인신고를 했다. 서로 도우며 살기는 했지만 남들처럼 잠자리를 같이 하지 못했다. 만약 다른 남자처럼 그랬다면 약을 먹고 죽더라도 같이 생활하지 못했을 것이다.

남편과 같이 임창수 오빠의 고향인 속초로 가서 오빠의 가족을 찾았는 데 실패했다. 속초에서 어머니가 빼준 금반지를 팔아 방을 얻고 세간을 조금 샀다. 남편은 오징어배의 사무장을 봤다. 나는 동양자수를 잘 놓아서 강릉대 학생들이 이모라고 많이 찾아와서 가르쳐 주었다. 그래서 모은 돈으로 조그만 배를 하나 샀다. 배를 가지고 하려니까 선원들에게 악하게 하지 않으면 안되었고 친척들도 찾아와서 잡은 고기를 나눠주다보니 적자가 자꾸 나서 배를 넘겼다.

그리고 다시 서울로 올라왔다. 몸이 아파서 성당 10년, 교회 10년을 다니다가 우연히 자다가 부처님을 모셨다. 아무나 보고 뭐라고 하니까 정신과에도 몇 번 갔다. 사람들이 찾아오더니 쪽집게라고 했다. 1971년 대한승공경신연합회[13] 종로구 분회장을 하라고 해서 했다. 그래서 한 10년 사주, 궁합을 봐주며 먹고 살았다. 굿은 안하고 점도 안본다. 하느님은 한 분이니까 믿는 것으로 산다. 마음 가운데 신이 있는 것이다. 그러니까 마음만 깨끗이 먹고 살면 되는 것을. 남편이 한글을 가르쳐줘서 잘 쓰지는 못해도 조금 읽는다. 남편은 심장병으로 죽었는데 죽기 전에 나를 생활보호대상자로 해놓았다. 남편이 죽고 나서보니 나보다 네 살 어리다던 남편이 실제로는 나보다 열두 살이나 어렸다.

　나의 기막힌 사연을 부모에게도 말하지 못하고, 아이도 낳지 못했다. 밑이 깨끗하기는 하지만 못이 박힌 것처럼 딸그락딸그락했다. 예전에 성기에 사마귀가 있었던 것을 뜯어내기도 했는데 이제 보니 그것이 굳은 살이 되어버렸다. 자궁암인가 싶어서 쉰 살이 넘어 병원에 갔더니 자궁에 별 이상은 없는데 자궁이 한쪽으로 돌아가서 애를 못 낳는다고 했다.

　제일 마음이 아픈 것은 딸이라도 하나 있었으면 하는 생각이 들 때이다. 딸이라면 내가 외로울 때 심정을 이해해줄 것이다. 아들이라면 이해를 못할 것 같다.

　나는 다리가 특히 좋지 않아 약을 먹고 산다. 걸음을 제대로 걷지 못한다. 지금도 심장안정제 안티바나 120알을 가지고 있다. 30알만 먹으면 자면서 죽는 것이다. 외롭고 고독해서 살고 싶지 않다. 소변 마려운 것을 못 참고 화장실에 한 번 들어가면 오래 걸려야 일을 끝낼 수 있다.

　내가 위안부 문제로 집을 자주 비우니까 그나마 사주와 궁합을 보러 오던 손님들도 끊겨서 형편이 어렵다. 최근에 임대아파트로 옮기고 나

---

13) 굿, 철학을 하거나 점을 치는 무속인들의 단체로 한국에 있는 무속인 단체 중에서 제일 크다고 한다. 민속신문사도 함께 하고 있다. 각 지역에 있는 지부장이 회비를 걷고 본부에서 회의를 하여 운영한다. 지부장 밑에 있는 것이 분회장이다.

서는 더이상 이 일은 하지 않는다. 정부에서 주는 생활비로는 아파트 관리비를 내고 나면 남는 것이 별로 없어 살기가 힘들다. 그래도 50여 년 가슴에 간직한 얘기를 털어놓고 나니 배가 붓는 듯한 증상은 없어졌고 속이 후련하다. 이제 한만 풀고 죽으면 된다.

할머니를 처음 만난 것은 첫 번째 증언집의 마무리 작업이 한창이었던 1993년 5월이었다. 수요 시위에 참여한 할머니는 그동안 남편 때문에 말하지 못했던 당신의 한많은 인생을 털어놓고 싶은 열망에 복받쳐 있었다. 필자는 증언집 I 집에서 파라오에서 위안부생활을 했던 이상옥 할머니를 정리하였기 때문에 역시 같은 파라오에 있었다는 할머니에게 더 관심을 가지고 조사에 임했다. 점심도 안 드시고, 쉬지 않고, 끊임없이 당신의 경험을 풀어냈다. 쉬지 않고 증언을 하시느라고 숨을 헐떡이기도 하셨고, 감정에 복받쳐 많이 울기도 하였다. 할머니는 필자가 만난 여러 할머니들 중에 제일 이야기를 잘 풀어나가시는 이야기꾼이셨다. 할머니는 가슴 속에 있던 얘기를 다 털어놓고 나니 후련하다고 하였다.

파라오에서 다친 다리는 여전히 좋지 않아 걸음을 제대로 걷지 못하고 신경성 위염으로 배가 부어올라 식사도 제대로 못하지만, 재판 관계로 일본에 갈 일이 있으면 자비를 들여서 다녀올 정도로 이 문제 해결에 열심이다.

그 후의 만남에서는 조금 차분해진 어조로 말씀해주셨는데 최초의 증언과 이야기가 달라지는 부분도 생겨나서 여러 번 확인을 거쳐야 했다. 최근 일본의 민간모금에 대해서는 그런 돈은 "자기네 거지들에게나 주라"고 열변을 토하실 정도이다.

조사·정리자 여순주는 성차별에 대한 관심을 가지고 여성학을 공부하면서 점차 여성사에 관심을 가지게 되었다. 본 연구회 활동은 처음 만들어질 때부터 해오고 있다. 일제 말 조선인 여자근로정신대에 관한 연구로 석사논문을 썼다.

남양군도로 가는 바다 위에서 허우적거렸듯이

손판임

.....

"토요일, 일요일엔 군인들이 하도 많이 와서
도살장으로 들어가는 기분이었다."

나는 1924년 음력 10월 12일 경남 하동에서 다섯 남매 중 외동딸
로 태어났다. 위로 오빠가 하나 있었고, 아래로 남동생 셋이 있었다.
우리집은 본래 하동에서 농사를 짓고 살았는데, 내가 어렸을 때 과수
원을 하기 위해 진주 봉래동으로 이사를 했다. 아버지는 진주에서 농
사도 짓고 과수원도 했다. 우리집은 초가집이기는 해도 사랑채에 방

이 두 칸, 마루가 달린 안채에 방이 세 칸, 그리고 아래채라 하는 곡간이 하나 있는 꽤 넓은 집으로 그렇게 잘 살지는 못했지만 어릴 때부터 고생하면서 크진 않았다. 땅도 많아서, 가을이면 소작인들이 농사지은 것을 집으로 가져오곤 하였다. 일본놈들이 다 공출해 갔지만….

한 가지 집안의 걱정이라면 어머니가 목에 혹이 나는 병(병명은 잘 모른다)으로 내내 누워 계셨다는 것이다. 나는 고통 때문에 밤에 잠도 잘 못 주무시는 어머니의 병간호를 하면서 집안일도 도와야 했기 때문에 봉래 초등학교도 3학년까지밖에 못 다녔다. 그 때는 거기 안 끌려갈려고 병신한테라도 시집을 보냈지만, 우리집은 어머니 때문에 그럴 수도 없었다.

일본여자와 남자가 좋은 직장에 취직시켜 준다고

처음으로 집을 떠난 것은 내가 만으로 열일곱 살이었던 1941년이다. 계절은 잘 기억나지 않지만, 히로시마에서 배를 탔을 때 누군가 나무상자에 든 '미깡(귤)'을 사 줘서 먹은 기억이 나니까 그 때가 늦가을이 아니면 겨울이었던 것 같다. 어느 날 40대쯤 되어 보이는 일본 여자가 집으로 찾아와서 아버지께 좋은 직장이 있으니까 딸을 보냈으면 좋겠다고 했다. 머리를 올리고 하얀 투피스를 입은 날씬한 여자였는데, 이름은 '사토미'라 했다. 아버지는 애엄마가 아플 뿐 아니라 또 어린 애를 어떻게 멀리 보낼 수 있느냐며 한사코 안된다고 하셨다. 여자는 잠시 나가더니 누런 전투모를 쓴 일본인 남자를 데리고 왔다. 구렛나루 수염이 난 오십쯤 되어 보이는 남자였는데, 이름은 '모지(門司)'에 사는 '우찌다'상이었다. 이 사람은 내가 부산에서 배를 탈 때도 보았고, 라바울, 보르네오, 뉴기니아를 전전할 때도 여러 번 보았다.

그가 내게 한 번 나와보라고 하더니 나를 밖으로 데리고 나갔다. 걱정이 되신 아버지가 따라 나오시면서 어디를 데리고 가느냐고 하니까, 우찌다 상은 어디 나쁜 데 데려가지 않으니까 괜찮다고 하면서 아버지를 밀쳐버렸다. 지금도 아버지가 뒤로 주저앉던 모습이 눈에 선하다. 내가 제일 마지막이었는지 사거리 같은 데로 가니까 나처럼 끌려온 여자들이 많았다. 한 열 명쯤 되었을까? 내 기억으로 동네에서 마구잡이로 처녀들을 끌고 온 것 같았다. 조그만 밭뙈기를 부치고 살면서 어머니가 술장사를 했던 종금이, 학교도 못 가고 집에서 농사일만 거들던 풍금이도 와 있었다. 우리 마을에는 얼굴은 예뻤으나 정신이상인 친구도 있었는데 그 애는 데리고 왔다가 되돌려보냈다. 그 때 나는 검정옷에 하얀띠를 두른 세라복 차림에 머리를 양가락으로 묶고 있었다.

며칠이 걸렸는지는 잘 모르지만 우리는 사토미와 우찌다 상을 따라 열차를 타고 마산을 거쳐서 부산으로 갔다. 기억은 분명하지 않지만 경상도, 전라도 등지에서 온 여자들이 한 사십 명쯤 모여 있었는데, 모두 열 다섯에서 열 여섯 살쯤 되어보였다. 우리를 인솔해 간 남자들은 한 7~8명쯤 되었다. 그 사람들은 우리를 어느 음식점에 맡겨두고, 수산경찰서를 바삐 왕래하였다.

일본으로

부산에서 며칠을 머물렀는지는 기억에 없다. 우리는 어느 날 저녁 무렵에 일본 시모노세키로 가는 연락선을 탔다. 배에 타자마자 우리가 전부 멀미를 하고 막 쓰러져 누워 있으니까 누군가 부산이 멀리 보이니 한 번 일어나서 보라고 했다. 선창 밖으로 멀리 불이 환하게 켜진 부산 시내가 가물가물 보였다.

새벽에 시모노세키에 배가 닿았다. 부두에서 내려 전차를 타고 어디에선가 내려 또 한참을 걸어가보니 '산청관'이라는 여관이었다. 이 여관은 우리나라 각처에서 징용해 온 사람들에게 김밥이나 주먹밥을 해서 실어내는 집이었다. 우리는 그 여관의 2층에 머물고 있었는데, 그 주인은 나이가 좀 들어보이는 한국여자였다. 그 여자가 "아유, 세상에 어떻게 이렇게 많이 오게 되었지?" 하고 물어서, 우리는 잘 모르니까 "어디 공장에 넣어준대요" 하고 대답하였다. 우리를 데려간 사람들은 이제 여기에 있으면 좋은 직장을 알선해 줄 테니 가만히 있으라는 말만 했다.

그 여관에서 한 달쯤 있다가 우리는 다시 배를 타고 '모지'라는 데로 갔다. 한 30분쯤 간 것 같다. 모지는 배로 건너도 가고 기차로 돌아서도 갈 수 있는 곳이었다. 전차를 타고 몇 정거장 지나서 내리니 또 어느 여관이었다. 거기서도 한 스무 날쯤 머물렀다. 남자들이 우리를 줄곧 지켰기 때문에, 화장실에 가는 것 외에는 출입이 부자유스러웠다. 속옷이나 원피스, 화장품 세트 같은 필요한 물건들은 그 사람들이 필요한 것을 물어보고 사다주었다. 처음 나를 끌고 왔던 우찌다 상은 알고보니 그 남자들 중에서 제일 어른이어서, 일본에서는 어쩌다 한 번씩 우리 있는 곳으로 왔다가곤 했다. 어느 날 그가 와서 이제 갈 날짜가 정해졌으니 조금만 기다리라고 하면서 좋은 직장이니 걱정하지 말라고 했다.

그 후 우리는 오래 기차를 달려서 히로시마로 갔다. 거기서도 여관에서 며칠 있다가 항구에 나오니 배들이 꽉 차 있었다. 우리는 어느 창고 같은 데서 주먹밥과 보리차를 먹고 오후 늦게 출발하였다. 이제 진짜 목적지로 간다고 해서 불안하게 서 있던 그 때를 기억하면 지금도 가슴이 울렁거린다. 배를 탈 때 우리들의 손은 모두 밧줄에 한 줄로 묶여 있었고, 가슴에다 이름표를 붙이고 있었다. '가스마' '마리코'. 내 이름은 '마츠모토 가요코'였다. 인솔자들이 우리를 두 줄로 세워 놓고, 번호를 부르고 이름을 장부에 적었다. 얼마 후 군인들이 완전무장하고 큰 배로 올라갔다. 군인들이 다 타고나니까 깜깜한 밤이었다. 좀 있다가 우리 일행도 배에 올랐다. 다시 번호와 이름을 부르고 장부에 적는 일이 반복되고, 우리가 들어갈 방이 정해졌다.

남양군도행 군함 위에서

배에서 우리가 들어간 방은 다락방 같이 생겼었다. 한 칸에 8~9명씩 있었고, 각 칸에는 반장이 정해졌다. 처음 배를 탔을 때는 기적 소리에 정신이 없어 기절할 뻔했다. 멀미도 많이 했다. 파도가 세서 물이 확 들이치면 모두가 이리저리 밀려서 쓰러지고, 다 죽을 것 같이 토하곤 하였다. 옷은 퍼런 군복 같은 걸 갖다줘서 입었다. 밥은 한 방에 두 명씩 당번을 정해서 취사반에서 가져다 먹었는데, 취사반은 우리들이 있는 방에서 대여섯 계단을 올라가면 있었다. 매일 흰 죽에다가 일본식 장아찌를 두 쪽씩 주었는데, 우리는 배멀미 때문에 제대로 먹지 못했다.

배를 타고 밤낮으로 한 달을 갔다. 내 맘에는 몇 달 걸리는 것 같았다. 배에는 병원도 있어서 멀미로 밥을 못 먹으면 의사가 다니면서 진찰을 하고 링거주사를 놔주었다. 배를 타고 가면서 우리는 밑에서는 잠수함이 터지고, 위에서는 미국 비행기가 폭발하는 장면도 참 많이 보았다.

배에서 보면 그냥 아무 것도 없는 끝도 없는 누런 바다였다. 우리 배 양쪽으로는 군함이 따라갔는데, 얼마쯤 가니까 전부 갑판으로 나오게 해서 훈련을 시켰다. 아침에는 군가를 부르게 하고, 낮에는 군함을 주위에 돌게 하면서 물에다 사다리 같은 것을 내려놓고 훈련을 시켰다. 비닐로 된 구명복을 목에 걸고 머리는 빨간 천으로 싸맨 후, 사다리로 내려가서 바닷물로 뛰어내려 물에 몇 분씩 둥둥 떠있다가 다시 사다리를 잡고 올라오는 훈련이었다. 지금 생각하면 기가 막히다. 그 때 기분은 죽기 아니면 살기였다. 헤엄도 못 치니까 빨간 머리만 내밀고 둥둥 떠서 이리저리 흩어진 채로 '오예오예' 짠물만 삼켜야 했다. 그게 물에서 여자들이 할 짓이겠는가? 어느 직장이 이렇게 멀리 가는 직장이 있나 하는 의문뿐이었다.

라바울 논뙤브 위안소

우리가 내려서 처음 본 곳은 야자수와 바나나 나무가 꽉 차 있는 라바울 시내였다. 집은 전부 다 빨갛고 하얀 함석집이었다. 거리엔 탱크도 지나가고, 얼굴이 시커먼 토인들이 아랫도리만 두르고 왔다갔다 했다. 그들이 야자 잎사귀로 만든 백에다 바나나, 파파야, 망고 같은 과일을 짊어지고 가는 것을 보고, 우리는 저런 거 만드는 공장이라도 보내려고 데려왔나보다고 생각했다.

항구에 내린 우리는 야자수나무 그늘 밑에 서서 주먹밥을 먹고 있었다. 우리를 라바울까지 인솔한 일본인 남자들은 모두 네 명으로 이름은 '나카무라' '사카모토' '구니모토' '나카모토'였다. 거기 내려서 다시 장부를 들고 적더니, 우리를 네 조로 나누었다. 조별 편성이 끝나자 그들은 금줄 세 개에 별 세 개가 있는 어느 대위에게 가서 장부를 보였다. 그리고는 다시 우리에게 와서 모두 소지품을 준비하라고 하였다.

얼마 후 야자수 잎사귀로 위를 덮은 트럭이 네 대가 오더니 한 트럭에 10~15명씩 우리를 나누어 실었다. 여자들을 태운 트럭들은 네 군데로 갈라졌다. 우리 트럭은 몇 시간을 산 속으로 달려서, 허허벌판 같은 자갈밭에 이르렀다. 앞은 섬도 하나 안 보이는 망망한 바다였다. 끝도 없이 펼쳐진 해변의 나무들이 너무나 아름다웠다. 그 자갈밭에 우리들이 들어갈 집이 있었다. 야자수로 만든 세 채의 집에 방이 다섯 칸씩,

모두 열 다섯 칸이 있었다. 여기가 논뙤브 위안소다. 호혜당이라는 부대는 이 위안소 오른편으로 가까운 거리에 있었고, 큰 본부는 그 윗쪽에 있었다.

우리를 데리고 간 책임자는 바짝 마른 구니모토였다. 그 사람이 방을 정해 주면서 "여기가 너희들이 있을 집이고, 직장이다"라고 했다. 들어가보니 사람들이 밑으로 들락거릴 정도로 높이 지어 놓은 방에 군용 담요 세 장이 전부였다. 하나는 이불로 하고 둘은 요를 삼아서 썼고, 베개는 야자수 잎사귀로 대신해야 했다. 그 날 저녁 우리는 각자 자기 번호를 정해서 방으로 들어갔다. 우리들은 저녁에 같이 모여서 세상에 여기 죽으러 왔나보다 하면서 부둥켜 안고 또 울었다. 그 때까지도 우리는 앞으로 무슨 일이 일어날지 아무도 짐작하지 못했다.

도착 후 우리는 피곤하고 아파서 이틀인가 쉬었다. 밥은 부대에서 갖다 주어서 먹었다. 우리가 마주 보이는 곳에는 큰 천막을 쳐서 만든 육군 야전병원이 있었는데, 거기서 위생병이 와서 주사도 놔주고 약도 갖다 주었다.

늙은 장교에게 당한 몸서리쳐지는 그 일

거기서 한 사흘을 쉬고 나서… 기가 막혀서, 이런 소리를 어디다 하겠는가? 사흘 뒤에 높은 장교들이 왔다. 난생 처음으로 높은 장교에게 당하였다. 세상에 아버지 같은 놈이… 생각하면 끔찍하다. 뭐가 뭔지도 몰랐다. 지금은 그 늙은 놈 이름도 생각나지 않는다. 그는 전신을 밤새도록 주무르라고 했다. 그 다음날 우리들은 전부 자갈밭에 앉아서 아이구 세상에 어떻게 하면 좋으냐고 서로 부둥켜 안고 한없이 울었다.

그 때 친구들 이름은 '히데코' '마리코' '히로코' '스미코' '아끼코' '기누에' '가츠마루' 등이었다. 나는 부산 초량에서 온 히로코와 제일 친했다. 군인들이 오는 시간은 정해져 있었다. 평일날 4시까지, 그리고 토요일 오후와 일요일은 졸병들, 그리고 평일 오후 4시 넘어서 저녁부터는 높은 것들, 하사관이나 금줄 친 놈들, 그 다음은 금줄 세 개, 별 세 개를 단 대위, 중위 그런 것들이 왔다. 군인들은 상자곽 종이로 만든 것 같은 표를 가지고 들어왔다. 그것을 모아다가 구니모토에게 주면, 그가 장부에 기록하곤 했다. 한 사람당 몇 명이 왔는지를 확인하는 것 같았다. 돈을 받은 적은 없다. 다만 가끔씩 원피스, 양말, 속옷, 화장품을 사다 줘서 받은 적은 있었다.

우리들은 보통 하루에 20~30명씩 군인들을 상대해야 했다. 토요일, 일요일엔 군인들이 하도 많이 와서 도살장에 들어가는 기분이었다. 그게 참 죽을 일이지, 정말 죽지 못해 살았다. 그리고 병원에 가서 일 주일에 한 번씩 검진을 했다. 안 좋으면 606호라는 독한 주사를 맞았다. 나는 이 주사를 맞아 본 적이 없지만 딴 친구들이 그걸 맞고 나서 너무 아파서 죽으려고 하는 것을 여러 번 보았다. 삿쿠는 케이스로 갖다 놓고 썼고, 남자들을 받고 나면 밑을 씻으라고 소독약도 주었다.

그리고 거기는 열대 지방이라 말라리아가 많이 걸렸다. 그 병으로 네 명인가가 죽는 것을 보았다. 진짜 무서운 병이었다. 나는 거기 있는 친구들 중에서 제일 약해서 그 병으로 자주 누워 있곤 했다. 그게 한 번 걸리면 스무 날씩 혹은 한 달씩 40도가 넘는 고열에 시달려야 했다. 군인들이 주사를 매일 와서 놔주고 약은 타다 먹었다. 때로는 일부러 앓는 시늉을 한 적도 많았다. 일부러 굶으면서 아프다고 2~3일씩 드러누워서 꾀를 부리는 것이다. 그래서 구니모토가 날 제일 미워했다. 내가 누워 있으면 구니모토는 화가 나서 자주 소리를 질렀다. "마쓰모토 가요코! 그렇게 자꾸 아프다고 하면 어디로 보내버려." 나는 그 소리가 정말 무서웠다. 나를 어디로 보내려고 어디에서 죽여버리려고 그러나 하는 생각이 들면 질려서 말도 못할 지경이었다. 그래도 토요일, 일요일 무렵에는 아프다고 거짓말을 하는 편이 나았다. 구니모토도 우리들이 죽으면 안되니까 그렇게 심하게 못했다.

공습 속에서 싹튼 사랑

거기는 무척 위험한 지역이었다. "공습이요!" 하면 차가 군인들을 막 싣고 달아났는데, 비행기 소리를 하도 들으니까 소리를 들으면 어느 나라 비행기인지 금방 알 수 있었다. 일본군 비행기는 가벼운 소리가 나고 미군 비행기는 무거운 소리가 났다. 군인들은 우리가 미처 달아나지 못한 채로 급하게 비행기가 날아오면, 위에다 이불을 깔고 방 구들 밑으로 들어가서 엎드리라고 했다. 비행기가 강 위로 갑자기 날아와서 빗발치듯 공습을 하면 같이 있던 군인들도 다 그 밑에 궁둥이를 내놓고 머리만 처박고 있었다. 하하, 세상에 내가 그렇게 해서 살았다.

그렇게 위험한 중에도 한 가지 추억이 있다. 당시 스물일곱 살이었던 호혜당의 '무라마스' 중위가 나를 아주 잘 대해 주었다. 금줄 세 개에 별 두 개를 달았는데 아주 잘 생겼었다. 그를 만난 것은 논뙤브 위안소 도착 후 얼마 안되서였다. 그는 장교니까 밤에 오곤 했는데, 위안소에 있었다고 말하지 말고 나가서 결혼하자고 했다. 어떤 때는 심부름하는 사람을 가만히 보내서 밤 몇 시경에 오라고 하여 구니모토 몰래 밤에 걸어서 부대로 갔다가 새벽에 온 적도 많았다.

이 위안소에서 제일 오래 있었는데 한 1년 5개월쯤 있었던가? 공습이 심해지면서 우리는 라바울을 떠나게 되었다. 배를 타는 부두엔 무라마스 중위도 나와 있었다. 그는 "장교들은 아래 사람들이 다 이동이 되어야 떠나니까 몸조심하고 잘 가서 있으라"고만 했다. 그 후 그를 다시는 만나지 못했다.

뉴기니아, 보르네오에서의 생활

다음으로 간 곳은 뉴기니아였다. 뉴기니아에서의 기억은 별로 없다. 거기서 한 일 년이 지날 무렵 상황이 다시 위험해져서 보르네오로 옮겨 갔다. 배에서 내린 곳은 '신깡(Sandakan)'이라는 조그만 시내였는데, 거기도 양철집들이 많았다. 위안소는 시내에서 얼마쯤 들어간 산 속에 있었다. 도착해보니까 군인들이 부대 바깥에다가 우리가 살 초두막집을 물 위로 나란히 지어 놓았는데, 전부 야자수로 지은 인도네시아식 집이었다. 주위엔 마을도 없었다. 위안소 이름은 1위안소, 2위안소라 했는데, 1위안소는 우리가 있던 2위안소에서 얼마 안 떨어진 산모퉁이를 돌아가서 있었다. 우리 위안소의 책임자는 역시 구니모토였고 1위안소는 구마모토라고 구렛나루 수염이 많이 난 수염쟁이가 책임자였다.

거기는 전방이니까 외출도 없었다. 어쩌다가 외출한 적이 있었는데 나와 제일 친했던 히로코가 많이 아파서 입원했을 때 신깡에 있는 병원에 갔을 때였다. 거기도 일선 지구니까 폭격이 심해서 한 곳에 2~3개월 이상은 머물지 못하고 작은 마을들을 전전하였기 때문에, 내가 다닌 곳을 일일이 기억할 수가 없다. 그러면서 한 일 년이 간 것 같다.

패전소식과 함께 필리핀으로

마지막으로 다시 일본군함에 실려서 내린 곳은 필리핀이었다. 우리는 배에서 내려서 트럭을 타고 마닐라 시내에서 한 시간 가량 더 들어간 곳에 있는 어느 부대로 들어갔다. 우리는 큰 강당 같은 곳에서 한 달을 지냈는데, 거기가 부대 안이었는지 밖이었는지는 기억이 희미하다. 아무튼 그 강당 안에는 징용갔다가 그 곳에 온 지 얼마 안된다고 했던 한국말을 잘 하는 젊은 중국남자도 있었고, 강제연행된 한국인 노동자, 군속들과 군인들, 우리 같은 여자들이 많았다.

그 때도 밥은 일본 부대에서 호박을 섞은 밥을 가져다 먹었다. 패전 후인데도 필리핀에 있던 군대를 해산한 것은 아니었는지 부대가 있었다. 그곳에 도착해서 가만히 지켜보자니 일본군들이 보초를 서고 있긴 했지만 수가 적어보였다. 우리는 '우리를 왜 여기다 데려다 놓았을까. 이상스럽다' 하는 의심이 들었지만, 그 때까지 아무 것도 모르고 있었다. 지금 생각해 보면, 우리를 인솔했던 사람들은 이미 보르네오 섬을 떠날 무렵 미국이 히로시마에 원자탄을 던졌다는 것을 알고 뒤늦게 황급히 철수한 것 같다. 구니모토와는 마닐라까지 같이 나왔는데, 그 후로는 어떻게 되었는지 전혀 소식을 모른다.

귀항 전 임시간호원 생활

한 달 후 우리는 부대에서 떠나 다시 차에 실려 2~3시간을 달려서 어느 허허벌판에 있는 육군야전병원으로 갔다. 그 후 우리와 강당에서 같이 있었던 다른 사람들의 행방은 잘 모른다. 병원장은 우리를 집합시켜 놓고 그 병원에 3개월만 있으면 배를 타고 나갈 수 있다고 말했다. 조선에 돌아온 후에야 안 일이지만, 당시 미군이 그 섬을 점령하고 있었는데 그들에게 만약 우리들의 신분이 탄로나면 일본의 체면이 깎일 것이라고 염려해서 우리를 간호원으로 만들어 버린 것이다. 우리는 임시간호원 옷을 입고 모자도 쓰고 마크도 붙였다. 우리는 거기서 환자들 치료도 해주고, 붕대도 빨고, 약도 날랐다. 잠은 병원내의 숙소에서 잤다.

그러던 어느 날 병원장이 우리를 모이라고 했다. 우리 임시간호원이 있는 곳으로 미군장교가 올 것인데, 만일 그 사람이 엽연이나 초콜릿 같은 것을 가지고 와서 주더라도 웃지도 말고 받아먹지도 말라는 것이었다. 그리고 며칠 후 어느 날 아침에 진짜로 미군장교가 들어왔다. 그는 우리들에게 "아, 이쁘다. 참 멋있다"고 하면서 호주머니에서 껌이나 초콜릿, 담배들을 꺼내주면서 말을 시켜보려고 했지만 우리는 웃지도 못하고 서 있었다. 그는 한 30분 왔다갔다 하더니 밖으로 나가 여기저기를 둘러보고 돌아갔다.

우리는 큰 미국 배를 타고 부산으로 왔으나 콜레라 때문에 입항하지 못하고 인천 앞바다에 배를 댔다. 일 주일만에 배에서 내렸다. 때는 여름이었다. 5월인가, 6월인가? 같이 갔던 우리 일행들이 10명인가 내렸다. 부두에 내려 짐검사를 하고 소독약을 뒤집어 썼다. 그리고 우리는 줄을 서서 손바닥에 빨간 도장을 받은 다음, 천 원짜리 한 개씩을 받아쥐고 나왔다.

혼인 그리고 가출

우리는 기차를 타고 부산을 거쳐 진주로 갔다. 대구에서 친구들이 일부 내리고, 나머지 일행은 삼량진에서 하룻밤을 같이 지내고 이튿날 헤어졌다. 당시 우리는 내내 일본말만 썼기 때문에, 혀가 잘 안 돌아가서 말뜻은 알아들어도 말을 잘 할 줄 몰랐다. 진주로 가는 기차 안에서 떡장사 할머니에게 벙어리 시늉을 해서 떡을 사 먹으면서 웃었던 기억이 난다.

그러니까 내가 스물한 살 되던 해(1946년)에 진주로 돌아온 것이다. 집에서는 형제들이고, 집안 어른들이고 모두 내가 죽은 줄만 알았다고 한다. 죽었다고 점도 많이 쳤다고 한다. 이모들이 가서 점을 치면 어떤 데서는 내가 죽었다고 하고, 어떤 데서는 살아 있지만 배고파서 울고 다닌다고 했단다. 그러던 내가 살아 왔으니 오죽하겠는가? 아버지는 내가 떠난 뒤로 홧병이 나서 돌아가시고, 어머니도 어느 겨울에 돌아가셨다. 오빠와 동생들 둘은 결혼하고, 하나는 군대에 가고 없었다. 이모님 두 분이 나를 맞아 주셨다.

나는 시집갈 생각이 없었으나 이모님들의 성화로 중매를 해서 삼천 포에 있는 어느 부잣집에 시집을 갔다. 그 때 내 나이 스물둘이었는데, 남편과는 세 살 차이였고 그 후 아이는 삼 남매를 낳았다. 14년 동안 결혼생활을 했지만, 궂은 날이면 몸이 아파서 미치겠고 양심에 가책도 되어서 사는 것 같이 살아보질 못했다. 남편의 구박은 말할 수가 없었 다. 내가 죄를 많이 지은 사람이니까….

서울에서의 생활

서른여섯에 집을 나와서 그 길로 서울에 와 가지고 20～30년 동안 혼자서 안해본 게 없다. 미아리, 천호동, 과천을 전전하면서 시장에서 가판대를 놓고 장사도 하고 공장에 밥을 지어 나르기도 하고, 비단짜는 공장, 카시밀론 솜타는 공장, 통조림 공장, 실빼는 공장 등에서 일을 했 다. 내가 마지막으로 있었던 곳은 조카가 하는 세탁소였다. 나는 지하 실 방을 얻어 있으면서 세탁소 사람들에게 밥도 해주고 일도 관리해주 었다.

그 후 나는 몸이 자꾸 피곤하고 아파서 일을 못하게 되었다. 그제야 동회에 가서 주민등록을 하고 영세민 신청을 했다. 동사무소와 교회의 도움으로 살다가 그 분들의 도움으로 과천양로원에 들어갔다. 이 양로 원에서 나는 자궁암에 걸린 사실을 알았고, 1992년 가을 강남병원에서 수술을 받았다. 강남병원에서 만 3개월만에 퇴원해서 양로원에 있다가 1993년 6월에 나눔의 집으로 들어가 살다가 현재는 임대아파트에서 살 고 있다. 지금도 나는 조금만 움직이면 막 붓고, 가렵고 바늘로 쑤시는 것 같이 아파서 밖으로 나가지 못한다.

내가 서울에 있을 때 언젠가 남편이 한 번 찾아왔었지만, 그냥 돌려보내고 자식들과는 연락도 않고 살았다. 큰아들은 어디로 갔는지 모르고, 작은 아들은 서울서 사는데 연락도 안하고 딸은 충남에 있는데 가보지도 않았다. 딸이 하나 있어도 창피해서 이런 말은 하지도 못한다.

남편은 나와 정식으로 이혼은 안했지만, 얼마 후에 쌍둥이 엄마라고 다시 후처를 얻었다. 쌍둥이네가 우리 애들 키우느라고 고생을 많이 했다. 쌍둥이네는 남편이 죽고 신당동에 와서 살 때 만났다. 지금은 지난 일을 다 덮고 쌍둥이네와 의형제처럼 지낸다. 그녀는 내가 아플 때도 여러 가지로 많이 도와주었다.

일본정부와 한국정부에 바라는 것

일본이 우리들에게 한 일을 생각하면 가슴이 떨린다. 일본정부는 진상을 규명하고 손해를 배상하고, 책임자를 처벌해야 한다. 지금도 증언을 하노라면 속이 뒤집히고 성질이 난다.

한국정부는 우리 생활을 보조해 줄 뿐만 아니라 일본정부로 하여금 적절한 조치를 취하도록 외교적 노력을 해주었으면 한다. 우리는 정말 억울하고 한많은 세상을 살았다. 지금부터라도 조금은 편하게 살고 싶다.

손판임 할머니는 1924년 경남 하동 출생이며, 과수원을 하는 농가의 외동딸로 어렸을 때 진주로 이사를 해서 봉래 초등학교를 3학년까지 다녔다. 병든 어머니를 간호하면서 집안일을 돕던 중, 1941년 일본인들의 반강제적인 꾀임에 빠져 라바울로 끌려갔다가 전황이 어려워지면서 뉴기니아, 보르네오 등지의 군위안소를 전전하였다. 전후에는 필리핀에서 임시간호원 생활도 강요당했다.

네 차례에 걸친 면접과정에서, 손판임 할머니는 남양군도로 가는 바다 위에 강제로 뛰어내려 빨간 머리를 내민 채 짠물을 마시며 허우적거렸던 훈련을 여러 차례 말씀하셨다. "죽으면 그뿐이고 사는 놈은 살라는 거지" 하고 되뇌이시던 모습에서 나는 할머니의 전 생애를 상상할 수 있었다. 할머니는 일본인들에게 속아 망가진 몸과 마음, 그로 인해 받은 말로 다 못할 남편의 박대, 가출생활 등 자신이 강제로 떠밀려온 삶 속에서 수십 년을 홀로 허우적거릴 수밖에 없었다. 모든 것을 자신의 '죄'로 돌리고 한 번도 스스로를 용서할 수 없었던 할머니, 지금은 자궁암으로 몸마저 병들어 눕게 된 할머니는 아침이면 언제나 몸을 씻고 옷을 깔끔하게 입고 밑화장을 하신다. 아무리 몸이 아파도 바르게 앉아 웃음을 잃지 않고 사람을 대하는 할머니의 모습은 혹독한 생을 통해 터득한 수영솜씨를 말해 주는 것인지도 모른다.

✽ 조사·정리자 강선미는 1957년 서울에서 태어났다. 이화여대 영어영문학과를 나와 동대학원에서 사회학을 전공하였으며, 그 후 10년 동안 주한국제연합아동기금(유니세프) 홍보관, 숭실대 기독교사회연구소 연구원, 한국기독교사회발전위원회 간사로서 사회발전과 여성관련 사업에 관심을 가지고 일해 왔다. 현재 여성학 강사로 일하면서, 이대 대학원 여성학 박사과정에 재학중이다.

광동, 홍콩, 싱가포르, 인도네시아를 전전하며

김복동

"술이라도 많이 먹으면 죽는다고 해서
죽으려고 빼갈을 나눠 마셨다."

나는 1926년 5월 1일에 경남 양산에서 태어났다. 우리집에는 딸만 여섯이었는데 나는 그 중 넷째딸이었다. 내가 어렸을 때 우리집은 형편이 꽤 괜찮은 편이었다. 땅이 많아서 우리에게 소작을 부쳐 먹는 사람들도 적지 않았다. 그런데 아버지가 남의 보증을 섰다가 잘못되어 우리 땅은 하나둘, 남의 손으로 넘어가게 되었다. 이 일로 충격을 받은 아버지는 시름시름 앓기 시작했다. 아버지가 앓아 누워 있는데도 빚장이들은 우리집으로 몰려와 빚을 갚지 않으면 경찰서에 집어넣어 버리겠다고 협박을 해댔다. 할머니와 어머니는 겁을 먹고 조금 남아 있던 땅문서에 도장을 찍어 주었다. 얼마 가지 않아 아버지는 돌아가시고 여자들뿐인 우리 식구들은 아무 것도 가진 것 없이 남겨졌다. 다행히 어머니는 여장부여서 어찌됐든 똥지게까지 지면서 우리 여섯을 키우려고 애쓰고 있었다.

'정신대(데이신타이)'에 나가라고 하여

나는 양산 초등학교를 4학년까지 다니다가 그만두고 집에 있었다. 어머니가 세월이 수상하니 나다니지 말고 집에 있는 것이 좋겠다고 했기 때문이다. 내가 다니던 학교는 조선학생들만이 있었고 선생님들도 대개 조선인이었다. 그 때가 열다섯 살 되던 해인 1941년이었다. 언니들은 일본놈들한테 끌려간다고 전부 시집을 보냈다. 나는 나이가 아직 어리니 괜찮을 것 같아 집안 일을 돕고 있었다.

어느 날 우리 동네의 구장과 반장이 계급장이 없는 누런 옷을 입은 일본사람과 함께 우리집에 왔다. 치마저고리를 입었던 것으로 보아 봄이나 가을이었던 것으로 짐작된다. 그 때 구반장이라고 하면 요즈음 도지사보다도 더 힘이 있었던 것 같다. 같이 온 일본사람은 한국말을 아주 잘 했다. 이 사람들은 우리 어머니에게 "데이신타이에 딸을 보내야 하니 내놓으세요"라고 했다. "아들이 없으니 딸이라도 나라를 위해 보내야 하지 않아요? 그것도 하지 않으면 아주머니는 반역자가 되어 여기서 살지 못해요"라고 말했다. 어머니가 "데이신타이가 뭐예요?"라고 물으니, 그 사람들은 "군복 만드는 공장에 가서 일하는 것이요. 3년만 일하면 되고, 그 전에라도 시집가게 되었다고 고향에서 연락을 하면 보내주니 안심하고 보내시오. 3년이 지나도 더 돈을 벌기 원한다면 더 일해도 되지요"라고 대답했다. 기억이 선명하지는 않지만 그 사람들이 어머니에게 무슨 서류에다가 도장을 찍으라고 하고, 어머니는 아버지가 도장을 잘못 찍어 당한 악몽이 되살아난다고 못 찍겠다고 실랑이 하던 모습이 떠오른다. 나는 안 갈 수가 없었다. 결국 그렇게 해서 나는 끌려가게 되었다.

그 일본사람은 나를 버스에 태워 부산까지 데려갔다. 일본사람이 나를 부두에 있는 창고 속에 집어 넣었다. 창고 앞에서는 군인이 총을 들고 보초를 서고 있었다. 그 곳에는 이미 20명 정도의 조선 처녀들이 와 있었다. 대구, 진주, 김해, 의령 등에서 끌려온 처녀들이었다. 나이가 나보다 많은 사람이 대부분이었지만 모두 혼인 전이었다. 그 곳에는 부모는 조선사람인데 일본에서 오래 살았다고 하는 40살 가량의 남자가 우리를 지키며 통역을 했다. 이 사람이 다른 처녀들을 끌고 온 모양이었다. 저녁에 배를 타자고 해서 부두로 나가니 일반인들도 타고 있는 연락선이 왔다. 우리는 이 배를 타고 밤새 가서 아침에 시모노세키에 도착했다. 부산서 배를 탈 때부터 나를 데려갔던 일본사람과 부산에서 우리를 지킨 조선인 남자가 우리를 인솔하기 시작했다. 시모노세키에서 우리는 시내에 들어가지도 못하고 부두의 창고 같은 곳에 갇혀 일 주일 정도 머물었다. 우리는 창고에 갇혀서 밖에도 못 나가고 밥도 창고 안에서 먹었다. 조선인 남자가 지키고 일본인 남자가 통에다 밥과 반찬을 가져다 주었다.

일 주일쯤 후에 우리는 시모노세키에서 화물선을 타게 되었다. 군인들은 이 배에 짐을 잔뜩 실었다. 우리는 계단을 한참 내려가서 배 맨 밑바닥에 자리잡았다. 배 안에는 짐만 있고 사람이라고는 우리를 제외하고 배를 운항하는 군인과 다른 군인 몇 명만이 탔을 뿐이다. 얼마를 갔는지 무작정 갔다. 우리가 탄 곳은 물밑이라 공기도 탁해서 멀미를 심하게 했다.

다 왔다고 해서 내리니 대만이라고 했다. 배에서 내려 우리는 좁은 길을 상당히 오래 걸어서 농장 같은 곳에 도착했다. 옥수수와 바나나 나무가 많이 있는 곳에 집이 있었다. 사복을 입은 사람들이 우리를 지켰다. 일본 경찰관이라고 했다. 대만에서는 우리에게 쌀과 반찬거리를 주면서 밥을 지어 먹으라고 해서 우리는 교대로 식사를 준비했다. 그곳에서 그렇게 달포 가량 지냈다. 그들은 우리에게 군복 만드는 공장에 가는 길이라고 해서 우리는 아직 공장이 정해지지 않았는가 보다고 생각했다. 그러나 그들은 아마 배가 오기를 기다린 모양이었다.

자꾸 어디론가 연락을 하는 듯하더니 어느 날 저녁에 배가 왔다고 했다. 배를 타기 전에 그들은 우리에게 칼라가 있고 몸뻬바지로 된 국방색 군복으로 갈아 입도록 했다. 그리고 고향으로 편지를 하라고 했다.

우리는 그들이 부르는 대로 받아 적었다. 아마 글씨를 아는 사람들만 썼을 것이지만, 누가 쓰고 안 썼는지는 모르겠다. "무사히 잘 지내고 있습니다. 몸도 편하게 있으니 염려하지 마세요. 다시 편지할 테니 답장할 생각은 하지 마세요. 몸조심하고 안녕히 계십시오." 이러한 내용이었다. 우리는 편지의 내용을 검열받고 사진을 찍은 후 그 사진을 받아 편지 속에 넣었다. 편지 겉봉에 발신지 주소도 없이 각자의 집주소만 써서 집으로 보내게 되었다. 우리 어머니는 이 편지를 받아 보고 내가 대만으로 끌려갔다고 생각하고 한탄을 하며 세월을 보냈다고 한다.

광동에서 위안부가 되어

어느 날 저녁에 우리는 배를 타게 되었다. 부산에서부터 우리를 인솔한 일본인 남자와 조선인 남자가 계속 우리를 데리고 갔다. 시모노세키에서 대만으로 갈 때처럼 우리는 화물선의 맨 밑바닥에 탔다. 군인만 몇 명일 뿐 우리를 실은 배에는 짐이 가득했다. 배는 광동에 도착했다. 광동에서 내려 포장이 쳐져 있는 군인트럭을 타고 위생병원 같은 곳으로 갔다. 계속 우리를 인솔했던 일본사람과 조선사람이 우리를 높은 사람에게로 데려갔다. 그 사람은 붉은 계급장이 붙어 있는 군복을 입고 긴 칼을 세워놓고 앉아 있었다. 우리를 데려간 사람 둘이 높은 사람에게 서류를 냈다. 이들은 우리에게 높은 사람이 무엇인가를 물으면, 그저 "하이, 하이(예, 예)"라고만 대답하라고 일렀다. 그 사람은 우리를 한 명씩 어느 방으로 들어가라고 했다. 그 방에서 나이가 서른 살쯤 되어 보이는 일본 군의관이 우리를 검사했다. 군의관은 내게 아랫도리 옷을 전부 벗고 나무판 위에 올라가서 다리를 벌리라고 했다. 생전 다른 남자 앞에서 옷을 벗어 본 적이 없는 나는 너무나 놀라고 무서웠다. 이게 무슨 일인가 알지 못했다. 지금 아이들 같으면 알 것은 다 알겠지만 그 당시 열대여섯 살의 아이들은 아무 것도 모르는 것이 보통이었다. 나는 나무판 위에 올라가지 않으려고 발버둥쳤다. 군의관은 강제로 내 옷을 벗기고 아래를 검사했다.

우리 모두는 검사가 끝난 후 한참을 걸어서 어떤 건물로 갔다. 그 곳이 바로 우리가 악몽과 같은 세월을 시작한 위안소였던 것이다. 찻길이 옆에 있긴 했지만 민가에서 좀 떨어지고 나무가 많은 곳이었다. 위안소 옆에도 다른 집들이 있었다. 높은 건물도 있었으나 모두 빈 집이었다. 우리 20명이 위안소에 도착했을 때, 이미 10명쯤이 있었으니 전부 30명이 같이 있게 된 것이다. 중국인 여자가 한 명이고 전부 조선인 여자였다.

건물 복판에 복도가 있고 양 옆으로 방이 주욱 있었다. 방이 30개는 되었던 것 같다. 우리는 각기 방을 하나씩 배치받고 들어갔다. 각 방에는 번호가 붙어 있었고, 그 밑에 위안부 이름도 붙어 있었다. 방과 방 사이는 합판으로 된 칸으로 되어 있어서, 옆방에서 나는 숨소리까지 다 들렸다. 나는 내 방과 옆방에서 나는 비명소리를 비롯해 온갖 소리를 다 들었다. 방은 아주 작았고 시멘트 바닥에다가 나무로 짠 침대 하나가 있을 뿐이었다. 위안소내에 샤워를 할 수 있는 곳도 있어서, 생활은 전부 위안소 건물내에서 이루어졌다. 밖에는 나갈 수가 없었다. 우리를 데려간 일본인 남자와 조선인 남자가 사복을 입고 문 앞에서 우리를 감시했다. 꼭 나가야 할 일이 있을 때는 군인들의 감시를 받고 나갔다.

군의관에게 검사를 받은 바로 그 첫날밤에 방에서 쉬고 있는데, 그 날 낮에 우리를 검사한 군의관이 내 방으로 들어왔다. 그가 내게 가까이 오자 나는 너무나 무서워서 뒤꼍으로 도망쳐 덤불 속에 숨었다. 그 군의관은 나를 쫓아와서 내 양 볼을 엄청난 힘으로 때렸다. 한참을 맞고 나니 얼굴 전체가 감각이 없을 정도로 되었다. 그는 시키는 대로 해야 좋을 것이라고 말했다. 말을 안 들을 수가 없었다. 반항해봐야 나만 손해다 싶어 시키는 대로 하자고 마음을 먹었다. 그러나 그런 일은 처음 당했기 때문에 도저히 떨려서 견딜 수가 없었다. 아래에서 피가 나고 찢어지는 것 같이 아팠다. 퉁퉁 부어올랐다. 따가워서 오줌도 눌 수가 없었다.

그 이튿날 방에서 나오니 여자들이 저마다 군인들에게 당하고 피빨래를 하고 있었다. 빨래를 베란다에 내다 널면서 나와 다른 여자 두 명은 같이 죽자고 얘기했다. 우리 세 명은 위안소 청소를 해주는 중국남자를 보고 손짓, 몸짓으로 먹고 죽는 시늉을 하면서 그런 약을 구해달라는 뜻을 전했다. 집을 떠나 올 때 어머니가 비상금으로 주신 1원을 그 중국사람에게 주었다. 1원은 그 때로서는 제법 큰 돈이었다. 어머니는 이 돈을 주시면서 돈이 떨어지면 집에다 연락하라고 하셨다. 그 돈을 먹고 죽을 약을 사는 데 쓰게 되었다고 생각하니 기가 막혔다. 중국사람은 얼마 후에 무엇인가 담긴 병을 주면서 큰 양동이에 물도 떠다가 같이 주었다. 두 개를 같이 먹으라는 소리였다. 병에 든 것을 입에다 대니 따가와서 견딜 수가 없었다. 그것은 독약이 아니라 빼갈이었다. 우리 중에 누가 "술이다. 술도 많이 먹으면 죽는다더라. 우리 한번 먹어보자"고 해서 우리는 그 빼갈을 나눠 마셨다. 목이 떨어져 나가는 것 같았다. 물을 마셔서 조금 가라앉힌 후에 또 마셨다. 계속 마시니 목도 마비되었는지 아픈 줄도 모르게 되어 한 병을 다 마셨다. 그리고 우리들은 그대로 뻗어버렸다. 위안소에서는 여자 세 명이 없어졌다고 야단들이었나 보다. 베란다에 빨래를 널러 온 여자가 우리를 발견하고 군인들에게 신고했다고 한다. 위생병이 와서 호스로 우리의 속을 씻어냈다. 술로 엉망이 된 우리들은 사흘 동안 의식불명상태로 있다가 깨어났다. 깨어나니 우리는 병원에서 링거주사를 맞고 있었다. 머리는 깨질듯이 아프고 속은 헤져서 밥을 제대로 먹을 수가 없었다. 이런 상태가 석 달 동안이나 계속되었다. 이 때 속을 버린 것 때문에 지금까지도 소화가 제대로 안된다.

밥과 청소는 중국사람이 했다. 식당이 따로 있어서 밥을 많이 해놓으면 각자 시간이 나는 대로 가서 먹었다. 어쩌다 늦으면 밥이 다 없어져서 못 먹을 때도 있었다.

위안소는 군대 바깥에 있었으나 위안소에는 일본군인들만 들어올 수 있었다. 군인들은 위안소에 들어올 때 문 앞에서 관리자에게 무슨 증명서를 내보이고, 대신에 표와 삿쿠를 받아서 방으로 들어왔다. 그 때마다 관리인은 장부에 무엇인가를 기재했다. 우리는 표를 모아두었다가 저녁에 관리인에게 갖다 주었다. 그러면 그는 기록을 했다. 관리인은 우리를 부산에서부터 인솔했던 한국인이었다. 그는 일본 군복을 입고 계급장은 달지 않고 있었다. 표는 누르스름하고 딱딱한 화투짝의 사분지 일 크기의 종이였다. 그것뿐이었다. 돈을 받아야 하는 것인지도 몰랐다. 단지 밥 먹여 주고 가끔 우리가 옷이 필요하다고 하면 옷을 사다 주고 화장품이 필요하다고 하면 화장품을 사다 주었다. 옷은 '간단후쿠'라고 하는 짤막한 것을 주로 주었고 속옷도 사다 주었다. 관리인은 전쟁이 끝나면 큰 돈을 주겠다고 우리에게 말하곤 했다. 저렇게 큰 집을 충분히 살 만큼의 돈을 주겠다고 바깥의 큰 건물을 가리켰다. 가끔씩 위문품을 나누어 주기도 했다.

보통 때는 그렇게 사람이 많지 않아, 하루에 15명 정도 상대해야 했지만, 주말에는 말할 수도 없이 많았다. 50명은 넘었던 것 같다. 토요일에는 낮 12시부터 오후 5시까지, 일요일에는 아침 8시부터 오후 5시까지 사병들이 왔다. 5시가 넘으면 헌병이 나와서 조사를 하니까 사병들은 남아 있을 수가 없었다. 저녁 7시가 넘으면 장교들이 왔다. 자고 가는 사람들도 많았다. 밑이 붓고 잘 들어가지 않으면, 군인들은 삿쿠에 연고를 발라서 들어가게 했다.

성병검사는 일 주일마다 정기적으로 했다. 군의관이 우리 숙소로 와서 나무판을 만들어 놓곤 했다. 606호 주사는 성병이 있고 없고에 관계없이 한 달에 몇 번씩 놓아 주었다. 이 주사를 맞으면 피가 좋아진다고 했다. 그런데 이 주사를 맞고 나면 코에서 이상한 냄새가 나고 어질어질했다. 밑이 붓거나 아프면 군의관이 치료해 주고 나을 동안 며칠은 군인을 받지 못하게 했다. 방 뒤쪽으로 문이 나 있어서 뒤로 나오면 밑으로 물이 흘러가도록 되어 있고 윗쪽에서는 링거 줄 같이 생긴 호스가 연결되어 있어서 그 곳으로 붉은 색 소독물이 나온다. 수시로 그것을 받아서 밑을 씻었다. 군인이 많이 오는 토요일, 일요일에는 씻을 시간이 없어 저녁에 한 번 겨우 씻었다. 위안소 건물 바깥에 목욕탕이 있어서 저녁에 목욕을 했다. 나는 성병에 걸린 적은 한 번도 없었지만, 상처가 나서 치료를 받은 경우는 많았다.

생리대는 가제로 된 것을 주어 한 번 쓰고 버렸다. 군인들은 대체로 피를 싫어해서 생리 때에는 군인을 받지 않았다. 생리 때에는 관리인이 문 앞에 빨간 것을 붙여놓고 쉬게 했다. 그래서 생리가 되면 우리들은 쉬게 되어 좋아했다. 어쩌다가 생리인 줄 모르고 군인을 받다가 피가 비치면 군인들은 화를 내며 귀싸대기를 때리기도 했다.

홍콩과 싱가포르, 인도네시아를 전전하며

어느 날 아침에 군인들이 트럭을 가지고 와서 무조건 짐을 다 싸가
지고 타라고 했다. 트럭을 타고 가다가, 군대 화물선으로 갈아 타고, 다
다른 곳이 홍콩[1]이었다. 우리는 홍콩에서도 광동에서와 비슷하게 군인
들이 개인의 큰집을 빼앗아서 합판으로 칸을 막아 만든 위안소 건물에
들어가게 되었다. 군부대에서 떨어져 있는 곳이었는데 주위에 집이 드
문드문 있었다. 그 집에는 사람이 한 명도 없었지만 옷장에는 옷이 그
대로 있었고 다른 살림살이도 그대로 있었다. 옷가게도 옷이 그대로 걸
쳐 있는 채로 열려 있었는데 관리인은 우리한테 마음대로 옷을 가져가
라고 했다. 한국에서부터 같이 간 일본사람과 조선사람이 계속 우리를
데리고 다녔다. 드나드는 군인들은 달라졌다. 심부름하는 사람도 홍콩
사람으로 바뀌었다. 그 후로도 장소가 바뀔 때마다 심부름하는 사람은
현지사람으로 바뀌었다. 홍콩에 석 달쯤 있다가 또 이동하게 되었다.

싱가포르[2]였다. 군인들을 뒤따라가는가보다. 군부대에서는 조금 떨
어진, 민가에서는 외진 그런 곳이었다. 3층짜리 양옥집 네 채를 철창으
로 막아 놓고 입구에 보초가 지켰다. 먼저 있던 곳과 비슷한 환경이었
다. 위안소는 기다랗게 지어진 집에 칸막이만 쳐져 있었다. 군인들이
트럭을 타고 와서 문 앞에 내리면 각기 흩어져 위안소 건물내로 들어갔
다. 위안소 건물에서는 멀리 대포소리가 자주 들렸다. 아주 더웠던 기
억이 난다.

여기서는 가끔씩 산 속 깊은 곳의 군부대로 출장을 가기도 했다. 군
인들이 호위하고 위안부 10명쯤이 함께 갔다. 이동할 때는 줄곧 포장이
쳐져 있는 트럭을 타고 갔기 때문에 바깥을 내다보지 못했다. 천막 하나

---

1) 일본의 홍콩 공격은 1941년 10월에 시작되었다.
2) 일본의 싱가포르 점령은 1942년 2월이었다.

나를 임시 위안소로 만들어 놓고, 천막 속을 합판으로 칸을 나누어 서너 명씩 들어가도록 했다. 위안소 책임자는 그 부대에 따로 있었다. 군인들이 하도 많이 들이 닥쳐서 모두 급한 나머지 바지만 내리고 일을 보고 허리끈을 매면서 밖으로 나가면 다음 사람이 금방 들어왔다. 우리는 아예 다리를 개구리 모양으로 오그리고 양 옆으로 벌려 비스듬한 자세로 침대에 앉은 겸, 누운 겸 하고 그대로 군인들을 하루종일 받았다. 저녁이 되면 다리를 펼 수 없을 정도로 되고 말았다. 일 주일쯤 이렇게 하다가 위안소로 돌아오곤 했다. 다시 이 일을 들추어 내려니 정말로 가슴이 아프다.

싱가포르에서 몇 달 있다가 수마트라로, 인도네시아로, 말레이지아로, 자바로 우리는 계속 이동했다. 배나 트럭을 타고 하루종일, 또는 며칠을 가곤 했다. 한 번은 트럭을 타고 가다가 트럭이 크게 덜컹거리는 바람에 크게 다쳤다. 엉덩이에 종기가 생겨서 몇 달간 고생을 했다. 마지막 있던 곳은 다시 싱가포르였다.

나는 어느 곳에서건 특별히 정을 준 사람은 없었다. 얼굴이 익을 만하면 다른 곳으로 이동하곤 했으니 정들 사이도 없었고, 나는 그럴 마음의 여유도 없었다. 어쩌다 쉬는 시간이 나면 우리들은 모여앉아 울기만 했다. 일본이 이겨야 집에 갈 수 있다는 생각에 일본이 승전하기를 빌기도 했다.

다른 곳에도 위안소가 많았지만, 한 군데에 모아 놓지 않고 군데군데 떨어뜨려 놓았다는 말을 들었다. 위안소들은 '구락부'라고 불렸고 각각 이름이 다 달랐는데, 내가 있던 위안소는 '고아구락부'라는 이름을 가지고 있었다. 처음 광동에서부터 가는 곳마다 '고아구락부'라는 팻말이 현관 앞에 붙여 있었다. 홍콩에서부터 중국인 여자 한 명과 일본인 여자 몇 명이 같이 다니기 시작했다. 이 여자들은 우리보다 나이가 많았다. 우리는 일본인 여자들과는 말도 하지 않고 우리끼리만 어울렸다.

....

위안부 시절 내 이름은 '가네무라 후유코'라고 하기도 했고, '요시코'라고도 했다. 모두 군인들이 지어 주었다. 새로 이동한 곳에 새로운 여자들이 늘어나기도 했는데, 이 때 이 여자들 중에 나와 이름이 같은 사람이 있으면 새 이름으로 바꾸어 주기도 했다. '가네무라 후유코'를 제일 오래 사용했다.

관리인은 처음부터 같이 다녔던 일본에서 자란 40대 한국인이었는데 우리는 이 사람을 '니상(오빠)'이라고 불렀다. 이 사람은 마음에 드는 위안부를 골라 데리고 자기도 했으며, 위안부들이 말을 안 들으면 막 때리고 욕도 했다. 위안소에서는 항상 일본말을 썼다.

육군병원에서 피까지 뽑히며

어느 날 갑자기 위안소에 군인들이 오지 않기 시작했다. 우리들은 관리인인 한국사람의 밥을 해 주면서 위안소에 그대로 있었다. 한 보름쯤 지난 어느 날 일본군인들이 빨간 십자가 그려져 있는 차를 타고 위안소에 와서 우리를 태우고 떠났다. 이 때 그 한국인 관리인은 어디론가 도망가 버렸다. 차에 타고보니 차 안에도 없었다. 그 길로 어디론가 숨어버렸나 보다. 우리는 그 때까지 해방된 줄도 모르고 있었다. 알았다면 그 놈을 죽여 버렸을 것이다.

일본군인들이 우리를 데려간 곳은 싱가포르에 있는 제10육군병원이었다. 그 곳에는 이미 우리 같은 여자들이 300명 정도 와 있었다. 일본군인들은 우리에게 간호 훈련을 시켰다. 호박을 갖다 놓고 사람 몸이라고 생각하고 주사를 놓아보라고 가르쳤고, 병원 청소도 시켰다. 그래서 지금도 혈관 주사를 잘 놓을 줄 안다. 또 병원에서는 전부 피검사를 받은 후 걸핏하면 피가 모자라는 환자를 위해 피를 뽑았다. 피를 뽑히면 귀에서 윙하는 소리가 나고 어지러웠다. 그러면 군인들은 포도당을 한 대 놓아주고 갔다.

하루는 누가 나를 찾는다고 해서 나가보니 어떤 조선인 남자가 와서, 자기가 나의 형부되는 사람이라고 했다. 우리 둘은 처음 본 사이였지만 피가 통했는지 서로 붙잡고 통곡을 했다. 그는 이종사촌 형부, 그러니까 이모 딸의 신랑이었다. 형부는 부산에서 고기잡는 배를 갖고 있었는데 배는 징발되고 자신은 군속으로 남양으로 가게 되었다고 한다. 우리 어머니는 대만에서 내가 편지를 보냈으니 아직도 내가 대만에 있는 줄 알고, 형부가 떠날 때 내 사진을 주면서 대만에 가서 꼭 나를 찾아서 데리고 나오라고 부탁하셨나보다. 형부가 결혼할 때 이미 나는 집을 떠났었기 때문에 형부와 나는 서로 얼굴을 모르는 상태였다. 싱가포르에서 해방을 맞은 형부는 조선인 여자가 있다는 곳은 모두 찾아다니면서 물어물어 제10육군병원까지 온 것이다. 형부는 미군수용소에 있는 중이었다. 여기 이러고 있지 말고 수용소로 가자고 했다. 지난 번에 일본에 갔을 때, 오사카 박물관에서 '일본의 간호원'이라는 설명이 붙은 사진에서 간호원복을 입은 나를 발견했다고 한다.

형부가 병원에다가 나를 수용소로 데리고 가겠다고 하니까, 처음에 는 안된다고 했다. 형부가 왔다 갔다 교섭을 하더니 병원에 있는 조선 인 여자 300명이 다같이 떠날 수 있게 되었다. 한국사람이 굉장히 높고 큰 미군트럭을 가지고 와서 여자들을 전부 태우고 미군수용소로 왔다. 수용소에 도착하니 태극배지를 하나씩 나누어 주었다. 어떤 남자가 밀 과 옥수수 가루로 만든 죽을 우리들에게 나누어 주었다. 죽은 깨끗하지 않아서 어느 때는 벌레도 들어 있었지만 우리는 꿀맛이라고 하면서 맛 있게 먹었다. 수용소에는 흑인도 있었고, 중국인, 서양인 모두 합쳐 1,000명은 되는 것 같았다. 일본이름은 쓰지도 못하게 했고, 아침에는 애국가를 부르고, 한국말만 하도록 되어 있었다. 일본말을 하면 벌금을 50전씩 내야 했다. 나는 그 때 미국 군인을 처음 보았다. 미군들은 우 리 생활에 간섭을 하지 않았다. 무엇이든 한국사람들이 자치적으로 했 다. 수용소에서는 남자, 여자가 각기 칸막이된 곳에 나누어 수용되어 있었지만, 만나고 싶은 사람이 있으면 언제든 면회할 수 있었다. 그래 서 나는 형부를 자주 만날 수 있었다. 그 곳 주민들이 수용소 주변에 와서 먹는 것을 팔았다. 옷가지를 가지고 먹을 것을 바꾸어 먹기도 했 다. 가끔씩 미군이 와서 짐검사를 했다.

어느 날 배가 왔다고 해서 짐을 들고 한나절을 걸어갔더니, 배가 오 지 않았다고 해서 도로 돌아왔다. 그러기를 몇 번이고 했다. 정말 배가 왔다. 배는 정말 컸다. 조그만 배를 타고 나가서 그 배로 올라갔다. 300 명은 탈 수 있는 배였다. 마지막 귀국선이라고 했다. 조선사람만 태우 고 중간중간 세워 사람들을 태우면서 몇 달이 걸려 부산에 도착했다. 부산에 도착해서도 보름인가를 배 안에 갇혀 나오지 못했다. 콜레라가 번져서 그렇다고 했다. 하루는 형부가 편지를 써서 깡통에 달아 매어 지나가는 통통배에 내려 보냈다. 형부가 그 동네에서 워낙 오랫동안 뱃

일을 했기 때문에 그 통통배의 사람이 알아보고 그 편지를 형부집에 전해 주었다. 사흘쯤 지나자 이종오빠와 언니가 배를 타고 왔다. 매일 갑판에 나와 밖을 내다보고 있던 우리가 언니와 오빠를 발견한 것이다. 배가 멀리 있어서 소리가 들리지 않아, 서로 손짓 발짓을 하면서 울고 불고 야단이 났다. 이튿날 고추장, 김치 같은 것이 줄에 매달려 올라왔다. 다음날 더 큰 통이 올라왔다. 양산에 연락해서 우리 어머니도 와서 기다리고 있었다. 얼마 후 배에서 전부 내려 소독약을 치고 창고 같은 곳에 들어갔다. 형부의 동생이 해방된 후 경찰관이 되어 형부와 나를 먼저 빼내 주었다. 창고를 나와 한 사람씩 짐검사를 했다. 돈은 있는 대로 전부 내놓으라고 했다. 군인들에게 조금씩 받은 것, 병원에서 받은 것으로 돈과 군표가 조금 있어서 전부 내놓았다. 한국에서는 쓰지도 못하니 아깝지도 않았다. 대신 돈 100원과 물금까지 가는 기차표를 받았다. 문앞에 나가니 어머니가 두부를 가지고 와서 먹으라고 했다. 얼굴이 변해 서로 알아보지도 못할 지경이었다. 어머니와 나는 서로 잡고 통곡을 했다. 열다섯 살에 집을 떠났다가 스무 살이 되는 해에 돌아왔으니, 5년만인 것이다. 다음날 어머니와 나는 양산으로 떠났다. 형부는 내가 위안부 생활을 한 것을 안 것 같았지만 어머니에게 말하지 않았다. 병원에서 간호부생활을 했다고만 했다.

당신 소원이라는 어머니 애원에 결혼하여

집으로 돌아오니 몸이 붓고 아팠다. 어머니는 내가 없는 6년 동안 새벽마다 딸을 보내달라고 기도했다고 한다. 그 덕분에 돌아오기는 했지만 몸이 말이 아니게 된 것이다. 양산 통도사의 암자인 춘추원에서 1년간 요양을 했다. 약을 다려먹으면서 쉬었더니 몸이 어느 정도 회복되었다. 집에 다시 돌아오니 어머니가 시집을 가라고 성화셨다. 할 수 없이 내가 위안부 생활을 한 것을 말하니 어머니는 통곡을 하셨다. 그 때 심장병이 생겨서 내내 고생하다가 돌아가셨다. 어머니는 재취자리라도 가라고 하셨다. 좋은 자리가 있다고, 혼자는 못 산다고, 당신 소원이라고, 그래야 당신이 마음놓고 가신다고, 부모 잘못 만나서 이 고생이라고 애원하셨다.

그래서 결혼을 하게 되었다. 나보다 여덟 살 위인 사람이었다. 결혼해서 살아보니 자식도 못 낳고 남편은 자꾸 계집질을 해서 도저히 못 살 것 같았다. 그 사람과는 4년쯤 살다가 헤어졌다. 다시 어머니와 살기 시작했다. 어머니는 양산에 논 다섯 마지기, 밭 서너 마지기를 가지고 계셨는데 이것을 나에게 주셨다. 다시 부산사람으로 운전수를 하다가 이혼한 사람을 소개받아 살게 되었다. 우리는 양산의 것을 다 팔아 가지고 부산으로 내려와 사업을 하다가 모두 날렸다. 남편도 죽고 어머니도 돌아가셨다.

나는 혼자 구멍가게를 하면서 살았다. 이웃도 돕고 동네 사람들과 사귀면서 재미있게 살았다. 그러던 중 구멍가게가 철거를 당하게 되어 아파트를 얻어 살게 되었다. 아파트 얻는 데 돈이 다 들어가서 가게는 유지할 수가 없게 되었다. 그래서 채소밭에 나가 일을 하는데, 하루 3만 원쯤 받았다.

어느 날 텔레비전에 김문숙 씨가 나와 정신대 신고를 하라는 얘기를 했다. 비밀을 보장한다기에 전화번호를 알려 주었다. 전화해보니 당장 오라고 했다. 갔더니 걱정하지 말라, 보상이 나올 것이라고 했다. 신고하기 전 언니한테 의논하니 조카들도 있으니 제발 하지 말라고 했다. 며칠을 고민하다가 전화했다. 그 때가 1992년 1월 17일이었다. 언니는 그 때부터 나에게 발을 끊었다. 얼마 전 일본에 갔을 때의 일이 우리나라 텔레비전에 나와서 조카들(작은 아버지의 손자들)도 다 알아 버렸다. 조카들도 내게 오지 않는다. 우리집에 아들이 없으므로 우리 아버지 제

사를 지내주는 조카들이다. 신고하고 난 후 나는 더욱 쓸쓸한 생활을
하고 있다.

 연구회에서 할머니들의 증언을 채록하는 어려운 작업을 진행하는 중
에, 내가 김복동 할머니의 증언을 정리하게 된 것은 큰 행운이었다.
할머니와 며칠간 같이 시간을 보낼 수 있는 기회가 있었고, 할머니의
기억력이 놀랍게도 선명했기 때문이다.

1993년 6월에 나는 김복동 할머니와 비엔나에서 열린 UN 인권대회에
가게 되었다. 우리는 미국 여성단체가 주관하는 여성인권포럼에서 발
표를 했고, 또 필리핀 단체와 함께 군위안부 문제를 주제로 하는 포럼
을 조직했다. 바쁜 일정 틈틈이 나는 할머니를 바짝 쫓아다니면서 할
머니의 기억을 되살리느라 애썼다. 할머니의 기억은 매우 정확했고,
말씀에 논리가 정연했다. 때문에 혼란스럽지 않게 일관된 정리를 할
수 있었을 뿐 아니라 당시의 상황을 아주 가깝게 느낄 수 있었다. 아
주 미세한 부분까지 자세히 침착하게 묘사하는데 감정의 동요조차 별
로 보이지 않았다. 오지의 군부대로 출장 위안을 가서 다리를 펼 사이
도 없이 당한 일을 조용히 이야기하실 때는 오히려 내 가슴이 메었다.
오랜 세월 풍파를 겪으면서 감정을 가라앉히는 법을 나름으로 터득하
신 듯했다.

과거를 밝힌 후, 가깝게 지내던 친척들과 왕래가 끊겨 외로우셨으나,
그들을 위해 되도록 모습을 숨기는 배려를 해 오셨다. 그러나 최근 나
눔의 집으로 거처를 옮기시고, "이젠 내가 할 일이 있으면 하겠다"고
하신다. 자주 따뜻한 마음을 전해드리고 싶다.

조사·정리자 정진성은 1953년 충남 공주 출생으로 서울대학교 사회학
과 학사, 석사, 시카고 대학 박사를 취득하였다. 1985년 봄부터 덕성여
자대학교 사회학과에서 강의하다가 현재는 서울대학교로 자리를 옮
겼다. 식민지 시기 사회사와 여성문제에 관심을 갖고 연구하던 중 정
신대 문제와 만나게 되었다.

공장에 가서 돈을 벌려고

김분선

. . . . .

**"유치장에 안 가됐다 뿐이지 징역 사는 것
과 매 한 가지였다."**

나는 1922년 경북 칠곡에서 태어났다. 원래 개띠인데 호적에는 한
살 적게 되어 있다. 식구들은 모두 일곱으로 부모님하고 오남매가 있었
다. 난 맏딸인데 그 중 여동생과 단 하나인 남동생은 일찍 죽고 이제 나
하고 여동생 둘만 남았다. 부모님은 남의 땅을 부치고 살았는데 집은
방 두 칸, 정지(부엌) 하나인 오두막집이었지만 우리집이었다. 아버지
형제들도 6형제였고 큰집은 그런대로 괜찮게 살았다. 그래도 당시에는
대부분 살기가 힘들어서 콩깨묵을 먹거나 쑥 뜯어서 쑥밥 해 먹고 죽을

끓여 먹었다. 집이 몹시 가난했기 때문에 나는 학교도 못 갔다. 형제들 중에는 6.25사변 때 유엔군에 붙들려가 전사한 남동생만 간이학교라도 시켰지, 계집애들은 공부를 하나도 못했다. 그 당시에는 글도 제대로 가르치지 않았다. 옷도 고쟁이 터진 것 벌렁벌렁해 가지고 다녔고, 지금처럼 잘 먹고 크지는 못했다. 아이들에 대해서 별로 신경도 못쓰고 양푼에 밥 한 숟가락 담아주고 부모들은 농사 나가고 돈벌러 가곤 했다.

우리 마을에는 야학이 없어서 그런 데서도 배우지 못했다. 그렇지만 글을 배우지 못했어도 가정교육은 충분히 받았다. 할아버지 할머니가 계시니까 '여자는 예의범절이 있어야 한다' '나쁜짓 하지 말아라' '어디 가지 마라. 여자는 집에 있어야 한다' '여자는 연해야 한다' '먹는 것도 아무거나 먹지 마라' 하는 것을 배웠다.

학교는 못 다녔어도 아버지가 우리에게 "공부도 못 시키고, 없이 키우는 것만 해도 불쌍한데…" 하면서 농사일은 안 시켰다. 산에 가서 나물 뜯어오고 빨래하고 그렇지 않으면 놀았다. 아버지는 나를 무척 예뻐했다. 엄마가 열다섯 살에 시집와서 스무 살까지 아이를 못 낳다가 늦게 날 낳았기 때문이다. 굉장히 공들여서 낳은 자식이라 할아버지 할머니도 특히나 예뻐했다. 없이 살았어도 귀하게 큰 편이다. 그런 딸이 나물 뜯으러 갔다가 붙들려 갔으니 아버지는 골병이 들어서 명대로 살지 못하고 일찍 돌아가셨지 싶다. 나는 철이 늦게 들어 아무 것도 몰랐다.

친구랑 나물캐는데 일본인이 고무공장에 취직시켜 준다고

우리 고향 뒷산에 금광이 있어서 일본사람이 많이 다녔다. 우리는 금광으로 올라가는 길가 집에 살았다. 만으로 열다섯 살 되던 해(1937년), 어느 날 같은 마을의 소복란, 김보희라는 친구랑 셋이서 들에 나물 뜯으러 나갔다. 초봄이었지 싶다. 들에는 일하는 사람들도 없었다. 거기서 허우대만 커다란 우리 셋이 나물 뜯다가 대구로 붙들려 간 것이다. 왜놈인데 경찰관인지 뭔지 잘 모르겠지만 검은 옷을 입은 사람인 듯싶다. 짚세기를 신은 채로 붙들려 갔다.

일본사람이 우리한테 "이런 것 하면 안돼. 옷도 고운 것 입고 공장에 취직시켜 줄께. 고무공장에 취직시켜 줄께. 이런 나물 같은 것 안 뜯어도 된다"고 하면서 데려갔다. 부모님한테는 말도 안하고 나물 광주리 내버리고 그대로 갔다. 그 때는 나이 어려서 아무 것도 몰랐다. 우리끼리 "없이 그러니, 촌에 있지 말고 돈벌어 오자. 따라가서 공장에 취직해서 우리 돈 벌자." 그러면서 갔다. 그런 이야기를 했던 건 지금도 기억이 난다. 그 때는 날마다 나물이나 뜯어야 먹고 살았다. 콩깻묵 서너 낱이나 배급 받아가지고는 못 살 것 같았다. 그래서 그 사람들이 데려가기 전에도 친구들끼리 취직하자는 이야기는 했었다.

우리는 트럭 뒤에 타고 갔다. 대구였다. 가정집 같은데 계집애들이 버글버글하던 기억이 난다. 칠곡뿐만 아니라 부산, 거창 이런 데서 많이 데려다 놓았다. 열대여섯 살밖에 안되는 애들이었다. 모두 공장에 가서 돈을 벌게 되어 좋다고 했다. 대구에 오니 지키는 사람이 많아 한 사람마다 붙다시피했다. 데리고 간 사람이 감시한 셈이다. "여기 가만이 있거라. 같이 가자." 그러면 길도 모르는 우리는 가만히 있을 수밖에 없었다. 그 사람들은 우리를 대구에서 하룻밤 재우고 부산에서 배에 태워 일본으로 데려갔다.

일본에서 내려 여관에서 하룻밤 자고 다시 배를 타고 만주로 갔다. 배 안에서 며칠씩 잤다. 고향에서 같이 간 친구들은 일본에서 하룻밤 자고 어디로 갔는지 헤어졌다. 그 친구들은 결국 돌아오지 않았다.

일본에서 다시 배를 타라 했을 때 이상히 여겼지만 이젠 오도가도 못하게 되었다. 나중에 집주인이 된 사람은 일본에서부터 연결되어서 갔다. 일본에 가니까 그 사람이 있었다. 일본사람이라도 한국말을 잘했다.

갈 때는 엉겁결에 간 길이라 어떻게 간지도 모르겠다. 뭘 먹고 갔는지 기억도 못한다. 몇 날 며칠을 타니 배멀미도 심해서 죽은 거나 한 가지였다. 일본에서 떠나 처음 도착한 데가 봉천이었다. "공장에 넣어줄께" 하고 데려갈 때 말한 곳이라서 내가 물었더니 "여기가 봉천이다"고 했다. 얼마 정도 있었는지 모르겠다. 이제 생각하니 사람을 팔아넘기고 받고 했던 것 같다. 봉천에선 색시들을 모으는 길이라서 오래 안 있은 셈이다. 봉천엔 맨 왜놈들만 사는 곳이었다. 이층집 다다미방이었는데 봉천에 대한 기억은 별로 없다. 어디 다니지도 못하고 매일 처박혀 지내면서 갇힌 듯이 있었다는 것만 기억한다.

봉천에서 나와 다시 배를 타게 되었다. 한 서른 명 정도 여자랑 같이 갔다. 배 안에서 다른 이한테 또 물었다. "이리로 가면 어디로 가느냐"고. 그러니 "이리로 가면 대만도 가고, 가는 데가 많다"고 했다. 내가 내린 곳은 대만이었다. 대만에 가서 처음에는 한국에서 간 사람이 많아 서로 이야기도 하고 무서운지도 몰랐다. 그런데 조금 있다가 곧 무시무시한 꼴을 보게 될 줄은….

만 15세에 군위안부가 되다

우리 여자들은 두 팀으로 나뉘어 내가 간 쪽에는 여자가 여나믄 명이 되었는데 집주인이 처음으로 대만에 데리고 들어간 것 같았다. 대만의 집은 이층집인데 방이 10개 정도이고 복도를 두고 주루룩 마주보고 있었다. 방은 다다미방이었고 마당, 부엌, 목욕탕도 있었다. 나는 일층에 있었는데 답답한 방이었다. 방에는 이부자리 하고 옷보따리만 있었다. 이층에도 여자들이 있었다. 집은 부대와 가깝고 주위에 군인들이 버글버글 끓었다.

주인 남자는 부인과 어린아이랑 같이 갔다. 거기 가서 여자들에게 옷을 주욱 해 입혔다. 요새처럼 아래 위가 달려 있는 '간단후쿠'인데 사람마다 똑같지 않고 흰 것도 있고 여러 가지 색으로 해주었다.

옷을 해 입히고 밥을 해 먹인 며칠 후 손님방에 들어가라고 했다. 그러니 남자들이 버글버글 끓는 그 무서운 데를 어찌 들어가겠는가? 이층계단 밑에 가 숨고 정지에 가 숨기도 하고 이리저리 숨어다녔다. 그러다가 얼마나 두드려 맞았는지. 남자를 받지 않는 여자들을 세워놓고 작대기로 때렸다. 아파서 엎드리면 이 곳 저 곳 가리지 않고 막 때렸다. 하도 두드려 맞아서 지금도 팔도 아프고 허리를 못 쓴다. 우니까 불쌍하다고 군인들이 동정도 해주고 위로도 해주었다. 죽을 만큼 두드려 맞으면서 울기도 많이 울었다. 그 때 겪은 것은 말로 다할 수도 없다. 그래도 길도 모르고 말도 모르는 상태에서 그 집에서 나오려고 하면 죽을 것 같으니 안 받을 수 없었다.

그 때 담배를 배웠다. 속에 화딱지가 나서 못 견뎌 담배를 배웠다. 그 때 배운 담배라 지금은 담배를 끊으려고 해도 끊지 못한다. 만으로 열다섯 때 배운 것이다.

대만에서 갇힌 듯이 있다가 하루는 혼자 밖에 조금 나갔다가 홈씬 혼난 적이 있다. 사람이 한번 나가보고 싶은 생각이 있지 않은가? 대문에서 조금 떨어진 곳까지 나간 것인데 그 일로 몹시 혼나게 된 것이다. 생각만 해도 징그럽다. 한 번 그런 일이 있으면 하늘도 못 보고 오도가도 못하게 가둬놓았다. 저녁이 되면 문전에 사람이 딱 지키고 있었고 그러면 군인들이 막 올라왔다.

주인 남자나 여자는 대문간 방에 딱 앉아서 지키고 살림을 거기서 했다. 우리들이 도망갈까봐 지킨다고 문 가까이에 있었던 것이다. 대청을 끼고 주인방이 있고 방 다섯 개가 복도를 사이에 두고 마주 늘어서 있었다.

주인부부는 안주인이 스물댓 살 되어 보였고, 바깥주인은 한 사십이 된 듯 싶었다. 부인도 일본사람이었던 것 같다. 그들은 일본말을 가르쳐 주었다. 그 여자가 자기네더러 '오토상' '오카상'이라고 하라 했지만 그 말이 잘 나오지 않았다. 다른 사람도 그렇게는 안 불렀다. 우리는 '아리가토 고자이마스' 같은 일본말을 가르쳐주는 대로 배웠다. 밥 먹으면서 한 일 주일간 가르쳐 주었다.

같이 있었던 여자들의 나이는 어둥비등했는데 모두 처자로 왔다. 모두 열 몇 살이었다. 옛날에는 고무공장이라면 다들 좋아했기 때문에 그렇게 속아서 온 것이다. 마산, 대구, 경주, 포항사람도 있었다. 몇 해 있다가 여자들이 새로 오기도 했다. 전부 다 집에서 곧장 왔다. 여자들 중에 특별히 친한 사람은 없었지만 '도미코' '유끼코' 그런 이름들이 생각난다. 내 이름은 집주인이 '하나코'라고 붙여주었다. 그래서 군인들이 '하나코'라고 불렀다. 대만에서 같이 있던 여자들 중에는 일본사람도 몇 사람 있었다. 그 사람들도 나이는 다 어렸다. 많이 먹어야 스무 살이었다. 우리는 서로 이야기할 여가도 없이 밥만 먹고 제가끔 방으로 들어갔다.

그 때 온 군인들은 전부 육군이고, 민간인들은 없었다. 군인들은 부대에서 걸어서 왔다. 군인들이 들어오면 돈이라든지 뭘 내고 들어온 것 같지만 주인이 다 받아 난 얼마를 받았는지 잘 모른다. 다만 어쩌다가 군인이 뭐 사먹으라고 돈을 조금 주었다. 그 때 돈은 요새 돈처럼 안 컸다. 1엔짜리, 5엔짜리 종이돈을 어쩌다가 받으면 모았다. 군인들이 가지고 들어온 표를 주인에게 갖다 주었는데 내가 표를 많이 가져간 날은 주인이 5엔씩 10엔씩 주었다. 그 돈으로 화장품을 샀는데 화장은 구리무(크림)만 조금 바르는 정도로 했고, 머리도 간단하게 올렸다. 돈이 모이면 옷을 해 입었다. 화장도 안한데다가 나가지도 못하니 돈을 가지고 있어도 쓸 데가 없었다.

나는 조그만 방에서 군인을 받았다. 거기서는 시간떼기로 받았다. 군인들이 방문 앞에 주루룩 서가지고 기다리다가 나가면 들어오고 나가면 또 들어오고. 들어오면 한 사람이 한 10분쯤 그 짓을 했다. 졸병들이 와서 10분, 20분이 되면 밖에서 기다리던 군인들이 나와라 나와라 하곤 했다. 한 사람 상대도 아니고 그 많은 사람을 상대하려니 힘든 건 말로 할 수도 없었다. 결혼해서도 남편이 싫을 때가 있는데….

평일도 일요일도 없이 아침 10시, 11시가 되면 들어오기 시작해서 밤 11시까지, 어떨 때는 밤새도록 그럴 때도 있었다. 평일에는 조금 적어도 군인이 언제나 버글버글했다. 하루에 열 명도 좋고 스무 명도 좋고 수도 없이 드나들었다. 딴 건 다 잊어도 그렇게 당한 것은 잊을 수가 없었다. 하지만 생각하면 골치가 아파서 그런 건 생각도 안하고 살았다.

장교들은 밤 늦게나 되어서야 왔다. 밤 11시, 12시가 되어서 오거나 밤에 자고 가기도 하였다. 장교들은 입구에서 자기들이 여자를 보고 데리고 들어갔다. 저녁에 우리들은 입구에 늦도록 앉았거나 이리저리 왔다갔다 하다가 장교가 지정하면 따라 들어갔다. 간혹 장교한테는 술도 대접했다. 술 달라는 사람도 있어서 주인이 준비해 두었다가 주었다. 주인방에서 술 먹을 때도 있었다. 장교들이 오면 정해진 시간이 없었다. 인간적으로 그냥 놀다간 사람은 없었다. 인정사정도 없었다. 지금도 군인들을 보면 동물 같이 보인다.

삿쿠는 군인들이 다 가지고 있었고 나는 안 가지고 있었다. 거의 자기들이 다 했다. 삿쿠를 안하는 사람도 있었지만 내가 하라 하면 다 했다. 그렇게 해서 다행히 큰 병은 없었다. 그리고 상대한 후에 씻을 수 있게 물은 콸콸 나오게 되어 있었다. 목욕탕이 있어 거기서 씻고 또 씻었다. 안그러면 더러워서 어떻게 남자를 상대하겠는가?

지금도 사람들이 벅신거리는 데는 놀러도 안 간다. 일요일에 놀러 가

자고 해도 잘 안 간다. 사람 많은 데는 이제 징그러워 싫다. 혼자 들어 앉았다가 심심하면 그냥 시장 갔다오고. 사람이 많이 모여 있는 방에도 잘 안 들어간다.

나는 일 주일에 한 번씩 병원에 가서 검진을 받았다. 가까운 병원으로 죽 걸어서 같이 갔다. 병원은 군인이 있는 병원에도 가고 민간인들, 일본놈, 떼놈들이 들어가는 병원에도 갔다. 진찰은 침대에 누워서 받는데 요새 산부인과와 한 가지다. 병은 음질에 잘 걸렸는데, 병이 있는 사람은 입원은 시키지 않고, 약을 주거나 주사를 놓았다. 병이 있으면 '야스미(휴가)'라고 문에 써놓았다. 난 병에 걸린 적은 없었다. 매일 깨끗이 씻고 몸관리를 했기 때문이다. 병이 없었다고는 해도 그렇게 사람 상대를 많이 해놓으니 지금도 그 뿌리가 안 빠졌는지 여기저기 툭툭 불거지는 것이 그 때 뿌리가 안 뽑혀서 그렇지 싶다.

월경이 있을 때는 남자를 받지 않았다. 가제 같은 것을 주었다. 월경은 열일곱 살에 시작해서 마흔 살이 되니 기운이 없어서 떨어졌다. 결국 애도 못 낳아보고 이렇게 늙어버렸다. 시집 한 번 못 간 것이 가슴에 못이 배겼다. 그래서 다른 사람이 시집 이야기를 하면 난 슬며시 일어나 나가버리곤 한다.

군인들하고도 말은 별로 많이 안했다. 친한 사람도 별로 없었다. 나이 어릴 때라 일본말을 좀 배우긴 했지만 말이 잘 통하지 않았다. 그래도 대만에 있던 곳이 '신지쿠(新竹)'라고 하는 것은 들었다. 글을 모르니 어디인 줄도 알 수가 없고, 바닷가가 가까웠고, 바나나 나무가 많고 날이 따뜻해서 한겨울이 여기 3월쯤 되었다는 것은 기억한다. 시내 같았는데 다른 데는 다니지 않아서 기억하지 못한다. 건너편에 카바레도 있었는데 군인들이 어디 갔다 왔다고 이야기해서 알게 되었다. 어디 가니 좋더라 색시가 예쁘더라 하는 것이다. 하루 저녁에는 군인이 나올 때 몰래 따라나와 카바레 문 앞에서 안을 살짝 들여다본 적도 있었다.

그 안에는 전부 일본여자들이 있었다. 그런 곳은 화려하고 아주 좋았다.

대만에서 반찬은 양배추를 기름에 볶아 주고, 국물을 만들어 주었다. 묵이나 돼지고기, 생선회 같은 것도 가끔 해주었다. 왜놈이라 고추가루는 안 먹어서 지금도 난 고추가루를 못 먹는다. 밥 해주는 사람은 중국 남자가 따로 있었다. 식사는 식당에서 여러 사람이 같이 했다. 식사는 잘 해준 편이다. 배를 곯게 하지는 않았다. 한두 명도 아닌 그 많은 사람을 상대하려면 안 먹이고 어떻게 하겠는가?

집 앞에 간판이 있어도 글을 모르니 뭐라고 쓰여 있는지 몰랐다. 팻말 같은 것으로 써붙이지는 않았지만 규칙도 있었다. 군인들을 감독하는 헌병도 한 번씩 왔는데 뭘 하러 오는지 몰랐다. 사람한테 시달리니 잠을 잘 수 없었다. 유치장에 안 가뒀다는 것뿐이지 완전히 징역 사는 것과 한 가지였다. 말 그대로 사는 게 사는 것이 아니었다.

그렇게 끌려갔으니 집 사정도 궁금했지만 어떻게 연락할 방도가 없었다. 그렇게 있는데 한번은 경찰인지 누군지 나를 찾으러 왔다. 굉장히 힘들 때 왔다. 그 곳에서 한 2~3년 지냈을 때였던 것 같다. 큰아버지가 아버지 돌아가신 다음에 경찰을 통해 호적을 떼서 실종계를 냈다. 요샛말로 조회란 말인데 자식이 어디있는 줄 모르면 경찰에서 알아보는 것이다.

대만에 있을 때 칠곡 남원동으로 편지를 한 번 보냈었다. 글을 몰라서 비행기를 타고 다니던 해군이 편지를 쓰고 부쳐 주었다. 주로 육군이 왔지만 계급 높은 사람은 해군도 저녁에 살짝살짝 들어오기도 했는데 안경을 끼고 별을 세 개 단 해군이었다. 그 때 편지는 내가 모은 돈으로 했다. 아마 그 때 내가 모았던 돈을 집에 보낸 것 같다.

이내 아버지가 돌아가셨다고 답장이 왔다. 엄마가 편지하길 "자다가 생각해도 잠이 안 오고 밥 먹다가도 생각하니 숟가락이 툭 떨어진다"고 답장이 왔는데 얼마나 눈물이 났는지…. 딱 한 번 쓰고 편지도 못했다. 그 답장을 옷 속에 집어넣고 있다가 나중에 그걸 가지고 집에 왔다.

마닐라로 옮겨가

대만에 가서 몇 년 있다가 주인이 여자들을 데리고 마닐라로 옮겨 갔다. 마닐라에서 제일 오래 있었다. 부대가 많은 곳이었던 것 같다. 같은 부대를 따라가진 않았다. 마닐라 집도 복도를 마주보고 있었는데 아래층 열 칸 윗층 열 칸이 있었고, 한일자로 된 모양이 거기도 일본집같이 보였다. 큰 건물이어서 방이 그렇게 많고 아주 크고 번쩍번쩍하는 큰 대청도 있었다. 청소할 때 보면 원주민들이 대청을 마른 걸레로 닦았다. 이층에서 내려가면 식당이 있었다. 방은 다다미가 있는 방도 있고 침대방도 있었는데 꽤 넓었다. 나는 이층에 있었다.

마닐라는 좀 깨끗하고 신선했다. 밖에 나가 본 적이 없어 정확히는 모르겠지만 도시 중심이었던 같다. 다른 데에서는 집들이 지저분하고 답답했다. 이층에 있으면 좀 괜찮았겠지만 일층은 굴 안 같고 답답했다. 마닐라에서는 골목도 집도 깨끗하고 음식도 깨끗하게 했다. 잡채 같은 것도 볶아주고 잘해 주었다. 마닐라에서도 내가 올 때까지 밥은 넉넉하게 주었다. 주방일, 집청소는 원주민들이 했지만 말을 몰라 서로 이야기를 나누지는 못했다. 밥 먹을 때 심부름시키는 정도였다. 사람들과 이야기하는 것은 여자들끼리 밥 먹으러 가서 신세타령하는 것이 고작이었다.

사실 마닐라에서 고생을 제일 많이 했다. 그 때는 한참 전쟁 때였고 군인들이 워낙 많았기 때문이다. 위안소에 오는 군인들은 모두 일본사람이었고 조선인 군인은 마닐라에서 한 명뿐이었다. 같이 간 여자들은 10명도 넘었다. 다른 집에도 여자가 많이 있었는데 나가지는 못해도 여론도 듣고 하니 알기는 알았다. 마닐라는 군인이 대만보다 훨씬 많았다.

그래선지 마닐라에선 다른 곳에서 여자들이 많이 왔다. 전체 20명 정도 되었다. 대구 근방 사람은 못 봤고 마산 부근에서 왔던 기억이 난다. 내가 "저거는 우예 오노?"라고 물었더니 주인집에서 "데이신따이해서 온다"고 말했다. 나는 잘 몰랐기 때문에 이것저것 자꾸 물어보았다.

마닐라는 한참 전쟁 때라 배 타고 갈 때 바다에 김이 무럭무럭 솟아올랐다. 총알이 머리 위로 피융피융 하면서 날아오고 대만에서는 폭격이 없었는데 필리핀에서는 폭격이 많았다. 폭격이 있으면 땅구덩이에 들어갔다. 나는 죽을 뻔했지만 기적적으로 살아왔다.

폭격이 아니어도 같이 있었던 여자들 중에서 죽거나 어디로 없어진 사람도 있다. 사람에 시달리다 병이 나서 죽은 사람도 있었다. 누리께 하니 해 가지고 죽는 것도 많이 보았다. 그런 사람들은 혈기도 없이 노란 것이 병자 같았다. 마닐라에서는 상대한 군인 수가 하루에 30~40명도 넘었다. 거기도 민간인은 없고 군인들 천지였다. 나도 잘못하면 죽는다는 것을 알았다. 그래서 더욱 몸간수를 잘 했다. 내가 올 때까지 삿쿠가 부족하지는 않았다. 마닐라에서 병원은 넘어지면 코닿을 데 있었는데 일반 사람들이 있기는 있었지만 줄창 군인들뿐이었다. 의사는 군복 위에 가운 입은 군의관이었다.

그 곳에 있을 때 괴롭기는 했어도 동정은 많이 받았다. 난 어릴 때부터 옷을 입혀 놓으면 날씬하고 사대가 죽 발랐다. 친하던 군인도 있었다. 그래도 다 잊어버렸다. 있을 때 친하게 지내도 헤어지면 그것으로 끝인 것을…. 성은 알아도 이름 같은 것은 안 물어봤다. 부대 이름도 기억이 안 난다. 그런 거 생각할 겨를도 없고 알려줬어도 또 잊어버렸을 것이다.

주인하고는 처음에는 겁이 나서 피하다가 맞기도 했지만 나중에는 시키는 대로 했으니 싸울 일도 없었다. 주인하고 싸우는 사람들도 많았다. 여자들이 손님 잘 못 받는다고 주인하고 여자들 하고 싸우고, 푸대접한다고 군인들하고 주인하고 싸우기도 했다. 또 여자들과 군인하고 싸우기도 했다. 난 안 싸웠다. 몹쓸 짓을 시켜도 거기 있을 동안은 어떻게 하겠나? 주인이 하라는 대로 그냥 했다. 그러니 싸울 일이 없었다. 입담이 없어 지금도 싸우지를 못한다. 마닐라에서도 주인이 우리를 못 나가게 했다. 주인만 그런 게 아니라 대문간 근방에 헌병이 있어 못 나가게 했다. 그래서 나는 말썽없게 하려고 집에 가만히 있었다. 절대 남을 안 괴롭히려고 그만큼 노력했다. 남을 조그만치도 괴롭히고 싶은 생각은 없었다. 내가 허무하게 되어서 그렇지, 내 자발적으로 그리된 것도 아니지만.

그리고 대만이나 마닐라에서 '고고구 신민나리'라는 신민서사를 외우라고 주인이 가르치고 군인도 가르쳤다. 거기서도 한 번씩 교육을 받았다. 그런데도 난 못 외었다. 아무리 그래도 못 외우니 어쩌겠는가.

옷은 맨날 한 가지만 입고 있을 수 없으니까 주인이 간단후쿠하고 새까만 치마에 흰 윗도리, 몸뻬 같은 것을 해 주었다. 많이는 안 줘도 갈아입을 만큼은 주었다. 속옷도 주고…. 사람을 상대하는 일이니 깨끗이 보여야 했던 것이다. 그리고 마닐라에선 일본옷도 한 벌 해 주었다. 그걸 입고 그 집과 군인들이 한가득 들어가 있는 사진을 찍었다. 거기 갔다온 사진이나 옷은 6.25때 친정 집에서 불타버렸다. 옷은 짧은 치마, 몸뻬를 가장 많이 입었다. 군인들이 올 때도 몸뻬나 치마를 입고 있었다. 어떨 때 상인이 오면 내가 사 입기도 했다.

그 외에 사서 쓴 건 담배랑 바나나였다. 담배는 보급창고를 맡은 군인들이 비스켓이랑 갖다주기도 했지만 살 때도 있었다. 바나나는 주인도 사오고 바로 문 앞에서 내가 사서 먹기도 했다. 밖에 나가지를 못하니 있는 것을 쓰고 특별히 산 것은 없었다. 군에서 주인에게 뭘 갖다주기도 했다. 별별 것을 다 가지고 왔다. 담요같은 것도 가지고 왔지만 주로 먹는 것이었다. 거기서는 집에 연락도 못했다.

빠져 나오기 위해 계획을 세우다

군인들을 보면 징그럽고, 식구들이 미치게 보고 싶었다. 특히 남동생이 제일 보고 싶었다. 몇 년 있다보니 이래 가지고는 내가 죽지 싶었다.

그래서 어떻게든 날 고향으로 좀 보내달라고 아는 군인한테 애원했다. 그만큼 있었으니 아는 사람 몇 명은 있었다. 몇 번이나 부탁했다. 그 사람은 야마모토라고 했는데 이름은 모르겠다. 키가 크고 의젓했는데 나이는 한 서른 대여섯 되었지 싶다. 쇠별(쇠로 만들어진 별) 세 개인가 네 개짜리 군인이었다. 성격이 좋은 사람인데 오랫동안 알고 지냈다. "하나코상 가와이소우다(하나코가 가엽구나)"라면서 보내주었다. 다른 군인들도 내 마음이 '가시코이(어질다)'하다고 동정을 했다. 그 군인이 배 표를 끊어주었다. 그 사람이 "걱정하지 마라. 대구에 딱 내려줄께"라고 말했다. 짐도 다 부쳐주었다. 집에 오는데 차비로는 내 돈 한 닢도 안 들었다. 딴 돈 쓰는 것은 내가 썼지만…. 돈은 생기는 대로 한국에 올려고 열심히 모았다. 그 때 다른 사람이나 집주인한테 아무 말 하지 않고 왔다. 더 있으면 죽겠고 다른 사람한테 말하면 너도나도 간다고 난리가 날 터여서 아무 말 않고 왔다. 보내준 그 사람 이름을 좀 알았으면 좋겠다. 주소나 이름이라도 써 받아 왔으면 편지라도 해 주었을텐데. 가는 거 다 가르쳐 주고 나한테 얼마나 고맙게 해주었는지…. 그 때는 무조건 집에 온다는 것만 생각했다.

마닐라에서 떠날 때 배가 꿩장히 컸다. 일본사람들이 많이 타고 한국사람도 탔다. 마닐라에서 탄 배이름이 뭐였는지 어떻게 왔는지 기억나지 않는다. 그럴 정신이 있었으면 이런 고생은 하지도 않았을 것이다.

그래도 그 때는 집에 오려고 열심히 물었다. 대구로 가려면 어떻게 가는지 자꾸 물었다. 한국에 나온 것이 가을인지 언젠지는 기억이 잘 안나지만 하여튼 춥지는 않았다. 오는 도중 조사는 받지 않았고 대구역에 내려주었다. 어떻게 연락이 되었는지는 잊었지만 대구역에 동생이 나와 있어 같이 돌아왔다. 그 때 내 동생이 18살인가 19살이었다.

마닐라에서는 왜놈하고 친하면 동정도 많이 해주어서 일본사람이 나쁜지 몰랐는데 여기 나오니 일본사람을 나쁘다고 했다. 날 데리고 간 사람도 일본사람이고 때리기도 많이 했지만 잘할 때는 또 잘했다. 그래서 일본사람이 악질이다 뭐다 하는 생각은 별로 안했다.

집에 돌아와서 결혼도 단념하고

내가 와서 어머니는 매우 기뻐하셨다. 어머니는 내가 그런 곳에 갔다 온지 몰랐다. 그걸 알면 아마 더 골병이 드셨을 것이다. 그저 외국에 있다 온 줄 알고 계셨다. 고생한 이야기는 하지 않았다. 말해야 무슨 소용이 있고 무슨 낯 설 일이 있겠는가.

난 고향에 와서 집에만 있고 마실도 안 다녔다. 돌아오니 아버지는 돌아가셨고 집은 남의 땅을 부치고 사는 형편이었다. 게다가 나는 창피스럽고 부끄러워서 고향에도 못 있고 대구로 나왔다. 그런데 6.25때 집이 몽땅 불타버렸다. 그래서 우리 가족들도 대구로 나왔다. 맏이로서 엄마, 동생과 같이 살면서 굉장히 허덕였다. 장사도 해보고 온갖 일을 다 했다. 내가 인물이 괜찮은 편이라 술집 같은 곳에 갔으면 이름을 날렸을 텐데도 남자들이 징그러워 그런 데는 안 갔다.

어머니는 "눈은 커다라니 어리숙한데 저걸 두고 어떻게 죽노" 하시면서 시집가라고 했다. 남자라면 징그럽고 싫은데다, 자식도 못 낳으면 괜히 수발만 할거라는 마음에 결혼은 생각도 않았다. 그런데 나이 서른이 되어서 우연히 남자를 만났는데 총각이었다. 공장다니는 사람이었다. 나도 자식 낳을 수 있으면 살아볼려고 병원에 가 진찰도 받아봤다. 결혼해서 아이도 못 낳으면 귀염을 받을 수가 있나? 의사가 "병 있소"

라고는 안해도 자궁에 염증이 생겨서 애를 못 낳겠다고 했다. 무슨 병인 줄은 모르지만 그리 남자 상대를 많이 해 놓으니, 무슨 병이든 있을 테지. 자궁에 힘이 없다며 듣기 좋게는 말했지만….

'총각을 만났는데 자식을 못 낳으면 남의 신세 망치는 거나 다름없지'하는 생각에 헤어졌다. 자식이나 있으면 그렇게 살다가 식이나 올리고 하면 괜찮은데…. 사실 그럴려고 만났는데 마음대로 잘 안되었다. 나는 기왕 희생당한 몸인데 저 사람마저 어떻게 희생하게 하겠나 싶어서 1~2년 살다가 헤어진 것이다. 그 사람은 젊은 마음에 안 헤어지려 하고 나는 헤어지려 하니 문제가 많았다. 그래서 그 동네에 안 살고 딴 동네로 온다고 이 동네로 왔다. 허무한 마음이지만 옳은 마음이라고 생각한다.

그렇게 헤어지고 친정엄마하고 동생하고 지내다가, 친정동생이 결혼하고 나서는 친정엄마하고 있었다. 사실 신랑 정해 가지고 같이 살 형편도 안되었다. 맏이로서 결혼 안한 동생도 있었고 그 후로도 모친만 놔두고 신랑 만나 살 수도 없어서 엄마하고 같이 벌어먹고 살았다. 그래서 결혼은 단념해버렸다. 그래도 남의 자식은 키워봤다.

"내가 어리석어요. 어떻게 그런데 갔다왔는가 싶어 어떤 때는 마음이 아질아질해요. 남을 조금이라도 괴롭히는 것은 싫고. 사람은 몸이 아프면 견뎌야 하는데. 여자는 애도 낳아보고, 시집도 살아보고 남편한테 고통도 당해보고 해야 하는데 그런 거 안해봐서, 몸이 좀 아프면 해삼처럼 턱 풀어져서 못 참아."

엄마는 좀더 사실건대 나 때문에 일찍 세상을 떠나셨다. 엄마 돌아가시고 나서는 내 살 길을 찾아야 했고, 내가 잘 하면 남도 인정 안해 주겠나 싶어 이 집에서 한 20년 있었다. 계집이 죽고 나서 계집 없다고 들어와 살았더니 촌에 또 여자가 있는 것이다. 그렇게 속고 살았다. 들어 왔을 때 애가 하나는 6살 먹고 또 하나는 12살 먹었는데, 키워도 기

. . . .

른 정은 별로였다. 그러니 무슨 희망이 있었겠는가? 그래도 여기 원대
동은 고향사람들도 가깝게 있고 하니 뭔일 있다 하면 안 알겠나 싶어서
사는 거였다. 오래 살았더니 외롭다고 사람들이 잘해줬다. 그리고 젊었
을 때 국문도 못 익힌 게 한이 되어, 국문 가르치는 데가 있어 국문이
라도 배우려고 나갔다. 옆에서도 배우라는 권유가 있고. 그런데 '앞으
로 어떻게 살겠노' 하는 고민이 자꾸 생겨 글이 머리에 안 들어가 2주
다니다가 그만두었다.

아버지 돌아가시고 원체 힘들게 살아놓으니 고향에 가고 싶은 생각
도 없었다. 내가 자청해서 그런 것은 아니지만 내 밑이 깨끗찮으니 형
제간도 쭈뼛쭈뼛하고, 내 맘에 나를 보고 웃지 싶고 해서 잘 만나지 않
는다. 자매간은 시집가면 그만이고…. 형제끼리 잘 다니고 재미있게 지
내는 사람들 보면 부럽기도 하다. 사주팔자가 그래서 그런가 하면서 스

스로를 원망한다. 그 콩볶는 데서 살아 나온 걸 보면 명복은 타고 났지 싶다. 우리 엄마 아버지가 불쌍해서 오래 살라고 하는지….

형제들은 지금도 모른다. 나를 신고해 준 소춘봉 그 사람은 원래 고향 이웃에 있었고 그 누나가 소복란이라고 나랑 같이 간 친구여서 내가 거기 갔다온 걸 안 지 한참 되었다. 또 소춘봉 동생이 내 남동생 친구여서 서로 놀러다니고 해서 서로 사정을 잘 알았다. 그래서 자기 누나하고 어디서 헤어졌다는 것 등을 이야기했다. 형제간에는 오히려 말하지 못한다. 속짐작은 할지 모르지만…. 김보희는 남동생도 있고 올케들도 있고 했는데 거기는 연락이 있었는지 잘 모르겠다.

나라에 신청한 것도 내가 살기 위해 할 수 없이 했다. 영감도 모르게 늦게 신청했다. 신고한 한 후 텔레비전에 나오고 창피스러워서…. 영감은 갔다온 걸 알고는 창피해하고 낙심했다. 그래도 어떻게 하겠는가?

세상 물정도 몰라서 나는 생활보호대상자나 의료보험 혜택도 못 받고 있다. 멀리는 워낙 안 나가봐서 시내에 데려다 놓으면 길도 못 찾는다. 또 내가 우풍년스레 다니고 그럴 형편이 되는가? 안그래도 나가보면 눈에 보이는 것은 쌍쌍이고…. 그래 놓으니 집에 들어앉아서 일이나 하고 있는 것이다. 요새는 일도 못한다. 아파도 내가 안하면 굶는 것이다. 그래 살다가 죽으면 그것으로서 끝이지 싶고…. 너무 나이 어릴 때 몸을 그래 놓으니 희망이라는 것이 없다. 남 날 때 나도 태어났는데 세월을 잘못 타가지고 왜 이런가 싶다.

시집도 아직 못 갔다. 다른 사람한테는 말도 못한다. 게다가 그 추한 것을 기억하기도 싫고, 사는 게 고통스러워서 기억도 못한다. 사실 그것 전부 기억하면 노심병 걸려 죽을 것이다. 어릴 때 그래 놓으니….

"잊어버리는 게 내한테 덕이라요. 내 신세 이래 된 것도 그것 때문에 그런데 그것 다 기억하면 죽어요. 내가 맏이로서 부모한테 보답도 못하고 아버님이 돌아가셨구나 싶고, 아버지가 마흔되어서 돌아가셨으니 내

하나가 집을 조졌거니 싶어 어머니하고 동생들하고 사느라고 정신이
없었지."

정부나 사회에 대해서는 특별히 원하는 것이 없다. 내 걱정을 누가
들어줄 사람 있겠는가. 또 원하는 게 있으면 원하는 대로 해주겠는가.
당시엔 나처럼 그렇게 강제로 끌려간 사람이 참 많았다. 필리핀 여자도
있었고 일본사람도 있었고…. 그래도 한국사람이 제일 많았다. 만만히
끌려 왔던 것이다. 한국은 너무 억울하다. 그 놈들 한 걸 생각하면 보상
이라는 것으로도 한이 안 풀린다. 고통을 얼마나 받았는지. 나가지 마
라 하면 못 나가고, 거기 앉아 죽으라면 앉아 죽고, 살아라 하면 사는
세상이었다. 살이 누렇게 뜰 정도로 있었다. 우리가 젊은 날에 압제 받
은 것을 생각하면 일본놈 갈아마셔도 한이 안 풀린다. 그래도 사람으로
서 그럴 수도 없고, 그러지도 못하고…. 안그렇겠는가. 다 잊어버려서
그렇지, 하나하나 일기장에 적으면 책을 못 맺을 정도다.

처음 필자가 김분선 할머니를 만났을 때 대구 원대동에서 살고 계셨
다. 그 집에서 중풍기가 약간 있는 할아버지를 뒷바라지하며 집 관리
도 하신다.
사진에서 알 수 있듯이 지금도 젊었을 때 모습을 상상할 수 있을 정
도로 얼굴이 곱고 키도 훤출하니 크다. 과거의 기억에 대해서는 자신
없어 하지만 가해자가 아닌 피해자로서의 당당함이 있고, 할머니 성
격이 털털하여 생활이 어려운 가운데도 다른 이에게 베푸는 것을 좋
아하신다. 두 번째인지 세 번째인지 방문할 때는 사양하는 필자를 데
리고 가 불고기를 사주시며 좋아하셨다.
필자가 주로 증언을 들은 시기는 1993년 4월~1994년 12월까지로 예
닐곱 번 방문하였다. 처음 신고하고 나서는 개인의 아픔으로 새기고
있었는데 94년 말경부터 텔레비전에 나와 증언을 하고 현재는 생활보
호자대상자 지원금과 국가에서 나오는 지원금과 작은 임대아파트도
받았다.

그리고 증언에서 언급하지 못한 점을 몇 가지 보완하고자 한다. 할머니가 말씀하시듯이 옛일을 정확히 기억하지 못하여 정확히 기록하지 못하였는데 독자의 편리를 위해 몇 개를 근거로 연도 추정을 해보면, 할머니의 아버지는 1942년에 사망신고가 되었다. 당시 관행으로 제때 신고되지 않는 경우가 많지만 1941년이나 1942년 초에 사망한 것이 아닌가 추정된다. 할머니가 대만에서 편지를 받은 시기는 그 이후인 1942년경으로 생각된다. 그리고 필리핀으로 간 것은 1941년 12월 태평양전쟁이 발발한 직후 일본군이 필리핀을 점령하였으므로 1942년일 것이다. 그리고 돌아온 시기도 정확하지 않는데 1937년 잡혀갈 때 12살이었던 남동생이 18~19살에 왔다는 것으로 보아 귀국한 시기는 1943년 말이나 1944년이었을 것으로 생각된다. 귀국 방법은 필리핀에서 부산으로보다는 중국을 통하여 신의주에서 서울-대구로 오지 않았을까 추측된다. 할머니의 기억은 희미하지만 중국 동북부지방과 평양도 거친 것을 기억한다.

할머니는 20세를 전후한 시기의 그 경험이 가장 큰 상흔으로 남아 있지만 맏딸로서의 의무가 이후의 삶의 방향을 결정하는 데 중요한 영향을 미쳤다. 맏딸 컴플렉스가 이토록 잘 나타나는 경우도 없으리라 생각될 정도로 할머니 세대의 사고방식의 단면을 잘 보여준다.

그리고 다른 증언과 달리 스스로 수치스럽게 여기는 군위안부 경험을 말하는 것이기에, 더구나 지금까지의 삶에도 그 흔적이 곳곳에 있기에 자신의 일을 바로 말하는 것을 꺼려하는 부분이 있다. 때문에 이것을 한두 번 만남으로 알아내기는 무척 힘들다. 필자도 김분선 할머니와의 관계가 꽤 가까워졌다고 느꼈음에도 불구하고 할머니의 속사정을 알지 못한 것이 하나 있었다. 여러 번의 방문 후에 정부의 지원을 받게 되고 다른 피해자 할머니와의 친분도 생긴 후에 할머니 사이에서 서로간의 이야기가 흘러나와 필자가 알게 된 것이다. 그것은 할머니가 지금 같이 살고 있는 집의 할아버지와 사실혼 관계에 있다는 것이다. 나중에 왜 말하지 않았느냐고 여쭈어보니 '창피스럽고 굳이 말할 필요도 없어서'라고 하신다. 필자는 어렵게 한 마디를 덧붙여 여쭈었다. 할아버지와 같이 사는 것이 다른 사람(본처) 가슴에 못 박는 일이 아니냐고. 그랬더니 당신이 다른 사람에게 피해를 준다고 생각했으면 일찌감치 나왔을 것이라고 하신다. 할아버지가 할머니의 힘을 필요로 하신데다가 이 집에 들어왔을 때는 상처한 사람인 줄로 알았고 본처가 있는지도 몰랐다는 것이다. 할아버지는 이미 대구에서 본 댁과 다른 살림을 하였고 할머니 자신은 어머니가 다른 아이들을 키워주었다고 하신다. 그래도 자신의 이후 삶을 불안하게 생각하였다. 그래서 우리 정부의 보조가 할머니에게 주는 의미는 더욱 크다.

＊ 조사·정리자 강정숙은 1956년 진주에서 출생하여, 이화여자대학교 사학과에서 한국근대사를 전공하였다. 최근 여성사에 관심을 갖고 한국 근대 여성사에 관한 글들을 쓰고 있다. 현재 대학에서 강의하며 정신대연구회와 더불어 한국여성연구회에서 활동하고 있다.

한국 여성들이 전쟁과 피해 여성의 문제, 성노예문제를 둘러싸고 식민지 지배를 받은 아시아여성과의 연대활동을 벌이는 것은 진실로 역사적인 일이다. 전쟁, 성폭력, 모든 형태의 식민 지배 등은 이 지구상에서 추방해야 하는 것이다. 일본군 위안부 문제를 가장 약자의 입장에서 제기하고, 선진국 여성들과의 연대 나아가 세계의 양심세력과의 연대를 끌어내왔다. 이렇게 우리 민족문제를 세계문제로 제기하고 해결하려는 노력을 기울여 나가는 것이 바로 우리가 세계에 이바지 하고 참답게 운동을 '세계화'하는 거라고 생각한다.

일본군 위안부에서 미군 위안부로

박연이(가명)

"몸은 천근 만근 무거운데 무턱대고 달려
드는 군인이 그렇게 싫을 수가 없었다."

나는 1921년 음력 정월 열이렛 날, 경남 청도군 대성면에서 태어났다. 어머니가 마흔 살 때 딸을 낳게 해달라고 치성을 드린 끝에 낳은 딸이 나였다. 위로 나이 차이가 많은 오빠가 둘이 있었지만 늦게 낳은 외동딸이라 집에서 귀여움을 많이 받으며 자랐다. 큰오빠는 일찍 집을 떠나 객지로 떠돌았기 때문에 큰오빠에 대한 기억은 별로 없다. 작은오빠도 마산의 친척집에서 일을 했으므로 나는 부모님의 사랑을 독차지했다. 어릴 때는 몸이 약해 병치레를 자주 하고, 밥도 잘 안 먹어서 몸이 허약했다. 열 살이 될 때까지도 엄마젖을 찾는 철부지였으니….

집에서 귀염받는 고명딸이었는데

우리집은 땅이 없어서 남의 농사를 지어주며 살았는데, 아버지는 농사일에는 마음을 쓰지 않고 밖으로 나돌기만 하니 어머니가 고생을 많이 했다. 먹을 게 없으면 나만 먹이고 어머니는 굶기가 일쑤였다.

내가 열한 살 때 작은오빠는 마산에서 결혼을 하고, 삼촌의 참기름집을 이어받아 운영을 하기 시작했다. 그 때부터 오빠가 번 돈을 집으로 얼만큼씩 보내줘서 농토도 조금 사고, 농사를 지으면서부터는 좀 먹고 살 만해졌다.

그러다가 내가 열세 살 때 우리집은 오빠가 있는 마산으로 나가 살게 되었다. 그 때부터 오빠는 사실상 우리집의 가장노릇을 하였다. 오빠는 참기름집에 딸린 집에 살면서 부모님에게 따로 집을 사주고 생활비도 대주었다. 오빠와 올케언니는 참기름집을 운영하느라고 눈코 뜰 새 없이 바빴다. 그 시절, 나는 밥도 짓고, 집안 심부름을 하기도 하고, 밤에는 야학에 나갔다.

그 나이가 될 때까지 아직 나는 정식학교에 다녀보지 못했다. 야학에는 나갔지만 그것도 꾸준히 나가지는 못하고 다니다 말다 했다. 하지만 나는 학교에 다니고 싶었다. 열여섯 살 무렵이었다. 마산에 간이학교가 생겼는데 3년을 다니면 졸업을 할 수 있다는 말을 듣고 입학을 했다. 그러나 오빠가 못 다니게 하여 얼마 다니지 못하고 그만둘 수밖에 없었다. 오빠는 나에게 "다 큰 게 무슨 학교냐, 집에 얌전히 있다가 시집이나 가라"며 공부를 시켜주지 않으려고 했다. 집안의 가장이 그러니 더 우겨 볼 수도 없었다. 하긴 오빠도 학교를 제대로 다녀보지 못한 처지였다.

사실 그 때까지 나는 아무 것도 모르는 철부지였다. 부모님은 "저렇게 천방지축이니 저래 가지고는 시집 가서 시부모나 제대로 섬기겠나?" 하며 "나이가 지긋해져야 시집을 보내지. 지금은 시집도 못 보내겠다"고 말씀하시곤 했다. 하지만 몸은 점차 성숙해지고, 딱히 마음 둘 데도 없이 싱숭생숭해지는 나이였다.

좋은 데 간다는 달콤한 말에

위안부로 끌려가게 된 것은 내가 열여덟 살 때인 1938년의 일이었다. 그 당시 동네 친구들 사이에는 마음을 들뜨게 하는 소문이 나돌고 있었다.

"어딘가에 가면 돈도 많이 벌고, 맛난 것도 먹고, 옷도 잘 입는댄다."

"그런데 가면 얼마나 좋을까?"

"우리도 한번 가볼까?"

그 때는 좀 살 만한 사람들도 보리밥을 먹고, 저녁에는 죽을 끓여먹던 시절이었다. 한참 식욕이 좋을 나이에 굶주리고 변변치 않은 입성을 하고 지내는 우리들에게 그런 말은 가슴 설레게 하는 소문이었다.

그러던 어느 날 나를 비롯하여 동네 처녀들이 옹기종기 모여있는 곳에 40대로 보이는 조선인 남자가 다가와서 말을 건넸다. 자기는 광동에서 나왔는데 거기 놀러가면 참 좋다는 것이었다. 돈도 잘 벌고 옷도 잘 입는다는 그 남자의 말은 떠돌던 소문 그대로였다. 바짝 마음이 동한 나와 친구들은 광동이 어디인지, 구체적으로 어디를 간다는 것인지를 차근차근 따져보거나 물어보지도 않고 마음만 쏠렸다. 참말로 바보였다. 어디 간다는 것도 못 물어보고 그렇게 아무 것도 모르고….

하지만 가족들에게 알리면 시집도 안 간 어린 여자 아이를 외지에 보내지 않을 것은 불을 보듯 뻔한 일이었다. 며칠동안 궁리 끝에 드디어 나는 식구들에게는 알리지도 않고 보따리도 없이 그 남자를 따라나섰다. 그 남자는 나와 또 다른 친구 하나를 데리고 부산의 초량으로 갔다. 그 친구는 후에 위안소에서 '아이코'라고도 하고 '시즈코'라고도 불리던 친구였다.

초량의 어느 집에 도착해보니 이미 대여섯 명의 여자들이 모집되어 있었다. 그 곳에서 여러 날 기다리게 하면서 주인은 여자들의 신분증명서와 도강증을 만들었다. 열다섯 명의 처녀들이 모집되자 연락선을 타고 부산을 떠나게 되었다. 나를 데리고 갔던 그 남자가 인솔자였다.

듣도 보도 못한 위안소라는 곳

시모노세키와 타이완을 거쳐 우리가 도착한 곳은 중국의 광동이었다.

광동에 도착하니 밤이었다. 여자들을 모두 군용트럭에 싣고 어느 호텔로 갔다. 첫날은 그 호텔에서 밤을 지냈다. 한 방에 침대가 두 개씩 있는 서양식 호텔이었는데, 우리들을 한 방에 다섯 명씩 들어가게 하여, 침대 하나에 2~3명씩 몰아서 재웠다. 다음날 아침 군용트럭이 다시 와서 여자들을 태웠다. 여자들은 모두 트럭 뒤쪽의 짐칸에 탔다. 한참을 타고 들어가니 군부대가 있었고, 다시 거기서 얼마 떨어지지 않은 곳에 건물이 하나 있었다. 그 곳이 바로 위안소였다. 사실 그 당시에 나는 '위안부'라는 말은 들어보지 못했다. 위안소라는 말도 지금 생각해보니까 그게 위안소였구나 하는 생각이 든다.

도착하기 전까지 여자들은 다들 공장에 가서 일을 하게 되는 것으로 생각하고 있었다. 인솔자는 무엇을 할 것이라는 말은 비치지도 않았다. 막상 도착해서도 그 곳이 위안소라고는 생각지도 않았다. 아니 실상은 남자를 어떻게 상대해야 하며, 어떻게 위안해야 하고, 그런 일을 한다는 것이 이 세상에 있다는 것을 알지 못했다. 더구나 그런 일이 나에게 닥치리라고는 꿈에도 생각지 못한 일이었다. 그 곳에서 군인들이 들이닥칠 때에야 비로소 무엇 때문에 이 곳까지 오게 되었는가를 알게 되었다. 청천벽력이 떨어지는 것 같았다.

그 위안소에는 먼저 와 있던 여자들이 이미 대여섯 명이 있었다. 자기보다 나이가 많고 적은 것에는 상관없이 먼저 온 여자에게는 무조건 '언니'라고 부르며 군대식으로 고참으로서의 대접을 깍듯이 해야 했고 지시에 무조건 따라야 했다. 나를 포함하여 그 집에 배정을 받은 여자들 대여섯 명은 그 날부터 언니들로부터 교육을 받기 시작했다.

새로 온 여자들은 남자를 접해본 경험이 없어서 아무 것도 모르는 상태니까 남자를 어떻게 상대하는가 하는 기본적인 것에서부터 시작해서 끝나면 뒷처리를 어떻게 하는가와 삿쿠를 끼워주는 방법에 이르기까지 세세하게 교육을 받았다.

무섭고 쓸쓸하고 비참하고

교육을 받으면서 나는 얼마나 울었는지 모른다. 집에서는 아직도 철없던 어린아이였는데, 이런 일이 나에게 닥치다니 기가 막혔다. 어딘지도 모르는 곳에 와서 이제는 가지도 못하고 오지도 못하는 신세가 되었다.

이름도 '랑코'라는 일본 이름을 지어주었다. 이제부터는 마산의 처녀 박연이가 아니라 일본군 위안부 '랑코'로 살아야 할 처지가 되었다.

나는 첫날부터 두 명을 받았다. 처음에는 나이가 지긋한 장교가 들어왔다. 군인이 자꾸 몸에 달라붙는데 그게 싫어 자꾸 밀어냈다. 아프니까 찡그리기도 했지만 신음소리를 안으로 삼켰다. 언니들로부터 교육을 받으면서 이미 기가 꺾일 대로 꺾여 있는 상태여서 심하게 저항하거나 반항도 못했다. 보초들이 하루에 여러 차례씩 위안소 주변의 경비를 돌았다.

중국사람이 살던 집을 개조한 위안소의 방은 침대 하나가 놓일 정도의 공간으로 마치 헛간과도 같았다. 그 방에 군인이 하나 들어와 상대하고 나가면 밖에서 기다리고 있던 다른 군인이 들어오고, 그 사람이 나가면 또 다른 군인이 들어오고 하였다. 그러니까 하루에 상대하는 군인의 수는 30명이 될 때도 있고 40명이 될 때도 있었다. 군인을 상대한 후에는 소독실에 가서 과망간산칼리 희석액이 나오는 소독 호스로 밑을 소독하게 되어 있는데, 나중에는 질이 퉁퉁 부어 소독 호스조차 들어가지 않을 정도가 되었다.

군인들이 줄을 대서 오니까 미처 밥 먹을 시간도 없었다. 밥상을 방문 앞에 들여다 놔주면 씻으러 가면서 한 숟가락 떠먹고 방으로 들어가면서 또 한 숟가락 떠먹고 할 정도였다. 월경을 할 때도 군인들을 받았다. 한 번 받고 나면 씻고 와서 다시 받는 것이다. 우리들은 우리 자신들과 군인들의 위생을 각별히 중시하는 훈련을 받았다. 위안소 입구에는 들어오는 군인마다 손을 씻을 수 있도록 물이 담긴 대야가 준비되어 있었다. 일 주일에 한 번씩 군의가 와서 산부인과 검진을 하고 다른 병이 생겼을 때도 군의가 치료해 주었다.

그런데 참 이상한 것은 처음에는 견딜 수가 없이 아팠지만 차츰 시일이 지나면서는 그렇게 여러 명을 상대하는데도 죽지 않고 몸이 견딜 수 있었다는 것이다. 아프고 고통스러웠지만 젊고 건강해서인지 몸이 견뎌낸다는 것이 아무리 생각해도 이상스러울 정도였다.

부대에서 연회식이 있는 날이면 여자들은 기모노를 차려입고 그 자리에 참석했다. 연회식이 끝나면 장교들은 보통 자기 막사로 여자들을 데리고 들어가 일을 치렀다. 부대로 갈 때는 자동차에 태워서 데리고 갔지만 돌아올 때는 태워다 주지 않았다. 그래서 여자들이 여럿이 함께 모여서 왔지만 밤길은 역시 무서웠다. 고개 하나만 넘으면 위안소가 있었지만 아무 것도 보이지 않는 깜깜한 밤길을 걸어오려면 나는 무서워서 오들오들 떨며 울곤 했다. 내 처지가 마치 이 깜깜한 낯선 이국땅에 아무도 의지하거나 도와줄 사람 없이 내팽개쳐진 것으로 여겨졌다. 수많은 군인들을 받고도 몸은 견뎌낸다 하더라도 마음은 깜깜한 어둠 속에 갇힌 것처럼 무섭고 쓸쓸하고 비참했다.

저녁이 되면 주인은 그 날 여자들이 상대한 군인의 수를 점검하고 군인을 적게 상대한 여자나 그 날 잘못을 저지른 여자들에게 벌을 주었다. 한 되들이 병에 물을 가득 담아서 그것을 양손에 들고 서 있는 벌을 받게 하는 것이었다. 물을 흘리지 않고 꼼짝없이 서 있어야지 그렇지 않으면 얻어맞았다. 그리고 반항이라도 하면 더 오래 벌을 세우거나 맞았다. 집안 치우는 일로도 꼬투리를 잡으면 맞았고, 특히 상대하는 군인한테 반항하면 맞았다. 상대하는 군인은 '손님'으로 깍듯이 대접해야 했다. 손님에게 잘못하면 주인은 여자들에게 가차없이 벌을 세우거나 때리는 것이었다. 또한 손님을 얼마나 많이 받았느냐에 따라 그 여자의 순위가 매겨졌다. 손님을 많이 받지 않는 여자는 밥도 제대로 주지 않았고, 쓰레기 같은 음식을 주거나 변소 청소를 시키는 등 잡일을 시켰다.

죽음을 볼수록 살겠다는 의지가 더 강렬해

나는 처음에는 무서움에 떨며 고향 생각을 하곤 했다. 이제는 어떻게도 할 수 없는 내 처지를 생각하며 자포자기가 되어 술을 마시기도 했다. 그러나 차츰 시간이 지나자 그 생활에 길이 들면서 처음의 무서움도 사라지게 되었다. 소극적으로 주인과 군인들에게 당하기만 하는 것이 아니라 나를 추스리며 적극적으로 대처하게 되었다. 행패를 부리는 군인에게는 맞대거리를 할 줄도 알게 되었으며, 못된 군인에게는 나도 술을 마시고 같이 성질도 부리게 되었고, 군인이 때리면 나도 함께 막 치고 박고 싸우게도 되었다.

어느 날 동료 중에 '다마코'라는 여자가 병에 걸렸다. 열이 올라 밥도 못 먹고 온몸을 사시나무 떨듯이 떨었다. 군인을 상대할 때는 늘 삿쿠를 사용하지만 더러 터지는 수가 있어서 임신을 하는 여자가 있었다. 다마코도 임신을 하여 배가 불러 있는 상태였다. 다마코가 어찌나 심하게 떨며 발작을 하는지 밤새도록 잠도 못 자고 나를 비롯한 여러 사람이 사방에서 다리를 붙잡고 머리를 붙잡으며 간호를 했다. 그렇게 다마코를 살리려고 밤새도록 고생을 했건만 다마코는 이튿날 아침 숨을 거두고 말았다.

어느 날은 위안소 뒤쪽에 있는 사탕수수밭에 올라갔다가 밭둑에 옹기항아리가 여러 개 묻혀 있는 것을 보았다. 무엇인가 하고 가까이 다가가 들여다봤더니 그 속에서 참을 수 없이 역겨운 악취가 풍겨나왔다. 그것은 사람의 뼈다귀들이었다. 가난한 중국사람들이 죽은 사람의 송장을 매장하지 않고 동이에 넣어 밭둑에 묻어둔 것이었다. 열어 놓은 뚜껑 속으로 빗물이 괴어들어 부패하여 물러터지면서 그 속에서 토악질을 일으킬 것 같은 악취가 풍겨나왔다. 단지마다 들어 있는 그 송장뼈를 보고 나는 아주 무서운 생각이 들었다. 아차하면 나도 저렇게 썩어 문드러지는 송장 같은 신세가 될지도 모른다는 생각이 들었다.

그 후에도 양잿물이나 크레졸을 먹고 자살을 시도하는 동료를 보았고, 폐병이 들어 고생하며 죽어가는 동료도 보았지만, 그들에 대한 안타까운 마음과 더불어 그럴수록 살아야겠다는 의지가 더욱 강렬해졌다.

나에게도 죽을 고비가 있었다. 남방에서 자칫하면 걸릴 수 있는 학질에 걸린 것이다. 열이 나고 몸이 심하게 떨리는 이 병은 여러 날이 지나도 떨어지질 않았다. 키니네를 오래 계속 먹으니 나중에는 얼굴이 노랗게 될 정도였다. 게다가 주사 놓은 자리가 곪으면서 썩어들어가기 시작하였다. 결국 야전 병원에서 썩은 살을 도려내는 수술을 받고나서야 그 자리가 아물게 되었다. 고통이 엄청났지만 살아남아야겠다는 생각으로 이를 악물고 참았다.

몸뚱이는 하나인데 지긋지긋해

군인들이 위안소에 들어와서 입구의 접수대에 돈을 내면 주인은 군인에게 표를 주었다. 그러면 군인은 여자의 방에 들어와 여자에게 그 표를 냈다. 여자들은 이 표를 모아서 저녁이 되면 주인에게 가져다 주고 주인은 그 여자의 하루 실적을 장부에 기록하였다. 주인은 장부에 기록한 것을 다시 한 달 단위로 합산을 하여 여자들의 순위를 매기는데, 1등, 2등을 하게 되면 여자들에게 배당되는 옷 중에서 좋은 옷이 차례로 돌아오고, 음식도 좋은 것을 주곤 했다. 그리고 계속 1등을 하는 여자에게는 몇 달에 한 번씩 금반지를 해주기도 했다. 하지만 군인들에게 인기가 없어서 순위가 처지는 여자에게는 부엌일도 시키고 변소 청소 등 궂은 일을 시켰다. 한창 샘이 많은 나이의 여자들을 주인은 그런 식으로 얼르고 위협하며 다스렸다. 여자들은 대접을 잘 받으려고 자연스럽게 경쟁을 하게 되었다. 군인을 많이 받으면 좋은 옷, 좋은 음식이 차례로 돌아오고, 더구나 장교를 잘 사귀면 위문품으로 들어오는 것을 가져다 주기도 하니까 나도 열심히 군인들을 받았다.

하지만 수도 없이 밀려 들어오는 군인들을 다 감당하기에는 너무 힘이 들었다. 몸뚱이는 하나인데 그렇게 여러 명이 달려드니 그들이 지긋지긋하게 지겨운 적이 한두 번이 아니었다. 몸은 천근 만근 무거운데 무턱대고 달려드는 군인이 그렇게 싫을 수가 없었다. 그런 생활을 이겨내려니 자연 술이 늘었다. 술을 안 먹을래야 안 먹을 수가 없었다.

군인 중에는 별별 사람이 다 있었다. 순한 자도 있었지만 술을 먹고 들어와 공연히 행패를 부리는 사람도 있었다. 같이 있던 동료 중에는 군인이 허리에 차고 있던 칼을 휘둘러 머리를 내려쳐서 이마를 여덟 바늘이나 꿰맨 친구도 있었다.

주인의 눈 밖에 나지 않으려고 열심히 일을 했지만 3년 동안 그 위안소에서 일한 대가로 나는 한 푼의 돈도 받지 못했다. 고향에서부터 나를 데려오는 데 든 수속비와 여비 일체, 그리고 위안소에서 먹고 자고 입는 데 든 비용과 심지어는 배당해준 화장품에 이르기까지 모든 것이 빚으로 계산되었다. 주인이 여자들에게 네 빚이 얼마다 하면 그대로 그게 모두 빚이 되었다. 뭐라고 말대꾸를 하면 막 때리니까 항의를 할 수도 없었다. 그래서 군인을 받으면 거기서 분배되는 액수가 나에게는 한 푼도 돌아오지 않은 채 빚을 갚아나가는 것으로 되는 것이었다. 나는 그 빚을 3년이 지나서야 모두 갚게 되었다.

광동에서 싱가포르로

1941년, 이제 스물한 살이 되었다. 그 집에서 일해야 하는 3년 기한을 마친 후 나는 광동 시내에 있는 '마츠노야'라는 위안소로 자리를 옮겼다.

그런데 마츠노야 위안소에 들어간 지 얼마 지나지 않아서부터 배가 몹시 아프기 시작했다. 배뿐만이 아니라 다리까지 지릿하면서 하체가 떨어져나갈 것 같이 아팠다. 내가 그렇게 몸이 아픈 와중에 마츠노야의 주인은 여자들을 모두 데리고 싱가포르로 떠난다고 했다. 나도 아픈 몸을 이끌고 그들을 따라 배에 올랐다. 싱가포르로 가는 배에는 군인과 간호원, 위안부들이 모두 함께 탔다. 그러나 배를 타고 가는 도중이라 병원에 갈 수도 없었고, 군의들이 들여다 볼 사이도 없었다. 중간에 배가 사이공에 들렀기 때문에 일행은 20일 가량 군인 숙소에서 머물다가 다시 출발했다. 이동을 하는 동안 아무 조치도 취하지 못하고 그냥 내내 고생을 하면서 싱가포르까지 갔다.

싱가포르에 내리자 군트럭이 우리 일행을 그루앙 지구로 배치하였다. 파인애플 나무가 아주 많은 곳이었다. 그 위안소에 도착하자 군의가 나와서 신체 검사를 하고 검진을 했다. 그 때에야 비로서 나는 나팔관이 부었다는 사실을 알게 되었다. 약을 먹고 주사를 맞으면서 차

차 아픈 것이 가라앉게 되었다.

싱가포르에 있는 위안소 건물은 중국 사람이 살던 크고 넓은 집이었다. 싱가포르의 위안소는 대개 중국인 부호나 서양사람들이 살다 피난을 가서 비어 있는 집들을 사용했다. 그래서 집의 규모가 비교적 크고 방도 넓직한 편이었다.

우리가 도착한 건물은 4층 건물이었다. 1층에는 탁구대가 놓여 있는 커다란 홀이 있고, 2층과 3층에는 방이 있었다. 그리고 4층은 창고이고 옥상은 빨래를 널어말리곤 했다. 2층에는 주인과 아이들이 살고, 3층에는 여자들이 각각 방을 하나씩 배당받아 기거했다. 방에는 세면기와 욕조, 양변기가 설치되어 있었고, 침대 하나와 서양 사람들이 쓰다 버리고 간 냉장고도 있었다.

그 건물에 도착하여 나는 2층 계단으로 돌아올라가다가 끔찍한 것을 발견하게 되었다. 계단에 로프로 목을 매어서 혀가 쑥 빠져나온 채 늘어져 있는 남자의 시체였다. 그 집에 살았던 중국 사람이 목을 매고 죽어 있는 것이었다. 나는 그 후로 계단을 내려갈 때마다 혀가 빠져 죽어 있던 그 중국인이 생각나서 무서움증이 일곤 했다. '동족은 모두 후퇴하고 오갈 데도 없는데다 먹을 것도 없으니까 계단에 목을 매었구나. 그들도 어디 한두 가지 고통만 겪었겠는가. 그리고 그 사람도 얼마나 고통을 겪었기에 죽을 수밖에 없었는가' 하는 생각에 불쌍한 마음이 들기도 했다.

시간이 지날수록 절망감만 더해

위안소의 환경은 전보다 훨씬 나아졌지만, 시간이 지날수록 이제는 더 이상 뒤로 물러날 수도 앞으로 나아갈 수도 없다는 생각 때문에 절망하여 막 가는 심정이 되었다. 될 대로 되라는 심정으로 술을 더 많이 먹게 되었다. 여자들 사이에는 절망적인 분위기가 감돌았다.

함께 있던 동료 '가네코'는 소독하라고 나눠준 과망간산칼리를 먹고 자살을 하려고 했다. 가네코가 신음하고 있는 것을 다행이 내가 발견하여 먹은 것을 토하게 하고 군병원에 연락하였다. 광동에서도 자살하려고 양잿물을 먹은 동료를 보았기 때문에 당황하지 않고 조치를 취할 수 있었다. 일 주일쯤 병원에서 입원 치료를 받고 나온 가네코는 그 뒤 목구멍이 쪼그라들어 일 년 정도는 밥을 잘 넘기지 못할 정도로 고생을 하였다.

비참한 상황을 견디지 못해 이렇게 자살을 하려고 하는 여자들이 있었지만 나는 죽을 생각은 한 번도 가져보지 않았다. 내 처지를 생각해보면 막 가는 심정이 되긴 했지만 그래도 죽을 수는 없었다. '살아나가야 부모 형제를 다시 만나지' 하는 생각으로 이를 악물고 그 생활을 참아나갔다.

지옥 같은 생활이지만 때때로 작은 위안도 찾을 수 있었다. 일본에서 위문단이 오면 군인들과 관람을 하기도 했다. 위안소의 주인인 가네카와는 광동의 주인처럼 때리거나 벌을 주지는 않았다. 여자들에게 비교적 관대한 주인을 만난 것도 생각해보면 불행 중 다행인 일이었다. 그리고 일본 군인 중에는 때리거나 행패를 부리거나 심지어는 칼을 휘두르는 등 못되게 구는 사람도 있었지만 제 볼일만 보고 나가는 사람이 있고, 가끔은 인정이 있는 사람도 있었다. 표를 많이 사가지고 들어와서 몸에는 손을 안대고 시간이 다 될 때까지 과일을 깎아먹으며 이야기만 하다 가는 군인도 있었다. 그리고 때로는 사이다나 커피를 사가지고 오기도 하고 먹을 것과 술을 사가지고 오는 군인도 있었다. 인정있는 군인을 만나는 일이 흔치는 않지만 암흑 같은 생활 속에서 그래도 작은 위안이 되었다.

그 중에서도 '사토 마사미'라는 헌병은 특히 나에게 잘 대해줬다.

나에게 올 때는 과일을 사다주기도 하고 극장에 데려간 적도 있었다. 그 사람은 나에게 마음을 쓰며 함께 살고 싶다는 생각을 비치기도 했지만 군의 군율이 엄중하여 그렇게 할 수는 없었다. 얼마 후 그는 태국으로 이동했다.

'마츠노야'에서는 군인이 낸 돈의 6할을 위안부 몫으로 받았다. 먹을 것은 주인이 해주지만 옷과 화장품, 간식거리는 모두 자기가 받은 돈으로 해결을 했다.

이미 버린 몸이라는 생각으로 이 때부터는 한 푼이라도 돈을 더 벌기 위해 몸이 받을 수 있을 만큼 군인들을 받았다. 그러니 하루에 상대하는 군인의 수가 광동에서 보다 더 많을 때도 있었다. 여기서도 역시 밥 먹을 시간이 없을 정도로 군인들을 받았다.

이렇게 하여 나는 내 몫으로 돌아오는 돈을 차곡차곡 모으기 시작했다. 당시에는 전시자금을 충당하기 위하여 위안부들에게도 저축을 적극 장려하고 강요하였다. 나도 순진하게 일본제국의 저축 장려책만을 믿고 은행('다이앙 유빙 겡꼬'로 기억하고 있다)에 돈을 받는 대로 모두 랑코라는 이름으로 저축했다. 그렇게 열심히 몇 년을 모으니 전쟁이 끝날 무렵에는 정확한 액수가 기억나지는 않지만 상당한 액수가 되었다. 하지만 전쟁이 끝나자 그 통장은 한낱 휴지조각이 되어버렸다. 전쟁 직후에는 일본지폐로 불을 때서 밥을 해먹을 정도로 일본돈은 가치가 없었다. 그래도 나는 그 통장을 한국까지 가지고 나왔지만 아무 소용도 없는 것이라는 생각에 어느 날 결국 찢어버리고 말았다.

조국은 해방되었지만 무슨 희망으로 돌아갈까

어느 날 위안소에 오던 군인의 발길이 딱 끊어졌다. 군인들은 다른 곳에 집결하였다고 하고, 시내는 떠들썩했다. 일본이 연합군에 손을 들었다는 소식이었다. 그것은 아주 갑자기 닥친 일이었다. 그 날 이전까지 나는 일본이 항복하고 전쟁이 끝날 것이라는 사실은 꿈에도 생각하지 못했다.

원주민들이 방망이를 들고 다니면서 단속을 하는데, 위안소의 여자들은 밖으로 나가지도 못하고 불안에 떨어야 했다. 전쟁이 끝났는데도 기쁜 마음보다는 참담한 심정이었다. 고향을 떠나서 낯선 땅에 내팽개쳐지더니 이제는 다시 일본군에게서 버림받고 아무 방패막이도 없이 또 다시 그 곳에 버림받을 처지에 놓인 것이었다. 막상 고향에 돌아갈 것을 생각하니 그 역시 비참했다. 몸도 망치고 가진 것도 없이 초라한 몰골로 고향에 돌아가는 것은 생각할 수 없었다. 조국이 해방되었다고는 하나 나 개인에게는 앞으로의 삶에 아무런 희망을 걸 수 없었다.

그 때 자주 찾아오던 일본군이 나에게 몰래 찾아와 자기는 일본으로 돌아갈 마음이 없다고 하면서 고향으로 돌아가지 말고 자기와 함께 이 곳에서 도망가자고 했다. 앞으로 어떻게 살아가야 할지 막막하고 불안하던 나는 그 군인의 말을 듣고 무작정 따라나섰다. 그는 어디가 어딘지도 모를 산 속으로 나를 데리고 들어갔다. 그리고는 말레이지아인 집에 나를 데려다놓고는 어디론가 가버렸다. 며칠이 지나도 그는 돌아오지 않았다. 말도 안 통하는 낯선 곳에서 혼자 지내자니 하루하루가 두렵고 힘겨운 나날이었다. 그러던 어느 날 말레이지아인 남자 하나가 나를 강탈하려고 달려들었다. 나는 소리를 지르고 밀어내며 가까스로 그 곳을 빠져나와 도망쳤다. 원주민 여자들은 내가 울면서 말을 해도 쳐다보지도 않고 뒤도 돌아보지 않으며 제 갈길을 갔다. '같은 여자로서 어떻게 이다지도 냉담할 수가 있나' 하고 서운한 생각이 이루 말할 수 없었다. 아무도 나를 거들떠보지 않으니 길을 물어보려고 해도 물어볼 수가 없었다. 나는 산 속을 헤매고 헤매다가 고생 끝에 겨우 조선 사람이 모여 있는 곳으로 찾아갔다.

조선 사람들은 첩첩산중인 '조롱'이라는 곳에 모여지내고 있었다. 거기 모인 조선 사람들은 위안부였던 여자들과 군속들이 대부분이었다. 그들은 깊은 산 속에 판자를 대충 엮어 하코방 같은 숙소를 닥지닥지 지어 그 곳에서 기거를 하고 있었다.

숙소는 모두 12동을 지었는데, 1호부터 3호까지는 여자숙소로 썼고, 4호부터 12호까지는 남자숙소로 썼다. 나는 1호 숙소에서 지냈다. 한 숙소에서 몇 십 명이 함께 지내기 때문에 숙소반장을 정해서 질서를 지켰다. 그 곳은 물이 아주 나빴다. 우물을 파면 일 주일이 지나지 않아 물이 썩어 냄새가 나서 먹을 수가 없었다. 그렇지만 물을 안 먹을 수는 없는 일이고, 매일 우물을 팔 수도 없으니 그 물을 떠서 끓여 먹는 수밖에 없었다. 그런 물을 먹고 살자니 여간 고역이 아니었다. 게다가 미군이 나누어주는 배급식량이 턱없이 모자라서 먹는 것도 시원치 않았다. 허기진 배를 채우려고 칡이나 푸성귀를 캐다가 배급받은 밀가루나 옥수수에 섞어서 밀죽이나 수제비, 강냉이죽을 끓여 먹었다. 어느 때는 먹을 게 없으니까 고무나무꽃도 주워다 무쳐먹었다. 목욕을 하고 옷을 빨아입어도 흙이 황토흙이라 흰옷이 벌겋게 되었다. 게다가 옷도 변변한 게 없으니 사람마다 그런 상거지가 없었다.

그렇게 살면서도 저녁이 되면 사람들이 모여서 포장을 쳐놓고 연극을 하고 노래를 하고 그걸 구경하면서 지냈는데, 어려운 중에도 그것을 낙으로 견딜 수 있었다.

숙소에는 울타리가 없었다. 그런데 거기에 젊은 여자들이 있으니까 어느 날에는 말레이지아인 남자들 몇이 여자들을 겁탈하러 들어왔다. 숙소 안에 들어온 사람들의 인기척을 듣고 여자들이 모두 왁작 일어나서 소리를 지르니까 남자숙소에서 남자들이 달려나왔다. 그 바람에 말레이지아인들은 모두 도망을 쳤지만 그 후로는 마음놓고 지낼 수가 없었다.

그렇게 몇 개월을 지내고 해가 바뀌어 1946년이 되었다. 마침 우리를 태우고 갈 배가 도착하였다고 했다. 커다란 미군화물선이었다. 우리 여자들은 룩색(등산용 베낭)을 둘러매고 군속들과 함께 배를 탔다. 배는 컸지만 풍랑이 심해 배멀미를 몹시 했다. 그 배는 타이완을 들러 부산에 닿았다. 부산에 도착하니 3월이었다. 싱가포르는 더운 지방이라 여름옷을 입고 나왔는데 부산의 날씨는 꽤 쌀쌀했다. 영도 다리 근처의 앞바다에 내렸다. 그 배에서 내려 작은 전마선을 타고 육지로 건너오는데 배를 젓는 사람이 한복을 입고 갓을 쓰고 있었다. 오랜만에 보는 조선 입성이었다. 나는 갓을 쓰고 한복을 입은 조선 사람을 보면서 마침내 조선으로 돌아왔다는 생각에 가슴이 뭉클하면서도 내 처지를 생각하니 참 처량했다.

배에서 내리자 사람들이 멀건 미역국에 밥을 말아주었다. 여자들은 그것을 먹고 기차역으로 향했다. 역전에서는 여자들에게 돈 천 원과 차표 한 장씩을 주었다. 하지만 해는 다 져가고 차 시간도 맞지 않아서 나는 그 날 바로 집으로 돌아갈 수가 없었다. 수용소의 숙소반장을 따라서 한 여관으로 들어가 그 날 밤을 묵었다. 한 방에 든 여자들 몇이 막걸리를 사다가 마시며 고향에 돌아온 것과 헤어지는 감회를 서글프게 달랬다.

고향집에 돌아오니 냉기만이 감돌고

다음날 아침 여자들은 각자 자기가 탈 기차를 타고 뿔뿔이 흩어졌다.
그 당시에 조선에 콜레라가 창궐했다. 고향집 근처에 다다르니 전염병이 도는 동네 어귀마다 새끼줄을 쳐놓고 출입을 막고 있었다. 길을 돌아 드디어 마산의 오빠집에 도착했다. 집에 딸린 참기름가게는 텅

비어 있었다. 기계는 모두 뜯겨져 없어지고, 썰렁한 냉기만이 감돌았다. 전쟁 말기에 일본이 조선에 있는 쓸 만한 쇠붙이를 공출해 갈 때 오빠 가게의 기계도 다 뜯어가고 놋그릇도 다 가져간 것이었다. 게다가 오빠는 일본으로 징용을 끌려가 올케언니와 여덟이나 되는 조카들은 양식도 없고 땔감도 없어서 굶주린 채 냉방에서 오들오들 떨고 있었다. 더구나 그 사이 어머니는 돌아가시고, 아버지는 정신이 나가서 집을 나가 사방으로 돌아다닌다는 이야기를 듣자 나는 기가 탁 막혔다.

나는 수중에 남은 돈을 다 털어서 올케를 주며 양식을 사오라고 했다. 그것은 부산역전에서 받은 돈 중에서 차비로 쓰고 남은 돈이었다. 이제 수중에는 한 푼도 남아 있지 않았다. 조카들은 저녁상에 오른 죽을 보자 서로 다투며 걸신들린듯 먹어치웠다.

얼마 후 징용갔던 오빠가 돌아왔다. 하지만 나는 형편도 어려운 오빠집에 얹혀서 하는 일 없이 그렇게 밥을 얻어먹으려니 마음이 편치 않았다. 직접 말을 하지는 않았지만 식구들은 모두 내가 어디 갔다 왔다는 것을 눈치로 알고 있는 것 같았다. 그러니 자연 큰 조카들의 눈치가 좋지 않았고, 가뜩이나 먹을 것도 없는 집에 군식구가 늘어 양식을 축내고 있으니 올케도 궁시렁거리며 좋아하지 않았다. 나중에는 아무리 생각해도 이렇게 집에 앉아만 있어가지고는 안되겠다는 생각이 들었다.

그렇게 지내던 어느 날 올케와 말다툼이 생겼다. 나는 내가 밥을 많이 달라고 했느냐 뭣 때문에 그러느냐며 대들었고, 그 말을 들은 올케는 얼굴이 시뻘개지며 달려들었다. 그러자 옆에서 그것을 보고 있던 큰 조카가 제 어미를 편들면서 내 옷가지가 든 보퉁이를 마당으로 내던지며 나가라고 소리쳤다. 나는 그 길로 집을 나와버렸다. 고향에 돌아온 지 일 년 남짓 지난 후의 일이었다.

집을 나와 길을 가다가 아는 사람의 집에 들르니 어디를 가면 돈을 벌 수 있는데 그런데나 가지 그러냐며 한 곳을 소개해 주었다. 가보니 술집이었다. 얼굴이 반반한 처녀가 홀로 몸뚱이만으로 의탁할 수 있는 길은 결국 그 길밖에 없었다.

집을 나와 객지로 떠돌다 미군 상대 위안부가 되다

처음에 들어간 곳은 창녕에 있는 작은 시골 술집이었다. 하지만 그곳에서 오래 머물지는 못했다. 시골사람들이 나에게 달라붙어 술을 잔뜩 퍼먹이고 못 살게 굴어 도저히 견딜 수가 없었다. 그 곳을 나와 밀양의 어느 집에 식모로 들어갔다. 하지만 그 집 주인 남자의 눈치가 심상치 않았다. 나는 내가 또 어디로 흘러가야 하나 막막했다.

나는 다시 부산의 영도로 갔다. 어릴 적에 야학에 함께 다녔던 친구가 돈을 벌러 가자고 하여 따라나선 것이다. '청춘관'이라는 이름의 술집었는데, 술만 팔아가지고는 장사가 시원치 않으니 월급은 없이 먹여주고 재워주기만 했다. 한 일 년쯤 그 집에서 지내다가 그 집을 나와 해운대로 갔다. 돈을 벌자고 따라나섰는데 그 집에 계속 머물러 있어가지고는 돈을 벌 도리가 없겠다는 생각이었다. 이 때가 1948년 무렵, 내 나이 스무여덟 살 때였다.

그 때부터 나는 미군을 상대로 하는 위안부가 되었다. 처음 시작한 곳은 해운대 바닷가의 헛간 같은 집이었다. 바닷가에 외떨어져 있는 집으로 원래는 뱃사람들이 쓰던 곳이었다. 거기에서 다시 초량으로 가서 여러 군데를 옮겨다녔다. 돈을 벌려고 나선 것이니까 어디고를 가리지 않고 흘러다녔다.

그렇지만 영어를 잘 할 줄 모르니 미군들과 의사소통이 제대로 안 되어서 곤란한 경우를 당한 적이 한두 번이 아니었다. 미군들 중에는 제맘대로 안된다고 화를 내거나 심지어는 총까지 겨누는 사람도 있었다. 한 번은 한 미군이 제맘대로 안되니까 나를 논바닥으로 데리고 나가서 손을 들라고 위협하며 총을 겨눈 적도 있었다. 금방이라도 총을 쏠 것처럼 분위기가 살벌했다. 한밤중에 나는 벌벌 떨며 손을 들고 서 있었다. 이제는 '이렇게 죽는구나' 하고 생각되는 순간이었다. 그 미군은 한 번, 두 번, 세 번을 겨누더니 안되겠던지 나를 끌어잡아당기며 가라고 하는 것이었다. 그렇게 죽을 고비를 여러 번 겪으면서 떠돌아 다녔다.

대개 업소의 주인과 위안부는 수입을 반분했다. 돈을 벌려니 힘이 들었다. 그래도 나는 힘이 닿는 대로 손님을 받았다. 얼마 지나 돈이 좀 모이자 나는 이렇게 모은 돈으로 장사를 해보려고 했다. 하지만 아는 것이 그것밖에 없으니 결국은 색시장사를 시작하려고 했다. 부산에 집을 하나 얻고 여자들을 모았다. 그런데 여자들에게 옷을 해 입히고 선금을 주었는데 모두 떼어먹고 달아나 버렸다. 그러니까 해보지도 못하고 거덜이 난 것이다. 처음에는 기가 막혔지만 곧 체념을 해버리고 말았다. 나도 위안부 생활을 하면서 딱한 처지가 어떤 것이라는 것을 너무도 잘 아는데 그 여자들을 어떻게 찾겠는가 생각하며 더 찾지 않았다.

흑인 혼혈아를 낳고 모진 고생을 겪고 살아

다시 미군들이 많이 주둔해 있는 평택으로 올라왔다. 평택에서 미군들을 상대하던 서른다섯 살 무렵에 한 흑인병사를 알게 되었다. 그 군인과 마음이 맞아 위안부를 그만두고 살림을 시작했다. 그 때까지는 한 번도 임신이 되지 않았는데, 이 사람을 만나고는 희한하게 아이가 생겼다. 그런데 한참 살림재미가 생길 무렵에 그는 만기가 되어 미국으로 돌아가게 되었다. 그 때 나는 만삭의 몸이었다.

나는 고향인 마산의 석정리로 내려가 방을 하나 얻어 거기서 몸을 풀었다. 서른여섯 살의 초산이었다. 아기는 아버지를 닮아 검은 피부, 고수머리의 아들이었다.

아이를 낳은 후부터 나는 다리가 퉁퉁 붓고 허리가 몹시 아프기 시작했다. 게다가 요도까지 막히고, 변도 제대로 못 보면서 거의 3년 동안 몸을 제대로 가누지 못했다.

몸이 아파 고생을 하며 지냈지만 옆방에 사는 사람들이 많이 도와주었다. 다행이 아이 아버지가 미국에서 편지도 보내고 조금씩 돈도 부쳐주어서 그것으로 아이의 우유값을 했다. 그 때는 한 집에 세든 사람들의 살림형편도 모두 어려웠는데 그래도 어려운 사람들끼리 서로 돕고 살았다. 없는 돈이지만 내가 조금 도와주면 그 집에서도 나를 도와주고 해서 서로 의지하며 지냈다.

아들이 첫돌이 지난 후 아이 아버지가 다시 한국에 나왔다. 아이를 데리고 그를 따라 그의 주둔지인 제주도로 갔다. 그런데 아이 아버지는 내 몸이 성치 않으니 다른 여자들에게 드나들기 시작하면서 속을 썩이는 것이었다. 그리고 점차 술이 늘고 행패를 부리기 시작하였다. 나중에는 술을 마시고 다른 여자에게 가서 귀대 시간에 맞춰 부대로 돌아가지도 않는 일이 생겼다. 한 일 년쯤 지낸 후였다. 그런 일이 잦아지자 그는 다시 본국으로 송환되었다. 그리고 그 후로는 연락이 끊어졌다.

그가 미국으로 떠난 후 나는 마산으로 되돌아갔다. 그런데 전에 마산에서 서로 의지하며 살던 이웃 사람들은 모두 떠나고 없었다. 그래서 아는 사람들이 있는 평택으로 다시 갔다. 거기에서 아픈 몸을 추스리고 아이를 키우며 있던 돈을 다 까먹으니 아무 것도 남지 않게 되었다. 다시 파주로 갔지만 살 길이 막연했다. 가진 게 없으니까 집주인은 방세를 못 받을까봐서 이것저것 가르치고, 색시들은 집으로 찾아와 다시 미군을 받으라고 설득하기도 했다. 하지만 나는 이제는 그런 짓은 몸서리가 났고, 죽어도 하기가 싫었다. 더구나 아들 복이가 너댓 살이 되니까 무엇을 아는지 미군이 방에 들어서면 방 안에 탁 버티고 앉아 내 곁을 떠나지 않았다. 그러니 들어왔던 미군은 고개를 살래살래 흔들다가 그냥 나가버리곤 했다.

먹을 게 없으니 뒷동산에 올라가 나물을 뜯어다가 불을 때서 물을 끓여 그 물을 마시고 방에 들어앉아 있기도 했다. 색시들을 상대로 팥죽장사도 해보았지만 아이가 아파서 병원에 데려가느라고 밑천까지 다 써야 했다. 집에 보리쌀이라도 조금 있으면 그걸 모두 털어 아이 먹을 것을 해주고 나는 굶기가 일쑤였다.

그러다가 마흔 살이 되어 아이를 데리고 파주 마장으로 왔다. 그 때부터는 남의 집 농사일을 거들어주기 시작했다. 하지만 나는 그 때까지 모 한 번 심어보지 않았고, 농사일도 서투르니 다른 사람이 하루 품삯으로 200원을 받으면 50원을 받으면서 일을 했다. 그래도 일하는 데에 따라가면 밥은 주니까 아이를 안 굶기려고 일을 가리지 않고 했다. 그렇게 객지로 떠도는 몸이니 토박이 농민들에게 설움도 많이 받았다. 농한기가 되면 먹고 살려고 해도 벌이가 없어서 진짜 고생이었다. 먹을 게 없어서 아이에게 아무 것도 못 주고 사흘간 굶긴 적도 있었다.

그렇게 지내다보니 아이가 여섯 살이 될 무렵 나는 다시 아프기 시작했다. 몸도 아프고 그렇게 오랫동안 고생하다 보니 아이를 벌어먹일 자신도 없어지고 절망에 휩싸여 있었다. 그럴 때 사람들이 찾아와 아이를 고아원으로 데려갔다.

하지만 자식을 고아원에 버려두고 마음이 어찌 편했겠는가. 돈이 좀 생기면 내복 같은 것을 사가지고 고아원으로 자주 찾아가 아이가 잘 있는지 들여다 보곤 했다. 그러는 사이 나는 안 해본 일이 없이 이것저것 가리지 않고 일을 했다. 농사품도 팔고, 남의 집살이도 하고, 식당에서도 일하고, 취로사업도 나가고, 산에서 풀을 베어 목장에 대는 일도 했다.

아들은 중학교 3학년 때 학교를 그만두고 고아원을 나왔다. 고아원의 재정이 어려워 학비를 대주지 않아서 학교에서 퇴학을 당한 것이었다. 한참 감수성이 예민한 사춘기에 접어든 아들은 학교를 중태하고 혼혈아로서 이웃사람들의 눈총을 받으며 비뚤어지기 시작했다. 그러다가 집을 나가 비슷한 처지의 아이들끼리 보컬그룹을 만들어 악기를 치며 지방의 밤업소로 돌아다녔다. 나는 능력이 없어서 자식을 제대로 가르치지도 못하고 뒤를 돌봐주지 못했다는 자책감으로 남의 일을 해주고 돈이 좀 생기면 수소문을 하여 지방으로 아들을 찾아나섰다.

오랫동안 혼자 살아오다가 쉰다섯 살에야 나보다 열 살이 많은 노인을 만났다. 이 노인 또한 가족도 없고 자식도 없이 쓸쓸하게 지내오던 터였다. 그 때부터 지금 살고 있는 집에서 두 사람이 서로 의지하며 살아왔다. 지난 94년 봄에 노인은 세상을 떠나 지금은 외떨어진 농가에서 혼자 생활하고 있다.

지금 살고 있는 집은 두 시간에 한 번씩 있는 시외버스를 타고 들어가는 경기도 오지마을의 군부대 근처에 있는 외딴 집이다. 이 집은 국유지에다 블럭을 대충 쌓아 슬레이트를 얹은 허름하기 그지없는 집인데, 좁은 마당에 십 여 마리의 개를 키우고 있었다. 개를 키워 팔고, 집주변의 자투리 땅에다 콩이든 팥이든 심을 수 있는 것은 뭐든지 다 심어 키워먹고 있다. 아직도 한겨울을 빼고는 산에 올라가 산나물을 캐서 장에 내다 팔고 잠시도 몸을 쉬지 않는다.

아들은 몇 년 전에 미국으로 이민을 가서 이제는 결혼을 하여 자식도 낳고 살고 있다. 요즘은 아들이 보내오는 편지와 사진을 보는 것을 큰 즐거움으로 여기며 산다. 어미로서 아들에게 별로 해준 것도 없고 고생만 시켰지만 그래도 이 세상에 내 피붙이가 하나 있다는 사실이 살아가는 데 위안이 되고 힘이 된다.

필자가 이 할머니의 댁을 처음 찾아간 날은 아주 추운 겨울날이었다. 할머니가 살고 있는 집은 너무 오래되어서 낡고 누추한 것은 이루 말할 수가 없었고, 낡은 슬레이트 지붕과 뚫어진 창호지 문틈에서 들어오는 바람으로 외풍이 아주 심했다. 할아버지는 이불을 쓰고 한쪽 옆에 누워 있고―그 때는 아직 할아버지가 돌아가시기 전이었다―할머니는 털외투를 입은 채, 그리고 필자는 입고 간 긴 코트 자락을 자꾸 여미면서 이야기를 나누어야 했다. 서너 명이 앉으면 서로 무릎을 마주 대야 할 정도로 좁은 방에서 지내면서도 할머니의 태도는 가난에 짓눌리거나 비굴하지 않고 당당해보였다. 할머니의 얼굴은 온통 주름투성이이고, 몸은 말랐지만 아직까지도 스스로 일을 해서 벌어먹고 있다는 자부심이 여느 할머니들과는 다르게 꼿꼿한 모습을 보여주는 것 같았다.

또한 할머니에게는 여러 명의 수양아들과 수양딸이 있었는데, 그들은 한결같이 불우한 사람들이었다. 그 사람들이 할머니에게 찾아와 살기 힘든 사정들을 이야기하면 할머니는 그 사람들을 다독거리며 살아가는데 힘을 내라고 위로하는 모습을 볼 수 있었다. 이들은 서로 마음으로 많이 의지를 하고 있는 것 같이 보였다. 오랜 세월 동안 고난과 가난을 겪으면서도 삶을 긍정적으로 받아들이며 주위의 어려운 사람을 거두고 건강하게 살아가고 있는 모습을 볼 수 있었다. 당신의 처지도 어려운데 그렇게 주위의 어려운 사람들을 거두고 있는 모습이 큰 감동을 주었다.

그 어려운 역경과 고난의 인생살이를 거쳐오면서, 더구나 상상조차 할 수 없는 일본군 위안부 생활과 또 다시 미군 위안부 생활을 거쳐오면서도 어떻게 인간다운 품위를 유지하고 강파르지 않은 인간성과 이웃을 생각하는 마음씀을 유지할 수 있었는지 숙연해졌다.

조사·정리자 고혜정은 1991년부터 지금까지 정신대연구회 회원으로 활동하고 있다. 십수 년 전에 센다 가코오의 책을 읽은 후부터 일본군 위안부문제에 비상한 관심을 가져오다가 한국정신대문제대책협의회 발족을 계기로 그동안 애착을 가지고 일하던 한국여성민우회 일을 밀어두고 이 일에 뛰어들었다. 그사이 수많은 일본군 위안부 출신 할머니들을 만나서 이야기를 나누었지만, 새로운 할머니를 만나 이야기를 시작하려면 여전히 가슴 떨리는 흥분으로 밤잠을 설친다. 이야기를 하면 할수록 그 분들의 말 못할 속내는 다만 행간의 침묵으로만 유추해낼 수 있다는 막막함이 더해간다. 현재는 사실 구명에 초점을 맞춘 증언집이 미처 담아내지 못한 할머니들의 삶과 침묵의 말들을 담아낼 방법이 없을까 고심하고 있다.

지옥 같았던 '낙원' 위안소에서

김춘자(金春子)

**"노래를 잘 하면 조금이라도 덜 괴로울
것 같아 악착같이 배웠다."**

나는 1923년 경기도 연천군 적성면에서 태어났다. 그 곳은 경기도
와 강원도의 접경지역이었다. 이름은 금복이었다. 내가 막내로 태어났
는데 부모는 나이가 많아서 일을 제대로 못했다. 송곳 하나 꽂을 땅
도 없었다. 썩은 고추를 주어다 씻고 배추를 얻어다가 김치를 해서
먹기도 하고, 이집 저집에서 쌀 한 줌, 보리쌀 등을 꿔다 먹었다.

엄마가 마흔여덟 살에 나를 낳았는데 어머니는 나이가 들어서 나를
배었기 때문에 낳지 않으려 했다고 한다. 당시 아이를 떨어뜨리면 징역
을 가서 그렇게는 못하고 꽈리 뿌리를 달여먹으면 떨어진다고 해서 그
것도 달여먹었지만 떨어지지 않았다고 했다.

유복녀로 태어난 엄마는 처음 시집가서 3형제를 낳았는데 자식들이
모두 죽었다. 노름을 하던 남편은 어느 날 비녀를 내놓으라고 하더니
엄마를 내쫓았다. 다시 그릇장사를 하는 남자와 자식 둘을 낳고 살았는
데 이번에는 남편이 죽었다. 남편이 죽으면서 홀아비였던 내 아버지에
게 어머니를 부탁했다고 한다. 그래서 어머니는 자식 둘을 데리고 남의
집살이를 하면서 아버지의 빨래를 해줬다. 당시 아버지는 나무장사를
했다. 아버지가 좁쌀도 사주고 하니까 다시 결혼해서 나까지 포함해서
6명의 자식을 또 낳았는데 오빠 하나만 빼고 언니, 오빠들이 장질부사

(장티푸스)를 앓거나 다쳐서 다 죽었다. 큰오빠는 서울에서 일본인 밑에서 빵구루마(수레)를 끌다가 일본으로 건너가 낮에는 상자 공장에서 일하고 밤에는 공부를 했다. 오빠는 순사가 되는 공부를 하고 경성으로 돌아왔다. 그런데 순사가 되려면 유도를 배워야 했다. 그 유도를 배우다가 장질부사로 죽었다. 아버지는 네 살 때 부모가 나쁜 병으로 죽어 남의 집살이를 했다고 한다. 아버지는 술, 담배도 안하고 착하기는 한데 원체 복이 없다. 집안이 여간 복잡하여, 이런 걸 생각하면 어지럽다.

살기가 힘들어서 엄마는 개성으로 남의 집살이를 갔다. 처음에 나를 데리고 있었는데 애가 있다고 품값을 주지 않았다. 그래서 일곱 살 먹은 나를 집에 데려다줬다고 한다. 우리 고향에서 개성까지는 90리인데 엄마가 음식을 조금 가지고 오거나 오빠가 다녔다. 개성에 가려면 문산으로 나와서 차를 타야 했다. 아버지가 일을 하러 남의 집에 가 있으면 집에 남아서 배를 곯던 오빠와 내가 아버지가 일하는 곳에 가서 조밥 덩어리라도 얻어먹었다. 그러면 그 집에서 "이 노인네 일 시키면 애들이 둘이나 따라오는 거 보기싫어 일 안 시킨다"고 했다. 가을이 되도 오빠와 아버지는 옷이 없어 거의 벌거벗다시피 지냈다. 겨울이면 아버지는 솜을 넣은 바지를 입고 나무를 했는데 그러면 나무에 찢겨서 바지가 새털바지가 되었다. 그것도 갈아입을 옷이 없어 빨지도 못했다.

동네 사람이 계집애는 어차피 남 줄 거니까 아버지와 오빠에게 옷한 벌씩 해줄테니까 나는 미리 시집보내라고 했다. 그래서 일곱 살 때 연천군내에 같은 면에 있지만 20리가 떨어진 삼회라는 곳에 민며느리로 갔다. 갈 때 조근이라고 헝겊으로 만든 가마를 타고 갔다. 그래서 간길을 몰랐다. 그 집에 갔더니 부모만 있고 아들 둘은 남의 집살이로 가있는 아주 어려운 형편이었다. 우리는 피(곡식의 일종)로 밥을 해서 먹었다. 나보다 먼저 민며느리로 온 열네 살 먹은 여자가 또 있었다. 밥을 퍼서 줘도 먼저 온 여자가 큰 숟갈로 먹기 시작하면 내가 먹을 틈이 없

어서 나는 부엌의 솥에 가서 밥알을 떼어먹었다. 이불도 없어서 가마니나 섬에 들어가 자니 이가 많았다. 나보다 먼저 온 여자는 이 때문에 머리를 깎고 시커먼 수건을 쓰고 있었다. 산에 가서 나무를 해오라고 시켰는데 배고프니까 찔레, 뻐꾸기 등을 따다가 앉아서 먹었다. 일을 안하면 부지깽이로 때렸다. 그렇게 맞아서 피가 나도 옷을 갈아입지 못했다. 머리도 못 빗었다.

그렇게 고생하다 아홉 살 때 나무를 안하고 돌아가서 야단맞을까 걱정이 되어서 도망쳤다. 길을 몰라 사잇길로 20리를 걸어오던 중 여우가 오줌을 질금질금 싸면서 나를 쳐다보며 길을 건너갔다. 겁이 났지만 '여우가 나를 잡아먹어도 할 수 없지'라고 생각하며 길을 걸었다. 동네 애들이 "저거 어디가서 거지가 되어서 왔다"고 했다. 집에 들어오니 오빠가 "금복이가 거지가 되어 왔다"고 했다. 어머니는 내 모양새를 보시더니 굶어 죽어도 같이 죽을 텐데, 왜 남의 집에 줬냐고 당신이 피우던 담뱃대로 아버지 머리를 때렸다. 그 때 아버지의 머리가 뻥 뚫려서 피가 철철 났다. 집에서 쉬다가 열 살이 넘어 학교에 들어갔는데 굶는데

다가 돈을 못 내서 몇 달 다니다 말았다.

남의 집살이를 전전하다가

열세 살 먹던 해 정월에 설 쇠러 고향에 온 아저씨를 따라 남의 집살이를 시작했다. 처음 간 곳이 경성의 아현동 술국집이었다. 주인은 늙은 부부였다. 내가 그 집에서 일하기 시작하고 난 후 엄마가 돈 몇 푼을 받아갔다는 것을 말해줬다. 그 돈으로 광목 반 통과 그동안 꿔다먹은 좁쌀 등을 다 갚았다고 했다. 그래서 빚이 생긴 것이다. 밥이나 얻어먹고 옷이나 얻어입는 것이 전부였다. 돈은 받지 못했다.

그 집에 스물댓 살 먹은 언니들이 댓 명 있었는데 나는 그 언니들 심부름을 했다. 아저씨들이 어린애가 꽹이처럼 부뚜막에 올라가서는 일도 잘 한다고 했다. 그 집에서 나를 기생하라고 사사로(개인이) 노래 가르치는 곳에 가라고 했다. 권번은 비싸니까 거기는 못 보내고 신촌에 있는 할아버지가 딸과 같이 사사로 하는 집에 보낸 것이다. 새벽에 일어나서 술국을 다 팔고 그 집에 가서는 힘드니까 노래를 안 배우고 옆에서 잤다. 안 배워도 나는 들으면 했다. 시조 같은 것을 들으면 그대로 했다. 거기서 한 일 년 반 정도 있었다.

아현동에서 있었을 때 유도를 배우다가 병에 걸려 병원에 누어 있는 큰오빠에게서 전보가 왔다. 찾아갔는데 오빠는 장질부사로 앓다가 죽었다. 그래서 그런지 아현동 집이 춥고 떨렸는데 이불을 하나 가지고 덮으려니 내 차지까지 오지 않아서 잠을 잘 자지 못했다. 그 때 감기가 들었는데, 그것이 염병(장티푸스)이 되었다.

마침 세브란스 병원 의사가 나를 데려가면 심부름을 잘 하겠다며 나를 데려가기로 했다. 그런데 내가 염병이 걸리자 자기가 아는 동대문의 어느 영업하는 집으로 데려가서 방에 나무도 때주고 병 나으라고 주사도 놔줬다. 아현동 술국집에서 돈을 얼마나 받았는지는 모르겠다. 이런 생각만 하면 눈물이 나온다. 내가 죽으면 손해니까 치료해준 것이다. 의사가 내가 빚진 돈을 갚았겠지. 의사가 나에게 자기를 따라와서 심부름하고 잘 있으면 곧 빚을 갚은 것으로 해서 집으로 보내주겠다고 했다.

내가 염병이 다 나은 후 3월달인가 그 의사가 나를 데리고 함경남도 삼수갑산으로 데려갔다. 기차로 북청까지 가고 거기서 헝겊 씌운 차를 타고 삼수갑산으로 가는데 멀미를 해서 혼났다. 삼수갑산은 봄이었는데도 눈이 아직 있었다. 거기는 겨울에 추워서 오줌을 누면 오줌이 얼었다. 나를 데려간 의사는 공의(公醫)였다. 공의는 집과 월급을 경찰서에서 주는 것이다. 공의에게 요리집의 색시들이 일 주일에 한 번씩 검사하러 왔다. 요리집에 있던 일본여자들도 검사하러 왔다. 내가 물과 오리주둥이 같은 것을 준비하곤 했다. 시골에서 공의를 부르면 내가 의사를 따라가서 심부름을 해줘야 했다. 그런데 그 의사는 일은 잘 안하고 술만 먹었다. 그 집에서 1년 정도 아이 기저귀를 빨고 의사 심부름을 하고 있었다.

삼수갑산에서 있을 때 엄마가 내 이름이 안 좋아서 고생한다고 호적에 있는 이름을 '춘자'라고 바꾸었다고 알려줘서 그 때부터 그 이름을 사용했다. 일본말로 '하루코'라고 했다.

의사가 내 빚이 그대로 있다고 해서, 고생스러워도 어디 나가서 돈을 벌어야 빚을 갚을 것이라는 생각이 들었다. 옷을 해입어야 하니까 자꾸만 빚만 지는가봐. 동네 사람들이 개성관에 가면 심부름을 잘 할 것이라면서 나보고 거기로 가라고 했다. 그래서 근처 요리집 '개성관'에서 돈을 준다고 해서 갔다. 요리를 만들어서 파는 곳이라고 했다. 주인 부부는 50대가 넘는 노인네였다. 개성관에 오는 손님은 주로 경찰서 사람, 군청 사람, 보위국이라고 산의 나무를 관리하는 사람들이었다. 그들은 일본말만 했다. 거기 가니 색시들이 맷 명 있었다. 스무 살에서 스물세 살인 언니들은 병원에 가서 검진을 했다. 나도 소리를 했다. 주인은 나보고도 언니들처럼 손님을 받으라고 했는데 그러면 울면서 구석으로 가서 엎드려 있었다. 그러면 주인이 엉덩이를 때렸다. 그렇게 손님 받는 것을 거절했다. 사실 나는 그 집에 바퀴벌레가 많은 것이 더 징그럽고 무서웠다.

내가 돈을 준다더니 왜 안 주냐고 물으니 언니들이 공의가 나를 데려온 값을 이자까지 쳐서 받았다고 알려줬다. 자꾸 손님을 받으라는 주인과 다투는 것이 싫어서 나는 다른 데로 가려고 생각했다. 개성관에서 술을 먹던 형사들이 자기 말을 잘 들어야 원하는 곳에 갈 수 있다고 했다.

거기서 서너 달 있다가 혜산진을 거쳐서 길주의 술파는 집으로 들어갔다. 그러다가 술 파는 것이 싫어서 돈을 번다기에 실공장에 들어갔다. 실공장을 다닐 때 실뽑는 기계에 손이 딸려들어가 왼손 넷째 손가락 한 마디 정도가 잘렸다. 병원에 갔더니 썩어들어가니 더 잘라야 한다고 해서 두 마디 정도가 없어졌다.

아이가 어리긴 해도 똑똑하다는 말을 곧잘 듣겠다고 여기저기로 불려다녀서 이동을 많이 했다. 청진에서 야메(암거래)로 이빨해주는 집에서 밥해준 적도 있었다. 이 집에 한 달도 안 있었다. 삼수갑산에 있을 때 남만주로 가면 마적, 비적이 많지만 돈을 벌 수 있다고 했다. 조선에만 있으면 빚을 못 갚지만 만주에 가면 빚도 갚고 집에 곧 갈 수 있다고 했다. 그래서 나는 얼른 돈을 벌어서 빚을 갚고 집으로 돌아가고 싶었다.

결혼은 내가 어리니까 나이를 더 먹어야 할 것이라고 생각했다. 그리고 남의 집살이하면서 떠돌아다니는데 누가 그런 여자를 데려가겠는가? 부모와 같이 살고 있는 여자를 데려가고 싶지.

그래서 주위 사람들에게 사람을 여기저기로 보내는 곳이 어딘지를 물어서 소개소 하는 할아버지를 찾아갔다. 그 할아버지는 50대로, 사람들이 그 할아버지를 따라가면 좋은 데 간다고 했다. 할아버지가 청진에 가면 좋은 데로 갈 수 있다고 해서 나를 데려가 달라고 했다. 나보고 열대여섯 살 되었는지만 물어서 그렇다고 했다. 그랬더니 할아버지는 차비를 자기가 댄다고, 걱정말라고 좋은 데로 간다고 했다.

그렇게 청진까지 갔다. 청진에서는 할아버지와 그 분이 잘 아는 소개소에서 하룻밤을 잤다. 그 집은 이층집이었다. 대문에 팻말을 써 붙였는지는 잘 모르겠다. 여자들이 옆방에 더 있었던 것으로 기억된다. 진찰을 한 다음 병이 없는 여자를 데려간다고 했다. 할아버지에게 어디로 가느냐고 물으니 만주에 간다고 했다. 거기 가서 무엇을 하느냐고 물으니 거기 가면 민간인은 없고 군인들이 많은데 돈도 많이 벌고 좋다고 했다. 내가 군인이니까 탕탕 쏴 죽이지 않느냐고 물었다. 그랬더니 너는 안 죽인다고 했다.

사나흘 정도 있다가 소개소에서 30대의 조선인 여자가 할아버지에게서 나를 인계받아 포항동의 방 2개 있는 집으로 갔다. 할아버지와는 그때 헤어졌다. 소개소와 포항동은 멀리 떨어져 있었다.

포항동 집에서 바다가 보였다. 조선인 여자는 양장을 했는데 바바리를 잘 입었다. 이 곳은 여자들 뽑아가는 것을 연락하는 장소 같았다. 누르스름한 군복을 입기는 했는데 계급장이 없는 남자가 들락날락했다. 군속일 것이다. 그 남자가 와서 몇 명이 모였느냐고 물었던 것 같다. 밖에 지키는 사람도 있다고 했다. 처음에는 나 혼자 있었는데 오후에 여자가 더 온다고 했다. 오후에 그 남자가 나보다 나이가 많은 여자 두 명을 데리고 왔다. 밤에 같이 잤는데 아침에 보니 그 중 한 명은 도망가버렸다. 청진 여자인 것 같다. 남은 언니는 고향이 경성이라고 했는데 나이는 스무 살이 넘었다. 조선인 여자는 내 고향만 물어봤다. 조선인 여자가 그 남자에게 애들 옷이나 사 입히게 돈을 달라고 해서 나에게 노란 블라우스와 스커트, 챙이 넓은 여름 모자를 사주었다. 5월에 더워질테니까 모자를 사주는거라고 했다. 새옷을 입은 우리를 군속이 와서 보고는 예쁘다고 했다. 포항동 집에서 며칠인가 있었다. 삼십대의 조선인 여자를 엄마라고 불렀는데, 군속이 다녀간 다음 무섭다고 어디로 가느냐고 울면서 물었다. 그랬더니 조선인 여자는 거기 가면 곧 고향에 간다고 걱정하지 말라고 했다.

그 여자와 40대의 군복입은 남자 한 명이 나와 경성여자를 데리고 기차로 청진에서 목단강까지 갔다. 기차에는 군인도 많고 조선사람도 많았다. 기차 안에서 밥을 사주었다. 두만강을 건너면 중국땅이었다. 기차 안에서 어디로 가는 것인지를 물으니 군복입은 남자가 일본말로 '데이신타이'로 군대에 간다고 말하는 것을 들었다. '데이신타이'가 뭐하는 거냐고 물었더니 군인이 많다고 했다. 노래도 부르고 군인과 친하게 살아야 한다고 했다. 내가 무서워서 막 울었다. 그랬더니 그는 군인들이 너를 잡아먹느냐며 괜찮다고 하면서, 밥 먹고 편안하게 있는 곳으로 데려간다고 했다. 나에게 너는 노래도 잘 부르고 얼굴도 예쁘니 괜찮다고 했다. 목단강에서 내렸다. 부대에서 일본 군인 한 명이 증명서를 내 가지고 나왔다. 목단강에서부터는 국경이었기 때문에 증명서가 있어야 들어갔다. 목단강 여관에서 하룻밤을 보냈다. 이 때가 만 열여섯 살로 1939년 5월이었다. 떠날 때 나는 조선 여자가 사준 블라우스와 스커트를 입고 있었고 머리는 단발이었다.

'낙원' 위안소에서

목단강에서 갈아탄 기차에는 중국사람들이 탔지만 군인들이 더 많았다. 동안(東安)에 가기 몇 정거장 전에 조그만 역에서 내렸다. 기차를 타고 가면서 보니 밖에는 일본군이 마적 때문에 산에 불을 놔서 까맣게 탄 산이 있었다. 그 역 이름을 잊어버렸는데, 영안(永安)역이었던 것 같다. 일본말로는 '에이앙'이라고 했다.[1] 영안역에 별 하나를 단 소위가 나왔다. 군대차를 타고 반 시간 정도 들어갔다.

내려서 보니 벌판이었다. 군 병영이 있었다. 동안성이라고 소련국경이 내려다 보이는 곳이었다. 일본 군대와 소련 군대가 싸우는 곳이었다. 그 사이에 강이 있었다. 조선말로 반지아, 일본말로 '한사이카'라고 했다. 거기는 고주 부대, 다키다 부대, 곤도 부대가 있었다. 평지에 있는 다키다 부대가 가깝고 산비탈에 있는 곤도 부대는 좀 멀었다. 군인들이 나를 보더니 "어디서 인형 같은 애를 데리고 왔다야, 보든 중 예쁘다"고 했다.

도착하자마자 병원에서 신체검사부터 했다. 폐는 안 나쁜지 등등을 봤다. 다음에 '낙원'이라고 군인들이 오는 집으로 들어갔다. 일본어로 '라쿠엥'이라고 쓰여 있는 세로로 된 간판이 있었다. 단층집이었다. 집 앞에 보초는 없었다. 증명이 없이는 아무데도 못 가기 때문에 보초를 세울 필요가 없었다. 그 집은 부대 안에 있는 것은 아니고 주위에 드문드문 있는 부대들의 가운데쯤에 있었다. 주위에 민간 가옥도 별로 없었다. 집 안에는 세면대가 있었다. 집은 가운데가 맨땅이고 양쪽으로 7~8개씩 방이 있어 모두 15개 정도였다.

그 집에 처음 들어갔을 때부터 할아버지[2]가 있었다. 군인들은 위안소에 왔다가 시간에 맞추어 귀대해야 했기 때문에 40대의 할아버지가 우리를 관리한 것이다. 할아버지 방이 따로 있었다. 그는 군인이 아니

---

1) 조사자가 당시 만주의 기차 역 이름을 죽 읽어드렸더니, 할머니께서 역 이름을 듣다가 일본말로 뭐라고 불렀는지 알려주었다. 따라서 역 이름은 거의 맞을 것이다.
2) 할머니는 40대의 남자를 할아버지라고 지칭했다. 10대인 할머니의 눈에는 그렇게 보였을 것이다.

152 · 강제로 끌려간 조선인 군위안부들 2

었고 일본말을 잘 했다. 조선말도 했다. 그는 일본옷을 주로 입어서 일
본사람이라고 생각했다. 우리는 그를 '오지상(할아버지)'이라고 불렀다.
할아버지는 영안역에서 몇 정거장 떨어진 '계내'라고 역이 있는데 거기
서 여인숙을 한다고 했다. 밤이 되면 할아버지도 집에 없었고 군인이
많이 나올 적에만 있었다. 군인들이 외출 나왔다가 들어가면 할아버지
도 집으로 갔다. 그 집에서 가족들과 함께 살았다.3) 여름에 할아버지가
수박을 사주었던 기억이 난다.

그 집에는 여자들이 이미 8~9명이 있었다. 모두 조선인들이었다. 고
향은 평양, 함경도, 서울, 인천 등등이었다. 모두 나이가 나보다 많아
언니라고 불렀다. 평양여자들이 글을 다 잘 배웠는지 편지도 더러 하는
것 같았다. 나중에도 여자들이 계속 들어와서 나보다 나이가 한두 살
어린 '세스코'도 있었다. 몇몇은 군인들이 많으니까 다른 지역으로 가
기도 했다. 주인이 이 이름이 좋다고 하면서 내이름을 '후미코(文子)'라
고 지어주었다. 나와 같이 청진에서 간 여자 이름은 '에이코'로 지었다.
다른 여자 이름 중 기억나는 이름은 '기요코' '기누에'이다.

도착하자마자 바로 방 하나에 들어갔다. 바닥은 짚을 깔고 그 위에
돗자리 같은 것을 씌우고 대못을 박았다. 방이 작아 침대는 없었고, 이
불과 휴지 등이 있었다.

여자들이 낙원의 홀에 모여 있으면 군인들이 왔다 갔다 하면서 누가
예쁜가 하고 보다가 마음에 드는 여자를 데리고 여자 방으로 들어갔다.
손님이 없으면 홀에 나와 앉아 있는 것이다.

낙원에 들어간 첫 날 영안역에서 나를 차로 데리고 온 운전수였던
군인이 들어왔다. 그는 계급장에 줄 하나와 별 하나가 있는 '고쵸(伍

---

3) 관리인이 위안소에서 같이 숙식을 하지 않고 출퇴근을 하는 상황이었던 것으로
보이는데, 지역이 1931년 이래 계속 일본군이 점령해온 만주라는 점, 주위가 온
통 벌판에다가 소련국경이 가까운 교전지역이라는 점을 생각하면 관리가 조금
허술하더라도 위안부들이 도망갈 수 있는 가능성은 현실적으로 없어보인다.

長)'라고 했다. 그가 들어와서 만져보면서 뭐라고 물었는데 내가 일본 말을 모르니까 말이 안 통했다. 첫날 모두 몇 명의 군인들이 들어왔는 지도 모르겠다. 뭐하는 곳인지도 모르고 갔는데 군인을 받는 곳일 줄은 …. 첫날부터 밑이 째지고 피가 났고 아무튼 고생했다. 만주에 가서는 내가 이왕 간 것이니까 나 잡아먹어라 하고 가만 있었다. 그렇지만 나는 에이코 언니에게 이런 곳인 줄 몰랐는데 어떻게 하면 좋으냐고 한탄하 며 지냈다.

병원에 가서 째진 것을 꿰매는 치료를 받고 내 방 앞에 아프니까 군 인을 받지 말라고 써붙였다. 육군병원에서는 군인이 많아서 입원할 방 이 없었다. 그래서 조금 나으면 또 군인을 받고 또 째지고 그랬다. 에이 코 언니는 나보다 나이가 많아서 그런지 덜 힘든 것 같았다. 다른 여자 들은 인이 배겨서 괜찮은데 나는 아파서 고생을 많이 했다. 처음 들어 온 여자들은 군인들이 더 좋아해서 많이 상대해야 했다.

처음에는 몰랐는데 나중에 보니까 고무로 된 것을 군인들이 가지고 와서 썼는데 부대에서 하나씩 준다고 했다. 일본말로 삿쿠라고 했다. 삿쿠를 안 끼는 군인이 있으면 병 나면 어떻게 하느냐고 쓰라고 했다. 군인이 쓰고 버린 삿쿠는 휴지로 싸서 버렸다. 우리는 그것을 방청소할 때 화장실에다 버렸다. 화장실 청소는 중국사람에게 시켰다.

차츰 말이 통하기 시작했다. 먼저 와 있던 언니들은 일본말을 잘했 다. 일본말은 들어서 잘 배웠다. 아이우에오도 배웠다. 군인들이 쓰는 말을 써주었지만 그걸 읽을 시간이 없었다.

아침 10시쯤 되면 군인들이 오기 시작했다. 평일에는 대여섯 명의 군 인을 상대했지만 일요일은 아침 6시부터 길바닥이 노랗게 군인들이 나 왔다. 대개 30명쯤은 온 것 같다. 10명 정도로 줄어들 때도 있었다. 길 에서부터 각반을 풀고 차례를 기다리고 있었다. 헌병들도 왔지만 대개 졸병들이 많이 왔다. 밤에 자고가는 것은 장교들이었다. 조선인 군인과 군속은 보지 못했다. 군인들이 저녁에 5시 전에 들어가야 한다고 했다. 늦으면 벌벌 떨면서 달아났다. 몰래 자고 간 군인은 없지만 몰래 나온 경우는 있었다. 그러다 걸리면 영창에 간다고 했다.

군인을 받을 때는 '네마키(일본 잠옷)'를 주로 입었다. 군인이 계속 들어오니까 군인을 받는 동안은 목욕탕에 가서 씻을 시간이 없었다. 삿쿠를 끼라고 해도 안 끼는 군인을 받고 나면 목욕탕에 가서 씻었다. 목욕탕에 하얀 소독약이 있었다. 군인들은 병에 걸리면 기합을 받는다고 하면서 삿쿠를 끼지 않으면 여자들과 관계하지 말아야 했고, 중국인 여자한테는 가지 말고 우리한테 가라는 말을 들었다고 했다.

군인이 많을 때는 한 사람에게 붙어야 한다. 무서우니까. 그러면 그 군인도 좋아서 다른 군인에게 내가 자기만 좋아하니 너희들은 다른 데로 가라고 쫓아주었다. 저희끼리 싸우기도 했는데 술 먹고 행패를 부리면 헌병을 부르도록 되어 있었다. 그래서 술이 취했어도 헌병을 부르겠다고만 하면 안그랬다. 헌병대를 부르면 헌병이 와서 그 군인을 데려갔다. 나에게 주로 오던 군인들은 낙원에 와서 내 방에 다른 군인이 있어도 다른 여자에게 가지 않고 기다렸다가 또 왔다. 들창에서 '후미짱'하고 불렀다. 내 방에 있던 군인이 나가면 미친 것처럼 각반을 얼른 풀고 들어왔다. 그래야 1초라도 나와 같이 있을 수 있기 때문이다. 자주 오던 군인이 불쌍하다고 없는 돈에 뭐 사먹으라고 돈을 조금 주기도 했다.

낙원에 온 지 한 달만인가 청진에서 나에게 옷을 사다준 여자가 찾아왔다. 내가 도망치지 않았나 보러 온 것 같다. 내가 못 올 곳을 왔다고 하니, 기왕 왔으니까 고생스러워도 있으라고 했다. 내가 자꾸 몸이 아픈 걸 어떻게 하느냐고 하니 군대에서 약을 줄 테니 있으라고 했다. 나를 청진에서 데려온 군속 남자도 나에게 이왕 온거니까 잘 있으라며 군인들에게 잘 하라고 했다. 그러면 집에 빨리 가게 된다고 했다.

밥과 반찬은 군인이 자기들이 먹는 음식을 더러 가져다 주기도 했지만 일일이 가져오지는 못했다. 보리밥에 반찬으로 꽁치나 '우메보시(매실장아찌)'가 있었고 된장국이 있었다. 그 집의 부엌에서 밥과 반찬을 해주는 더러운 남자가 있었다. 그는 주인과 일본말로 이야기했다. 옷을 자주 안 빨아입어 이상하다고 생각했다. 그래서 그 남자가 해주는 밥보다 부대에서 갖다주는 밥이 더 맛있었다. 그런 거만 먹고 배가 부를 리도 없지만 나가야 사먹을 것도 별로 없으니까 입이 짧았지만 조금이라도 먹었다. 밖에 나가면 군인들을 상대로 하는 중국 요리점들도 있었다.

나는 주로 내 방에만 있으니까 군인들이 할아버지에게 돈을 주고 왔는지는 모르겠다. 군인들이 군표를 주겠다고 했는데 내가 그걸 어디서 바꾸는지를 몰라서 그건 안 받고 1전이라도 현금을 주면 받았다. 졸병들은 돈이 없으니까 우리에게 줄 돈이 없었고 장교가 가끔 돈을 줬다. 나는 약값이 많이 들었다. 약은 할아버지가 사주었다. 아무도 나에게 내 빚이 얼마라고 얘기하지 않았다. 노래만 잘 하면 빚은 얼마든지 갚아준다는 말을 들었다. 만주돈은 가치가 없고 헤펐다.

개중에 점심을 안 먹고 나왔다면서 먹을 것을 사가지고 와서 낙원에서 먹는 군인도 있었다. 그러면서 나에게도 나누어 주기도 했다. 낙원에서는 먹는 것이 안되는 일이었지만 배고프니까 사가지고 와서 먹는 것이다.

처음에는 일 주일에 두 번씩 군인장교인 의사한테 검사를 받았다. 폐병이 있는지 여부 등 몸 전체도 봤다. 여자들한테 병이 있으면 군인들에게 큰일나는 일이었기 때문이다. 검사는 낙원에서 한참 떨어져 있는 아무렇게나 지은 초가집에 기계를 설치해 놓았는데 거기에 들어가서 했다. 나중에는 일 주일에 한 번씩 했다. 검사하는 곳은 병원이 아니었다. 고주 부대에 병원이 있었는데 군인들이 많으니까 우리들은 거기까지 가지 않았다.

월경은 만주에 와서 열일곱 살부터 시작했다. 나는 처음에 밑이 찢어져서 피가 나오나보다 생각했는데 밑이 찢어지기도 했지만 월경을 하는 것이었다. 곧 월경불순이 되어 조금씩밖에 안 나왔다. 만주에 가서 한 일 년쯤 지난 후 한 번 임신했는데 3~4개월 무렵 주사를 놔서 떨어뜨렸다. 사람 모양 같은 핏덩어리가 나왔다. 그리고 나서는 임신하지 않았다. 거기서 애를 낳으면 어떻게 하는가?

쉬는 날도 별로 없었지만 어쩌다 쉬는 날에는 목욕을 갔다. 틈나는 대로 목욕도 하고, 심부름도 해야 했다. 나는 그 사람들 밥이니까 하라는대로 해야지…. 겨울에는 목욕탕에 가서도 힘들어 때도 못 밀었다. 그러면 할아버지가 의자를 가지고 와서 앉혀놓고 닦았다. 그것이 싫으면 '쇼하이(어린애)'를 부르면 애가 와서 몸을 닦았다. 물이 나빠서 몸에 쩍쩍 붙었다. 머리를 감으면 장작개비 같아서 머리빗이 안 빗겨져서 기름 한방울을 떨어뜨려서 머리를 헹궜다.

낙원 근처에 여자들이 있는 집이 또 있었다. 기모노를 입고 있어서 일본인 여자인가보다 생각했다. 그 집 이름이 무엇인지는 모르겠다. '다쿠사쿠'라는 카페에 있는 여자들은 기모노를 입고 있었는데 6~7명쯤 되었다. 카페에서는 군인들에게 술을 팔았는데, 이런 카페도 많았다. 일본인 여자들은 모두 나이가 스무 살이 넘었다. 그 언니들이 나를 보고 저렇게 어린애가 그런 집에 있느냐고 놀랬다. 화장을 떳박으로 쓴 중국 여자들이 나와서 '랠라바(들어와)'라고 하면서 군인들을 끌고 들어갔다. 중국여자들이 있는 집 간판은 한자로 되어 있었다. 중국여자들은 검사를 받으러 오지 않았다. 일본 군인들은 그런 데도 몰래 갔다.

아편을 하는 여자도 있었다. 나이 먹고 몸이 힘들고 속상하니까. 중국사람 중에는 아편하는 사람이 많았다. 아편을 팔에 혈관에 맞기도 하고 빨아먹기도 했다. 몰래 중국집에 가서 하는 것이다. 아편은 쌌다. 아편을 빨고 오면 안 아프다고 했다. 아편 기운이 떨어지면 죽어간다. 군인들이 와도 싫다고 했다. 그래서 장교한테 야단을 맞기도 했다. 아편 하는 언니들은 나에게 돈을 달라고 했다. 그런 언니들이 나중에 돈도 다 떨어지고 주사를 더 꽂을 데가 없으면 살이 굳어지면서 죽어가는 것을 보았다.

나는 일본 노래를 잘했다. 내가 평소에 노래를 잘 부르니까 언니들이 '우미노야'라는 여관의 일본인 여자에게서 노래를 배우라고 했다. 그 여자가 사미센을 치면서 반주를 하는 것에 맞추어 노래를 불렀다. 그 여자가 기모노를 사가지고 오면 내가 군인에게 받은 돈을 줬다. 낙원 관리자인 할아버지의 손주가 다섯 살인데 그 애도 같이 노래를 배워서 부대에 가서 같이 불렀다. 노래를 잘하면 조금이라도 덜 괴로울 것 같아 악착같이 배웠다. 힘들 때면 내가 노래를 부를 테니까 나 가지고 그러지 말라고 했다. 노래 하나를 하면 또 하라고 해서 또 했다. '가구도 부시[4]' '나니아부시' '오하라부시' 같은 것을 외워서 불렀다. 이런 노래는 어려워서 일본여자들도 부르지 못했다. 내가 노래하는 것을 사진관에서 찍어가서 내 사진이 사진관에 꽉 차 있었다. 나보고 인형이라고 했다.

군인 장교들 사택을 지을 때 중국사람들을 데려다 일을 시켰다. 중국 사람들이 뭐라고 하길래 무슨 뜻이냐고 군인에게 물으니 배고프다는 뜻이라고 했다. 어린 마음에도 먹을 것을 가져다주고 싶었다. 곤도 부대에 관사들이 있었다. '이찌고간샤(1號官舍)'는 부대장이 살았고 '쥬로쿠간샤(16官舍)'라는 사택에 장교들이 살았다. 고주 부대 부대장이 나를 데리고 가서 '덴뿌라(튀김)'를 먹이고 그랬다. 다른 장교들도 노래하라고 나를 불렀다. 다른 여자들은 춤추고 나는 노래를 불렀다. 사택에는 쥐가 많아 밤이면 쥐 때문에 잠을 못 잤다. 그래서 끈적이를 가져다 놓거나 군인에게 말해서 쥐약도 가져다 놓았다.

---

4) 일본어로 부시가 뒤에 붙으면 민요의 가락을 의미한다.

낙원에서도 장교가 나를 불러서 노래를 시켰다. 내가 노래를 하면 일본군인들이 주머니에서 곰팡이 난 돈을 주었다. 통조림도 먹으라고 주었다. 그런데 부모님이 마음에 걸려서 넘어가질 않았다. 엄마, 아버지가 굶는다고 했다. 왜 굶느냐고 물어서 전쟁통이라 먹을 게 없다고 했다. 나는 그들이 가져다 준 통조림과 비누를 모아서 집으로 보내줬다.

만주에서 집으로 두어 번 편지를 했다. 편지를 쓰는 것은 언니들이 도와줬다. 어려서인지 편지에는 일본 군인들이 줄을 서서 들어오는 곳에 있는데 곧 죽을 것이라고 써보냈다. 그런 말을 쓰면 안되는 것인데 …. 또 군인들이 주는 돈을 벙어리 저금통에 모아 두었다가 그것을 부모님에게 보내기도 했다.

내가 울면 저희도 울고 먹던 것도 주고 그랬다. 고주 부대 부대장은 나보고 고생한다며 안쓰러워 했고, 중위도 나에게 잘해줬다.

나는 군인들을 따라 하얼빈(哈爾濱)과 동안(東安)에도 3~4개월 있다가 돌아왔다. 신경(新京)에도 이틀 정도 머물다가 돌아온 적이 있었다. 하얼빈에는 서너 번 갔다. 하얼빈에서 지냈던 집 이름은 소련말 비슷했다. 하얼빈에서는 군인들과 같이 '네마끼' 원피스와 기모노 같은 옷을 사기도 했다. 군인들은 주로 빨간 네마끼를 사줬다. 하얼빈에는 옷을 파는 사람도 소련사람이었다. 그 곳에도 군인들이 많으니까 밥도 먹고 노래도 부르며 며칠 있다가 돌아왔다. 그 곳에는 일본사람들도 많았고 소련사람들이 운전을 했다. 소련인들이 일본말을 잘 했다. 옷은 내가 사오거나 관리하는 할아버지의 마누라인 할머니가 사오기도 했다. 그 옷값도 저금통에 모아둔 군인에게 받은 돈으로 냈다.

근처에 사는 중국인들이 농사지은 채소 등을 가지고 와서 팔았는데 돈이 있으면 사 먹었다. 낙원에서 몇 집 걸러 있는 중국인 집에 두어 번 잠깐씩 놀러간 적이 있었다. 만주에는 말(馬)이 많아서 장교들은 말을 타고 다녔고 중국인들 중에 말을 키우는 사람도 많았다. 군인들은 낮에는 전쟁을 안하다가 꼭 밤에 전쟁을 했다. 만주는 길이 포장이 안되어 비가 오면 질어서 신발을 신고 나가면 발이 빠지고 시커먼 흙덩어리가 떨어졌다. 군인들은 길에 돌멩이를 처넣었다. 그래서 만주에는 여자 없이는 살아도 장화 없이는 못 산다는 말이 있다. 나중에는 나도 장화를 샀다.

만주에 들어가서 2년쯤 지나 '다이토센소하지마리마시타(대동아전쟁이 시작되었다)'는 소리를 라디오에서 들었다.

만주에서 찍은 사진이 있었다. 노래부르는 사진과 뭐라고 쓰인 노란색 어깨띠를 메고 찍은 사진도 있었다. 한자라서 뭐라고 썼는지는 모르겠다. 노래부르는 내 모습을 찍은 사진이 사진관에 여러 개 진열되었다는 말을 듣고 사진관에 찾아가서 하나 달라고 해서 얻은 것이었다. 그 사진관 주인은 조선사람이었다. 6.25때 빨갱이가 와서 동네에 불을 지르고 후퇴해서 사진이 하나도 없다.

나는 강아지를 좋아해서 낙원을 관리하던 할아버지 집에 한번 놀러갔다가 조그만 강아지를 얻어서 키웠다. 나중에 키우기가 힘들어서 다키다 부대에 키우라고 주었다. 한참만에 그 부대에 가니 강아지가 굉장히 컸는데도 내 목소리를 알아듣고 달려나왔다.

창씨한 성은 '가네야마'였다. 아버지가 편지로 알려줬다. 안하면 일본사람들이 난리여서 못 배긴다고 했다.

나에게 자주 왔던 사람 중에 '사카마 에이키치'라는 군인우체국 국장이 있었다. 민간인이어서 내가 이름을 평소에 불렀기 때문에 이름을 기억하는 것이다. 결혼한 남자로 당시 마흔여덟 살이었다. 고향이 동경이고 와세다 대학을 나왔는데 군대를 제대하고 우체국에 취직한 것이다. 내가 예쁘고 마음이 착해서 나를 데리고 살고 싶지만 일본에 애기가 있어서 안된다고 했다. 딸이 나와 동갑이라고 했다. 월급을 많이 타니까 라조기나 튀긴 고구마에 엿물을 끼얹어 물에 담가 먹는 요리를 사주는 등 나한테 너무 잘해 주어서 내가 지금도 고맙다고 생각한다.

만주에서 군인을 보는 의사가 나를 보더니 몸이 나쁘다고 했다. 그러면서 조심해야지, 안그러면 죽는다고 했다. 나는 잘 먹지도 못해 말랐다. 606호 주사는 맞지 않았다. 부대에 약이 별로 없어서 군인에게 약을 구해달라고 부탁해서 쓰기도 했다. 밑이 붓는 병이 들어 몸이 부어 있자 부대장이 힘을 써서 나를 고향으로 내보내주었다. 몸이 자꾸 아파서 장교에게 자꾸 보내달라고 했더니 병이 안 나으면 집에 가고 병이 나으면 있어야 한다고 했다. 그리고 병원에는 입원하지 못한다고 했다. 그냥 주는 약만 먹었다. 나는 여기서 죽어도 좋은데 내가 자꾸 앓고 하니까 거기서 필요치 않으니 내보내려는 것이다. 2년 7~8개월만에 나왔다. 그 곳에서 위안부로 왔다가 병이 들고 기한도 차서 나간다는 공문을 만들어줬다. 여기에 장교가 서명을 했는데, 군인차를 타고 영안역으로 나와 목단강을 거쳐 서울로 오는 기차를 탈 때 이 공문을 보여주면 통과할 수 있었다. 열여덟 살쯤 먹었을 때였다. 내가 나올 때 우체국장이 애를 많이 썼고 12월이라 상여금을 받은 것에서 돈도 조금 떼어주었다. 결국 음력 정월에 나왔다. 싱가포르까지 점령[5]했다는 소리를 들었던 것 같다.

남자라면 진저리가 난다

돌아오는 길에 서울에 아현동 술 파는 집에 찾아가니까 나를 보면서 그런데 뽑혀갔다더니 어떻게 왔냐고 물었다. 나는 아파서 돌아왔다고 했다.

집에 오니 엄마, 아버지가 늙고 쇠약해지셨다. 우체국장이 나보고 병치레를 하라고 돈을 조금 보내주고, 편지도 보내줬다. 자기는 청진에서

---

5) 일본군의 싱가포르 점령은 1942년 2월 15일이다.

배를 타고 일본으로 돌아간다고 했다. 나는 그 돈으로 쌀도 사고 병을 치료했다. 문산에 있는 병원에 다니면서 치료를 많이 했다. 이 때 606호 주사를 맞았다.

나는 집에서 1년 정도 쉬었다. 집에 돌아와서 들으니 내가 만주에서 보낸 통조림을 고랑포 우체국에서 자전거로 실어다줘서 먹었다고 했다. 어머니가 내가 나쁜 데 있어서 걱정이라고 했더니 이웃에서 하는 말이 그래도 거기서는 먹기는 할 거 아니냐고 했단다. 동네에서는 어린 것이 타지에서 돈 벌고 부모에게 갖다주니까 효녀 심청이라고 소문이 났다고 했다.

돌아와서 들으니 오빠도 죽었다고 했다. 내가 집을 떠난 후 오빠도 일하러 갔다고 한다. 오빠는 짐을 나르는 배의 식당에서 일했는데 배에서 버리는 누룽밥을 말려서 자루에 담아 집으로 부쳤다고 한다. 대동아전쟁이 난 다음에는 해군 군속으로 배를 탔다고 한다. 오빠는 일본이 싱가포르를 함락한 후 고향에 와서 장가를 들었는데, 가족수당과 배급을 타기 위해 혼인신고를 했다고 했다. 결혼하고 나흘만에 다시 전쟁터로 나갔다가 미군폭격으로 죽었다고 했다. 아버지가 진해에서 유골을 가지고 와서 학교장으로 장례를 지냈다. 엄마는 사마귀 때문에 자식들이 다 죽었다고 얼굴에 있는 사마귀를 뜯으면서 울었다고 했다. 오빠가 죽은 후 받은 돈의 일부는 올케언니에게 줘서 보냈고 나머지로 조그만 집을 샀다고 했다. 결국 자식 중에 나만 살아남은 것이다.

벌어먹기 위해서 나는 문산으로 가 술 파는 집에서 음식 만드는 등의 일을 했다. 귀찮게 하는 남자들이 있어도 굶어 죽겠으니까 계속 다녔다. 그래서 땅도 조금 샀다. 그러다가 인천에 사는 오빠가 부평 조병창에서 여자들을 뽑는다는 것을 알려주면서 나에게 오라고 했다. 그 오빠는 엄마가 전에 시집가서 낳은 아들이었다. 인천에 올라가서 시험을 보았는데 합격했다. 신체검사를 했는데 병은 다 고쳤으니까 처녀인 줄

....

로 알았다. 총의 총대 안을 검사하는 검사과에 들어갔다. 부모님도 고
향의 집과 땅을 팔고 인천으로 와서 집 한 칸과 땅을 조금 샀다. 8.15
해방이 되어서 공장도 더이상 다닐 수 없었다.

　그리고 나자 다닐 공장도 없고 천상 술집에 갈 수밖에 없었다. 술을
팔아주면 월급을 조금 받고 밥을 얻어먹었다. 남자는 귀찮아서 상대하
지 않았다.

　6.25때 아버지는 이미 돌아가셨고 나와 어머니는 충북 수안보에 있
었다. 내가 옷가지를 가지러 아현동에 올라왔는데 그 때 집이 모두 불
탔다. 동네 빨갱이가 그런 것이다. 그래서 부평으로 가서 유엔군부대
군인에게 부탁해서 속옷, 양말과 같은 빨랫감을 얻어다가 부평 앞 개울
에서 빨았다. 빨래해서 부대로 갖다주면 초콜릿이나 껌을 받아서 시장
에서 팔았다. 피난민들이 많이 샀다. 나도 부평 조병창에 잠시 다닐 때

알던 아저씨를 만나 콩나물 시루처럼 사람을 실은 짚차에 올라타고 피난을 떠났다.

피난 길에 영란이라는 여자를 만나 같이 다녔는데 영란이는 양갈보를 했다. 옷도 없고 배가 고파서 나도 솔직한 심정으로 양갈보를 해야하는데, 만주에서 하도 고생을 해 죽다 살아난 사람이라 차마 양갈보를 하지 못했다. 굶어죽으면 죽었지, 그것만은 못하겠다는 마음이었다.

부산으로 피난을 와서도 유엔군 빨래를 얻어서 빠는 일을 했다. 조그만 방을 얻어서 지냈는데 마침 집 주인 아들이 수안보에 간다고 해서 어머니를 데려와 달라고 부탁했다. 군인 차를 타고 어머니가 왔다. 그 다음부터는 어머니와 둘이 빨래를 했다. 그러니까 조금 나았다. 배가 고파서 군부대를 찾아가 손짓 발짓으로 배고프다는 의사를 표시하니 양쌀과 낙하산 3장을 줬다. 그래서 낙하산으로 옷을 만들어서 입었다.

9.28 서울수복이 되고 나서 어머니가 말을 못 알아들어서 부산에서는 못 살겠다고 가자고 해서 인천으로 올라왔다. 방을 얻고 리어커를 사서 노점을 했다. 누가 시집을 가라고 했는데 내가 "남자는 왜 생겼는지, 남자라면 진저리가 나서 소리 없는 총이 있으면 펑 쏴버리겠다. 내가 왜 시집가요?"라고 대꾸했다. 장사도 했다가 망해서 조금 있던 땅도 조금씩 팔았다.

어머니가 혼자 살면 어떻게 하느냐고 생선장사하는 남자가 있는데 집도 있다고 하면서 결혼을 하라고 했다. 그는 숭의동에서 하코방을 지어서 살고 있었다. 한 번 그를 봤는데 싫었다. 그렇지만 어머니가 마음을 붙이고 살라고 해서 같이 살기 시작했다.

서른네 살에 딸을 낳았는데 내가 치료를 많이 해서 병을 다 고치기는 했지만 어디가 잘못된 것은 아닌지 겁이 났다. 누구한테 얘기도 못하고 아이가 조금이라도 이상하면 좋다는 약은 다 썼다.

남편은 생선장사를 해서 돈을 벌었는데 자전거를 타고 힘들게 돌아다녀야 하니까 폐병에 걸렸다. 핏덩어리가 나왔다. 그래서 생선장사를 그만두고 농사를 지었다. 내가 농사를 짓는 것보다 미군부대에 다니는 것이 더 낫지 않느냐고 말을 했더니, 나보고 나가라고 했다. 농사짓는 여자와 살겠다고 했다. 내가 애가 있으니까 같이 살자고 했는데도 싫다고 해서 이혼했다. 딸이 네 살 때였는데 딸은 그 집에 두고 나왔다. 5년 동안 산 것이었다.

이혼하고 솜공장에 다녔다. 나중에는 세탁소에 들어가는 봉투 장사를 20년 동안 했다. 나는 내 유일한 혈육이던 딸애 백일사진과 돓 사진을 가지고 다녔다.

젊었을 때 위안부 생활을 같이 했던 '에이코' 언니를 만난 적이 있다. 그 언니가 나보고 너는 그래도 군인들이 예뻐했지 않느냐면서 자기가 고생을 많이 했다고 했다. 그 언니는 일본이 망한 후에 만주에서 나왔다고 했다.

전에 살던 동네에서 10년을 살다보니까 동네사람들이 남자를 얻으라고 했다. "남자를 잘못 얻어가면 고생만 하잖아, 애들도 있고. 그래서 싫다"고 했다.

더 늙으면 양로원이 나은 것 같다. 몸이 성했을 때 유료양로원에서 한 2년 봉사도 했었는데 거기서도 나보고 오라고 했다.

나는 동네사람들이 정부에서 나 같은 사람 신고하라고 했다고 하도 여러 번 권유를 해서 마지막에 신고했다. 호적이 제대로 되어 있지 않았는데, 구청에서 결혼했던 주소로 호적을 한번 떼어보라고 해서 그렇게 했다. 그래서 딸이 어디에 사는지를 찾았다. 그러나 자식은 끼고 길러야 정이 있지 떨어져 살아서 정이 없다. 딸이 그러는데 의붓어미 둘을 만났는데 둘 다 못되서 꼬집히고 맞고 나쁘게 자랐다고 울었다. 어릴 때 개울에 가서 기저귀 빨래를 하도 많이 해 동상이 걸리기도 했기 때문에 딸은 지금도 손에 힘이 없다고 했다. 내가 딸에게 어릴 때 밥도 못 먹고 고생하다가 만주까지 가서 고생했다고 하니 "엄마세대는 엄마 세대"라고 했다. 사위가 월급이 적어서 빚지고 산다고 했다. 사위가 교회에 돈을 내자고 해서 딸이 빚살림하는 것이 힘들다고 한다. 사위는 자기 뜻대로 안하려면 이혼하자고 그런단다. 그래서 나는 "너 고생한 생각을 해라. 이혼하면 안된다. 남편이 하자는 대로 해라"고 했다. "마음 착하고 인정 많은 것은 닮지만 내 더러운 팔자는 닮지 말라"고 딸에게 말하곤 한다. 나도 정부에서 나오는 돈으로 산다고 했다.

나는 속이 나빠서 과일도 잘 못 먹는다. 당뇨병이 있고 몸이 점점 마른다. 발이 차가와서 양말을 신었더니 무좀이 생겨서 지금은 양말을 벗고 있다. 양말을 안 신으면 발이 차갑고 신으면 무좀 때문에 가렵다.

생각해보면 나는 태어났을 때부터 나쁜 데로 태어나서 세상 원망할 것도 없다. 지금은 정부에서 돈을 내주고 해도 다달이 8만 원 정도가 나가니 어디 돈이 안나가는 전세로 옮겨야지 하는 생각이 들기도 한다. 혼자 사니까 생전 남의 잔치에 가보질 못했다. 빚만 된다고 무슨 행사가 있어도 나에게는 알리지도 않는다. 경로당에 가도 다른 사람들이 담배 피고 술을 마셔서 나는 오래 있지 못하고 얼른 일어나 돌아온다.

할머니는 당신의 어린 시절 고생한 일이 지금도 머리에서 떠나지 않고 그걸 얘기하려니 눈물이 난다며 얘기를 시작하기도 전에 울었다. 혼자서도 가끔 우신다고 한다. 얘기를 하자면 한도 끝도 없다고 했다. 길가는 학생을 보면 어떻게 저런 복을 타고 나서, 좋은 부모에게 태어나서…. 할머니 당신이 "국민학교도 못 나왔으니 무식해서 답답한 게 좀 많소?"하고 하소연하셨다.
"나쁘게 살았죠. 그동안 고생한 것은 말할 수가 없죠. 어려서 고생한 것은 잊혀지지가 않고 다 떠올라요"라는 할머니의 증언처럼 배우지는 못했지만 어릴 때부터 총명한 편이어서 기억력이 좋았다. 일곱 살 때 민며느리로 갔을 때의 경험과 그 후 만주에서 위안부 생활하던 것까지 꽤 상세히 기억하고 계셨다. 이러한 할머니의 경험이 일제시대 하층민의 생활을 잘 보여주고 있다고 생각한다.

그 어려운 생활 속에서도 부모님 챙겨드리고, 남자라면 진저리가 나면서도 어머니의 부탁으로 결혼해서 살고…. 할머니는 인정이 많은 성품이신데 왜 그렇게 고생이 떠나지 않았는지 안타까운 마음이 간절했다.

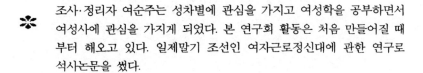

조사·정리자 여순주는 성차별에 관심을 가지고 여성학을 공부하면서 여성사에 관심을 가지게 되었다. 본 연구회 활동은 처음 만들어질 때부터 해오고 있다. 일제말기 조선인 여자근로정신대에 관한 연구로 석사논문을 썼다.

중국에서 위안부 계급장까지 달았다

배족간

"술을 마시게 되면 평소에 쌓였던 울분
이 지독한 술주정으로 터져나왔다."

나는 1922년 전북 장수군 반암면에서 태어났다. 호적에는 1920년
으로 출생신고가 되어 있다. 현재 75세로 개띠이다. 우리 가족은 어머
니, 아버지와 나 그리고 위로 언니 두 명이었다. 경제적 형편은 갖고
있는 조그만 땅에다 농사 지으며 사는 정도였다.

그러다 내가 서너 살 먹을 때부터 우리 가정은 풍파를 만나게 되었
다. 어렴풋하지만 얼굴이 예쁜 어머니에게 다른 남자가 생겼던 것이다.
아버지는 그 남자와 싸웠고 어머니를 때렸던 것 같다. 결국 그 일로 우
리 가족은 고향을 떠나 객지로 나와 살게 되었다. 아버지와 어머니 사
이는 좋아지지 않아 우리 가족은 뿔뿔이 헤어지게 되었다. 당시 일고여
덟 살 정도였던 큰언니는 외갓집으로 가고 나와 둘째 언니는 큰집에 맡
겨졌다. 아버지는 남의 집살이를 떠났다. 큰집에서 살 때 큰어머니는
우리들을 몹시 천대하였고, 때리기도 하였다. 끼니때마다 항상 배가 너
무 고팠다.

얼마 후 배가 부른 어머니가 오시더니 남동생을 낳았다. 아마 애기
밴 줄도 모르고 헤어졌던 것 같다. 그로 인해 우리 가족은 다시 모여
살았다. 그 곳은 마룡(령?)이라는 동네였다. 내 나이는 대여섯 살 정도
였고, 그 당시에 둘째언니가 죽었다. 어머니는 남의 일도 하고 농사도

지으며 살았다.

그러나 이 생활도 오래가지는 못했다. 내가 여덟 살 되던 해에 우리 가족은 다시 헤어지게 되었다. 어머니는 나와 남동생을 데리고 진안군에 있는 절로 들어가고 아버지는 고향으로 가서 새로 장가를 들었다. 얼마 후 절에서 남동생이 죽자 어머니와 나는 진안군의 중배령이라는 마을로 내려오게 되었다. 절에서 내려오자마자 이 곳에서 어머니가 재혼하여 나는 어머니, 의붓아버지와 함께 살게 되었다. 내 나이 열두서너 살 때였다. 우리 세 식구는 남의 논에 농사를 조금 지었고, 술장사, 밥장사를 하며 살았다. 그런데 의붓아버지와 어머니가 나를 항상 때리며 구박하였다.

광목공장에 취직하려고

내가 열일곱 살 되던 해인 1938년에 우리 동네에 어떤 사람이 와서 광목공장에 취직할 사람을 모집하고 다녔다. 그 사람은 동네 구장의 집에서 술을 마시며 하룻밤을 자고 어디론가 떠났다. 그리고 나서 나는 어머니와 의붓아버지의 묵인 아래 동네일을 보는 구장을 따라 광목공장에 취직하러 나서게 되었다. 우리집은 술장사, 밥장사를 하고 있었으므로 동네사람, 지서 주임, 면장, 구장, 반장까지도 우리집 사정을 잘 알고 있었다. 그래서 지서 주임이 나를 끌어내라고 지시했던 것 같고, 동네의 반장, 구장이 나서서 나를 끄집어내었다. 그 때 어디로 가느냐고 하니까 광목공장에 돈벌이가 좋으니 거기에 보내주겠다고 하였다. 도장 같은 것을 찍은 기억은 없고 하여튼 돈벌이를 시켜 준다고 하였다. 나도 싫지는 않았다. 어머니와 의붓아버지에게 하도 구박을 당하여 집에 있기가 싫었기 때문이다. 사는 게 불안하여 목을 맨 적도 있었기 때문에 집을 떠나 광목공장에 취직하러 선선히 구장을 따라 나섰다. 내가 구장을 따라 나설 때 어머니와 의붓아버지는 내다보지도 않았다.

당시 우리 마을에서 광목공장에 취직하려 간 사람은 나 혼자였다. 구장을 따라서 재를 넘어 전주로 갔다. 구장은 전주까지 나를 데리다 주었다. 전주에서 나는 다른 남자에게 넘겨졌다. 거기에서는 10명 정도의 사람을 더 모집하여 배를 타고 거문도로 갔다. 거문도에 가니 여자들이 5~6명 모여 있었고 거기서 하룻밤을 자고 이들과 함께 다시 배를 타고 부산으로 갔다. 부산에 도착하니 어디서 모여들었는지 모르지만 많은 여자들이 있었다. 거기서 보니 여자들을 모집해 온 남자들이 많이 있었다. 전주에서부터 부산까지 나를 끌고 간 사람은 조두환이라는 남자였다. 우리들은 부산의 어느 집에서 하루이틀 정도 머물렀다. 그 사이 머리는 단발로 하고 구두를 신고 양장을 하게 되었다. 처음 입어보는 원피스에 구두를 신으니 산골짜기의 촌티를 벗는 것 같아 기분이 좋았다.

우리는 기차를 타고 어딘가에 내렸다. 들리는 소리에 거기가 '대련'이라고 하였다. 그 곳에서 하룻밤을 묵고 다시 배를 타고 상하이로 갔다. 기차에 어떤 사람들이 타고 갔는지 모르겠다. 나와 같은 여자들이 탄 칸에는 누런 옷을 입고 총칼을 맨 군인들이 우리들을 감시하는 듯이 왔다갔다 하고 있었다. 가는 도중에 식사를 제공받았으나 누가 주는지도 몰랐다. 그저 주면 먹고 안 주면 굶었던 것 같다. 식사는 부실하여 배춧국에 건더기가 뜨면 서로 건지려고 아우성을 칠 정도였다.

'고슈'에서 위안부가 되어서

먼산에 해가 떨어질 무렵 우리는 상해에 도착하였다. 우리들을 끌고 간 사람들은 한두 사람이 아니었는데 그들은 우리들을 세워놓고 어떤 건물에 들어갔다. 거기에는 붉은 테를 두른 검은 모자에 검은 옷을 입고 칼을 찬 사람들이 많이 있었다. 이 건물이 영사관이라고 하였다. 우리들은 영사관 밖에서 추위에 덜덜 떨면서 꽤 오래 서 있었다. 한참 있다가 영사관에 들어간 사람들이 나왔다. 그리고 영사관에서 높은 사람이 나와서 우리들 앞에서 일본말로 무어라고 연설을 하였다. 아마 잘 왔다는 말인 것 같았다. 그제서야 나는 무언가 잘못되어 가는 것을 어렴풋이 느끼게 되었다.

그리고 우리들은 모집인을 따라 어떤 집으로 가서 그 곳 이층에서 잤다. 이층에서 아래층을 내려다보니 일본 사람이 많이 들락거리면서 춤을 추고 있었다. 이 곳은 일본말로 '가후에' 지금의 카페라고 하는 곳이었다. 거기서 우리들은 2~3일 정도 아무 일도 안하고 된장국에 밥 한 술 얻어먹으며 지냈다. 아마 배치를 기다리기 위해 있었던 것 같다.

드디어 배치 명령이 내린듯 싶었다. 우리들은 기차를 타고 '고슈(杭州)'로 갔다. 고슈는 큰 도시로 일본인 여자, 중국인 여자, 조선인 여자 위안소가 있었다. 그리고 거기 병원에서 나는 신체검사를 받았다. 병원은 무척 컸다. 군의관들이 피검사, 자궁검사, 대변검사 등을 했다. 고슈에서 나는 이층으로 된 커다란 중국여관 건물 이층에 거주하며 위안부 생활로 들어갔다. 여기에는 여자들이 약 60명 가량 있었다. 그러던 중 건물주인인 중국인이 집을 비워달라 하여 그 근처의 3층 건물로 옮겼다. 건물은 이전의 중국여관 건물보다 작았다. 거기는 약 40~50명의 여자들을 수용하였다.

위안부 생활은 처음에 무척 힘이 들었다. 여자들은 열두 살짜리도 있었으나 대부분 열일곱 살이나 열여덟 살이었다. 스무 살 이상은 없었다. 위안소 건물은 중국인 여관 건물을 빼앗은 것이었다. 입구에는 한자로 위안소라고 쓰여 있었고 위안소 경영자는 조선인 남자였다. 위안소는 중국인 여관 건물을 사용하였으므로 방방마다 침대가 놓여 있었다. 그러나 별다른 가재도구는 없었다. 군인들은 담요를 내주었다. 방이 추워서 숯불을 피우고 유담포를 발 밑에 두었다.

우리들은 하루에 두 끼만 먹었는데 쌀, 일본된장, 설탕, 마른 오징어, 배추, 검정사탕 등을 군대에서 배급받았다.

그리고는 아침 9시부터 밤 12시까지 군인들을 계속 받았다. 아침 9시부터 저녁 5시까지는 졸병들을 상대하였다. 군인들은 대개 10~20분 정도 머물렀다. 하루에 보통 30~40명 정도의 군인을 받았다. 그런 날에는 방 한쪽에 쓰다 버린 삿쿠가 산더미처럼 쌓여 있었고 악취가 코를 찔렀다. 졸병들을 상대하고 난 뒤 우리들은 방을 청소하고 저녁식사를 하고 목욕을 하고 난 뒤 밤 9시까지 중간 계급의 군속들을 받았다. 저녁 9시부터는 밤 12시까지 장교들을 받았다. 장교들은 자고 갈 수도 있었으나 고슈에서 자고 가는 장교는 거의 없었다.

나는 33번이었고 '하루코'라는 이름으로 불렸다. 군인들은 들어올 때 삿쿠와 나의 번호가 적힌 군표를 갖고 왔다. 나는 군표를 받아 모아두었다가 위안소 경영자에게 주었다. 그러나 위안소 경영자로부터 돈을 받지는 못했다. 가끔씩 상대한 군인들이 몰래 50전, 1엔, 2엔 정도의 돈을 팁으로 내놓을 때 돈구경을 하였다. 팁은 몇 일만에 한 번씩 받았다. 주로 마음씨 고운 군인들이 주었다. 군인을 상대할 때는 '유가타(목욕 뒤 입는 가운)'를 입고 그 외는 대체로 원피스를 입으며 지냈다. 기념일이나 어떤 행사를 할 때는 기모노를 입고 마스크를 하고 몸에 띠를 둘렀다. 이 옷들과 화장품은 위안소를 경영하는 사람이 사서 대주었다. 기모노를 입을 때 쓰는 '오비(띠)'는 800엔씩 하기도 하였다.

그런 생활 가운데서도 우리들은 한 달에 한 번 꼭꼭 성병검사를 받았다. 성병검사를 받으러 병원에 갈 때는 차를 타고 갔던 것 같다. 병원은 위안소에서 꽤 떨어져 있었고 상당히 컸다. 그 근처의 위안부들은 모두 이 곳으로 오는 것 같았다.

고슈에서 위안부 노릇을 1~2년간 한 후 고슈에서 상해로 다시 내려

와서 남경을 거쳐 '진송(陳村)'으로 이동하였다. 남경에서는 사흘 동안 시내구경도 하면서 장개석의 별장도 구경하였다. 시내구경은 여자들을 끌고다니는 민간인을 따라다니면서 하였다. 그러다가 촌구석인 진송으로 들어갔다. 진송으로 갈 때는 말수레를 타고 가다가 걸어가기도 하였다. 가는 도중에 군인들이 된장국과 주먹밥을 통에다 담아서 길가까지 메고 나와서 우리들에게 주었다. 우리들은 하루종일 걸었으며 무척 굶주리고 있었다. 진송은 아주 촌이었다. 첩첩산중이었다. 군인들만 주로 있었다. 이 곳에서는 군인들 부대와 위안소 건물은 무척 가까이 있었다. 대체로 걸어서 10분 정도의 거리에 있었다.

진송에서 위안부 생활을 한 여자들은 30~40명이었다. 내가 위안부 생활을 하고 있던 중에 10~15명 정도의 여자들이 새 위안부로 들어왔다. 이들은 나이든 여자들이었다. 위안소는 중국인의 집을 빼앗은 것이었는데 아주 형편없는 촌집으로 2층 건물이었다. 마루로 된 방에는 침대가 없었다. 개중에는 군인들이 몰래 '이타(판자)'를 갖고 와 사람이 잘 정도로 침대 비슷한 것을 만들어 주기도 하였다. 이불이 없어서 짚을 무명베 속에 넣어서 요를 만들었고 군인들이 갖다 준 국방색 담요를 덮었다. 그렇다고 모든 여자들이 이타를 깔거나 담요를 덮지는 못했다. 이타를 깔아주거나 담요를 갖다주는 것은 군인들이 자기가 마음에 드는 여자에게 인정으로 해주는 것이기 때문이었다. 또 그것이 가능한 것은 진송처럼 촌구석의 군인들은 이동이 잦지 않아 위안부와 군인들 사이에 인정이 싹틀 수 있었기 때문이었다. 어쨌든 이타와 담요를 가진 위안부는 운이 좋은 여자였다. 거기서 나는 5번으로 고슈에서와 같이 하루코라는 이름으로 불리면서 위안부생활을 약 3년 정도 하였다.

위안부 생활에서 군인들의 상대시간, 식생활은 고슈에서와 비슷했다. 성병검사는 한 달에 한 번씩 꼭꼭 하였다. 다만 여기에서는 병원이 부대 안에 있기 때문에 걸어서 검사받으러 다녔다.

나는 위안부 생활에 점점 익숙해졌다. 스무 살이 넘으면서부터 이력이 나기 시작하였고 시간이 지날수록 위안소가 여기저기 생겨서 상대하는 군인의 수도 줄어들었다. 진송에서 군인들을 많이 받을 때에도 그 숫자는 고슈보다 적어 20~25명 수준이었다. 여기서도 군인들은 나에게 팁으로 얼마씩 던져주곤 하였다. 돈푼이나 생기면 나는 한 달에 한 번씩 노는 휴일날마다 근처의 중국인이나 일본인이 경영하는 식당에 가서 우동을 시켜 먹거나 술을 마셨다. 술을 마시게 되면 평소때 쌓였던 울분이 지독한 술주정으로 터져나왔다. 술주정은 아주 심하여 위안소 여자들은 내가 술을 먹으면 거의 숨어버렸다. 하루는 위안소 경영자와 대판 싸우기도 하였다. 나말고도 나이가 나보다 4~5세 많은 통영출신인 '나마코'라는 위안부도 술을 먹었다. 명절 때는 많은 위안부들이 고향생각, 부모생각으로 울었다.

진송은 촌이므로 군인들의 이동이 고슈보다 잦지 않고 군인들의 숫자도 얼마되지 않았다. 그래서 몇몇 군인들과는 좀 더 지속적인 관계를 가지기도 하였다. 특히 생각나는 군인은 '이시카와'라는 졸병이다. 그는 전쟁이 끝나면 위안부 생활을 그만두고 자기와 결혼하자고 하였다. 진송에서 다른 곳으로 옮긴 뒤에도 몇 번 편지가 왔는데 얼마 지나지 않아서 편지가 끊어졌다. 그외 군인들 중에는 진송을 떠난 뒤에도 치약, 칫솔, 건빵 등을 소포로 보내주기도 하였다. 또한 그 부대의 제일 높은 사람의 취사병이었던 한 군인은 나를 무척 좋아하여 대장들에게 식사를 해주고 난 뒤 남은 오징어, 쇠고기, 우렁 등을 '덴뿌라'로 만들어 중국인 애들을 시켜서 하루 한 번씩 나에게 보냈다. 심지어 달걀, 빨랫비누, 세탁비누, 흰사탕까지 보내주었다.

어느 때인가는 중국병들이 쳐들어와서 일본인 군인들이 거의 다 죽은 일도 있었다. 우리들은 무서워서 숲 밑에 숨어 있었다. 낮에 일본 비행기가 오면 좋다고 손뼉을 치고, 밤에는 무서워서 모두 울고불고 하였

....

다. 일 주일 뒤에 일본 군인들이 다시 쳐들어와서 중국인 군인들을 거
의 다 죽였다.

진송에서 병원으로 한 달에 한 번씩 성병검사를 받기 위해 위안소를
나설 때는 나무패를 사용하였다. 고슈, 다이찡에서도 이러한 나무패를
사용하였던 것 같다. 나무패에는 위안부의 번호가 쓰여 있었다.

영사관에서 발급하는 위안소 동민증이라고 부르는 증도 있었다. 이
것은 진송에서 위안부 노릇할 때부터 사용하였다. 생긴 것은 우리 주민
등록증과 비슷하였고 여기에 사진을 붙이고 신분이나 연령이 쓰여 있
었다. 이 증만 있으면 차를 타거나 병원에 가도 돈을 내지 않을 수 있
었다.

진송에서 위안부 생활을 한 3년 정도 한 뒤 '다이찡(大陳島)'으로 이
동하였다. 다이찡도 진송과 마찬가지로 촌이었다. 진송에서와 마찬가지
로 여기서도 군대와 위안부들이 있는 건물은 매우 가까웠다. 위안소 건

물은 민가를 빼앗아 사용하였다. 방은 진송과 마찬가지로 마룻바닥이었
다. 여기서는 침대나 이타를 깔지 못하고 바닥에서 자면서 나는 약 3~
4년 동안 위안부 생활을 하였다. 나는 여기서도 계속 '하루코'라고 불
렸다. 그러나 몇 번을 달았는지 기억이 나지 않지만 아마 1번인 것도
같다. 다이찡에도 고슈처럼 조선인 위안부들만 한 30~40명 있었다. 여
자들도 계속 들어오고 나가곤 했다. 나중에 들어온 여자들은 나이가 많
았다. 위안부들 중에는 대구, 통영 사람이 많았고 권번 출신의 기생도
있었다. 위안소 관리는 부대와 연락을 취하면서 조선인 남자 1~2명이
했고 저녁마다 일본인 군인 2명이 위안소 순찰을 돌았다.

　군인들은 표파는 사람(여자들을 끌고 다니는 민간인)에게 표를 타서
들어왔다. 표에는 여자의 번호가 쓰여 있었다. 여자들은 이 표를 받아
두었다. 생리가 있는 날에도 여전히 군인들과 상대해야 하였다. 이런
날에는 위안소에서 지급하는 조그맣고 동그란 스펀지를 질 내에 삽입
하여 피가 묻어나지 않도록 하여 군인들과 상대하였다. 군인들은 몇 번
얼굴을 익힌 위안부의 번호를 지목하여 기다렸다.

　얼굴이 예쁜 편이었던 나는 그 부대에서 계급이 제일 높은 나이 많
은 군인에게 지목되었다. 그 후 그와 계속 관계를 갖게 되었다. 금줄 4
개가 쳐진 그 부대에서 제일 높은 그는 얼굴이 늙어서 쪼글쪼글한데 주
로 술 한잔 먹고 들어왔다. 그는 들어오면 벙어리처럼 일체 말을 하지
않았다. 그는 관계 후 털수건, 사탕 같은 선사품을 주었다. 결국 그는
팔에 총을 맞아서 일본으로 돌아가게 되었는데 그는 가면서 또 제일 계
급이 높은 군인에게 나를 인계해주고 갔다.

　위안소에서는 밥을 해주는 아주머니가 있어서 우리들은 해놓은 밥을
하루 두 끼씩 모여서 먹었다. 다이찡에서도 식량은 부대에서 주었다.
우리들에게는 언제나 썩은 납작보리와 곰팡이 핀 오징어를 주었다. 이
문제로 위안소 관리인에게 항의한 적도 있었다. 가끔 군인들이 주는 오

징어나 건빵은 참 맛이 있었다. 그나마 배급을 제때에 주지 않아서 배가 고플 때가 한두 번이 아니었다. 그럴 때는 촌이었던 진송, 다이찡에서는 여자들이 바구니를 들고 중국인의 밭에 몰래 들어가 호박 같은 것을 따다가 먹었다. 고슈는 도시였기 때문에 이런 일도 하지 못하고 굶고 있어야 했다.

진송에서와 마찬가지로 다이찡에서도 군인을 상대하는 시간과 숫자는 거의 똑같았고 한 달에 한 번씩 성병 검사를 받았다. 성병 검사를 받기 위해서는 군 부대 안에 있는 병원으로 갔다. 거기에서 군의관들은 우리들을 검사하였다. 위안부 중에는 임신한 여자도 있었다. 한 여자는 아기를 출산하였으나 아기가 곧 죽었고 다른 여자는 임신중 늑막염에 걸려서 수술(인공유산)을 했다. 나는 군인들을 받고 난 뒤 소독약으로 방 구석구석을 열심히 소독하였다. 또 임신을 피하기 위해 특히 월경 때마다 소금을 먹었다. 그러면 월경이 적어졌다. 월경이 적어지면 아이가 들어서기 힘들었다.

진송에서처럼 다이찡에서도 겨울이 되면 한 달에 한 번씩 군인을 받지 않는 날 아침에 일본 병사들 무덤에 풀을 뜯고 향을 꽂고 빗자루로 쓸어주기도 하고 합장하기도 하였다. 이들은 죽어서도 고향에 돌아가지 못하고 거기에 뼈를 묻은 군인들이었다. 눈이 오는 추운 때에도 높은 산에 올라가 그 일을 하였다. 무덤을 찾아다닐 때에는 무덤 자리를 아는 사람이 데리고 다녔다. 노는 날에는 피묻은 군복이나 이불을 빨아서 꿰매 들여보냈다.

또 군인들이 전쟁터에 나가면 환송하러 나가고 돌아오면 환영하러 나갔다. 어쩌다 시간이 나면 소방대훈련과 가마니를 세워놓고 창을 찌르는 연습을 하기도 했다. 소방대훈련은 진송 때부터 있었는데 이 때는 검은 모자를 쓰고 검은 몸뻬를 입었다.

진송시절부터 위안부 여자들에게도 계급제도가 생겼다. 이 제도는 위안소 관리인이 시켜서 하였고 여자들이 스스로 한 것은 아니었다. 거기서 니는 빨간 바탕에 금줄 세 개, 별이 세 개 있는 계급장을 달았다. 이 계급은 상당히 높았다. 이보다 높은 계급은 금줄 4개, 별 4개로 된 계급장이다. 나는 원피스 같은 것을 사 입었는데 원피스 위에 계급장을 달았다. 나는 여자 중에서도 계급이 높았다. 계급이 높았던 이유는 경력이 제일 오래되어 군인을 많이 받았기 때문이었다. 매일 오후 4~5시가 되면 점호를 하였다. 군인들처럼 훈련받는 시간이었다. 훈련의 내용은 그 날 있었던 일, 주의사항들을 전달하는 것이었다. 이 때 위안부 여자들 중 말 안 듣는 여자들을 때리기도 하였다. 계급이 높았기 때문에 나는 이들을 직접 때리기도 하고 내 밑의 계급을 단 위안부에게 때리도록 시키기도 하였다. 손으로 직접 때리면 손이 아프므로 나무막대기 등 도구를 사용하여 때렸다. 당시는 한국에 돌아갈 생각을 전혀 하지 않았고 하루하루의 생활이 악에 받쳐 있었다.

돈이 생기면 비행기를 사라든지 전쟁에 보태쓰라고 나라에 바쳤다. 물론 돈을 바치라고 강제하기 때문이었다. 나는 2엔씩 두 번 바쳤다. 그래서 한 번 상장을 받았다. 거기 있던 위안부들은 거의 다 상장을 받았다. 상장에는 표창자 부대의 어떤 이름이 쓰여 있었다. 부대 이름 중 지금까지도 생각나는 것은 진송의 '덴따이' 부대, 진송인가 다이찡인지 확실히 분간되지는 않지만 41부대였다. 상장을 방에 걸어두면 방에 들어온 군인들은 거기다 경례를 하였다.

일본이 전쟁에 지기 시작하면서 스파이 혐의를 받은 중국인을 죽이는 것을 우리들에게 보여주었다. 사람 죽이는 것을 진송 시절부터 보았는데 다이찡에선 더 자주 보았다. 구덩이를 파서 목을 쳐 죽이기도 했고 큰 죄인을 죽일 때는 북치고 용수를 시켰다. 용수란 장뜰 때 쓰는 것과 비슷한 것으로 이것을 죄인한테 덮어씌웠다. 용수를 시키는 죄인은 '모택동'이나 말털이꾼(말을 몰고 다니며 일본 사람을 잡아다 죽이

는 사람) 같은 큰 죄인이었다. 하루에 10명에서 40~50명까지 죽이기
도 하였다. 보통 죄인을 죽일 때는 죄인의 손을 뒤로 묶어 세워놓고 군
인들이 돌아가면서 창을 찔렀다. 세 차례 정도 돌아가며 창을 찌르면
붉은 피가 죄인의 발 아래로 흘러내렸다. 나는 나중에는 아프다는 핑계
를 대고 사람 죽이는 것은 보러가지 않았다.

어느 날 한 군인이 나보고 사진을 달라고 졸라서 동민증에 붙인 사
진을 떼어 주었다. 대신에 나는 다른 사진을 붙여서 이것을 사용하였다.
그러던 중 몇 년만에 한 번씩 하는 동민증 교체 때에 이것이 발각나서
혼난 적이 있었다. 사진에는 두 가지 종류의 도장이 찍혀 있어야 하는
데 나의 사진에는 이 증명 도장이 없었기 때문이다. 스파이라고 지목되
어 안경의 영사관에서 위안소 관리 책임자와 나를 불렀다. 책임자는 시
말서를 쓰고 나는 3~4시간 동안 손이 발이 되도록 빌어서 겨우 풀려
나게 되었다. 그리고 나서 새 신분증을 새로 발급받기로 하였는데 이
신분증을 받기 전에 전쟁이 끝나버렸다.

결국 고슈, 꼰송, 다이찡에서 모두 꼬박 8년 동안 나는 일본인 군인
들만 받는 생활을 하였다. 그동안 나는 임신한 적도, 병에 걸린 적도 없
다. 아마 열심히 소독을 하였기 때문인 것 같았다. 도망을 시도하지도
않았다.

한국에 돌아간다는 생각도 없이 해방을 맞아

다이찡에서 나는 해방을 맞았다. 그동안 살아서 한국에 돌아간다는
희망이나 생각을 전혀 하지 않고 지냈던 터였다. 밤낮으로 전투를 하던
어느 날 전쟁이 끝났음을 알게 되었다. 군인들이 갑자기 뛰어가거나 보
이지 않게 되었다. 이웃의 중국인들이 전쟁이 끝났다고 수근거리는 소
리도 들었다. 높은 지위에 있는 듯이 보이는 일본인 사람들이 중국인에

게 붙잡혀서 시계 등을 빼앗기고 두들겨맞고 있는 것도 보았다. 그 와중에 위안소 관리자, 위안부들도 각각 어디로 갔는지 자다보면 없었지고 있었다. 아마 각자 살길을 찾아 도망갔던 모양이었다. 그러던 중 중국인이 위안소 건물의 대문이나 방문 앞에 동그라미를 딱딱 쳐놓고 있는 것을 발견하였다. 우리들이 일본인과 한 패라는 표시인 것 같았다. 중국인들이 위안부들을 죽이려고 한다고 생각하여 나는 서둘러 밤에 도망쳤다.

위안소에서 빈손으로 나와 한참 걸어가다 보니 마침 배가 떠나고 있었다. 나는 그 배를 불러서 간신히 탔다. 타고 보니 위안부들 몇 명이 그 배에 타고 있었다. 해방되고 이틀만이었다. 이렇게 나는 위안소를 떠나게 되었고 위안부들과 뿔뿔이 헤어지게 되었다. 한참 타고 가다가 아침이 되었다. 나는 어딘지 모르는 곳에 도착하였다. 도착하여 조선인 여관에 5일 정도 머물렀다. 조선인을 만나게 되어 무척 반가웠다. 그 곳에 있으면서 소개소개 받아서 조선인은 조선인끼리, 여자들은 여자들끼리 모여서 상해로 나왔다. 상해 수용소에서는 미국인한테 밀가루 배급을 타먹으면서 1년 동안 대기하며 지냈다.

1946년 덥지도 춥지도 않은 계절, 내 나이 스물다섯 살 때 나는 한국으로 나왔다. 나올 때 옷 두 벌과 5엔을 갖고 나왔다. 한국에 돌아와서 아버지는 당숙네 사랑방에서 굶주리다 혼자서 돌아가셨다는 말을 들었다. 아버지는 새 장가를 들었지만 결국 행복하지 못하였다. 그의 두 번째 아내 역시 아이들을 데리고 나가버렸기 때문이다. 얼굴이라도 보려고 어머니를 한 번 찾아가 보았다. 어머니는 여전히 그 의붓아버지와 그 사이에서 난 열일곱 살 정도 되는 딸하고 함께 살고 있었다. 찾아갔더니 어머니와 의붓아버지는 마루 끝에 걸터앉아 있었는데 어디를 어떻게 갔다왔냐고 물어보지도 않았다. 배다른 여동생은 나를 언니라고 부르며 울었으나 나는 본체만체 하였다. 한국에 돌아온 지 2년만에 어머니는 돌아가셨다. 임종 때 사람을 보냈으나 나는 가지 않았다. 딸을 어떻게 그런 곳에 보낼 수 있는가 하는 원망의 마음이 가시지 않았기 때문이었다. 어머니가 돌아가신 후에야 찾아가보았다.

한국에 나온 뒤로 나는 밀양, 대구, 포항 등으로 다니면서 절에 6년 정도 있었다. 절에서 내려온 뒤 빨래하거나 놋그릇을 닦아주는 등 남의 집일을 해주면서 벌어먹고 살기도 하였다. 이 때 남의 애를 3명 데려다 키우기도 하였다. 한 애는 갓난 여자아이였는데 몇 달 키우다 병이 나서 죽었고 다섯 살 먹은 여자 아이도 키워보았는데 2년 정도 키운 후 친어머니가 나타나서 찾아가 버렸다. 또 한 애는 열 살 넘은 남자아이를 데려다 2년 정도 키웠는데 이 애도 중학교 2학년 올라갈 때 학교에 내는 등록금을 갖고 도망가버렸다.

그 뒤로 내 나이 서른일곱 살 되던 무렵 신이 들려서 점치는 할머니를 양어머니로 삼아서 굿도 하고 점도 치면서 살았다. 밤잠 못 자고 열심히 일했으나 번 돈은 양어머니가 다 차지하였다.

마흔두 살 때인 1963년 울진군 원남면으로 시집을 갔다. 전처 자식이 두 명인 줄 알고 재취로 시집갔는데 막상 가 보니 전처 자식이 여섯 명이나 되었다. 시집을 간 것은 먹고 살기 위해서였다. 남자가 지긋지긋했던 터라 보름 동안 영감하고 잠자리를 하지 않았는데 영감이 행패를 부려서 할 수 없이 하게 되었다. 사는 동안 무척 가난하고 죽을 고생을 하며 살았다. 조밭, 콩밭을 매고 나물, 약뿌리, 더덕을 캐어 팔면서 살았다.

내가 쉰여덟 살 되던 해인 1979년 남편이 죽었다. 남편 사망 후 1년 정도 그 마을에서 남의 집일을 해주며 혼자 살고 있었는데 한 동네에 사는 어떤 여자가 나에게 서울 반포의 남의 집살이를 소개해주었다. 그 길로 나는 서울 반포에서 남의 집살이를 하며 현재까지 18년째 살았다. 그런데 최근에 그 집이 부도가 나서 돈도 거의 못 받고 혼자 나왔다.

지금은 영세민아파트에서 정부 생활보조금으로 생활하고 있는데, 아파트 관리비를 내고 나면 별로 남는 것이 없어 힘들다. 그래도 근처에 있는 다른 할머니들과 만나서 이야기도 하고 밥도 같이 먹고 하면서 살아가고 있다. 얼마 전에는 일본에 가서 "돈 몇 푼을 주려고 하다니, 우리가 거지냐? 너희가 양심이 있으면 먼저 사과해야 할 것 아니냐"고 하고 싶은 말을 외치기도 했다(이 할머니의 1차 조사는 김성희 회원이 하였는데 문소정이 뒤를 이어 조사하여 정리하였다).

배족간 할머니는 17세 때부터 24세까지 중국에서 꼬박 8년 동안 군위안부 생활을 하였다. 그 후 중국 땅에서 해방을 맞이하고 25세 때 한국에 돌아왔다. 42세에 재취로 결혼하여 당신이 낳은 자식은 아니지만 6명의 자식과 여러 명의 손자를 두고 계셨다. 그러나 자식들과 함께 사시지는 않는다. 58세 때 남편의 죽음으로 17년 동안의 결혼생활이 끝나자 곧 바로 남의 집살이를 시작하였다. 올해로 18년째 그 일을 하고 계신다. 그 18년의 생활을 할머니는 '외로움'이라는 단어로 압축해서 표현하셨다. 그 외로움이란 말에서 나는 많은 것을 연상하였다. 그동안 할머니의 고통을 함께 하고 풀어주는 노력을 기울이지 못했던 우리 사회의 무책임과 게으름, 군위안부 문제를 좀더 빨리 문제화하여 철저하게 규명하지 못했던 우리 학계의 남성중심적이고 가부장제적인 연구풍토, 타인과 함께 더불어 잘 살 수 있는 건강한 시민사회를 만들어내지 못하였던 우리 사회의 뿌리깊은 혈연주의, 가족이기주의 등등이었다.

할머니와 마주하면서 인터뷰가 거듭될수록 일본말과 전라도 사투리가 섞인 말로 담아내는 위안부의 경험은 이미 먼 역사의 이야기는 아니었다. 식민지 시대에 태어나서 폭압적으로 당한 성폭력의 상흔을 평생 동안의 업보로 지니고 살아오면서 인간으로서 다시 기억하고 싶지 않은 세세한 경험까지 눈물섞인 통한으로 들려주는 이야기는 지금까지도 할머니 삶 속의 생생한 한 부분이 되고 있었다. 정녕 배족간 할머니에게 군위안부의 경험은 과거의 죽은 이야기가 아니라 지금까지의 생활을 구성해 왔고 앞으로의 삶도 구성해 나갈 담론으로 작용할 것이다. 아니 배족간 할머니 개인이 아니라 많은 한국 여성들에게 이 담론은 그들의 삶을 구성하는 지배적인 이야기로 작용할 것이다. 그것은 아직도 우리 사회가 신식민지성을 지닌 가부장제 사회구조를 갖고 있기 때문일 것이다.

인터뷰할 때마다 중요한 몇 가지 대목에서 할머니의 증언은 각각 다른 내용을 담고 있었다. 내용이 달라지는 것은 무엇 때문일까? 자신이 당한 경험을 온전하게 파악한다는 것조차도 거의 문맹에 가까운 할머니에게 정말 인식능력 밖의 일이기 때문일까? 어둠 속의 뒤안길에 엉켜 있는 무질서한 기억의 실타래를 끄집어내서 그런 걸까? 아니면 지금의 시점에서 할머니가 고려하여야 할 그 무엇의 다른 문맥이 있는 것일까? 여기서 나는 할머니의 경험 중 극히 일부분을 당시의 객관적인 정황에 비추어서 다시 재해석하여 재구성하지 않을 수 없었다. 그러면서 여성사 연구자로서의 역량부족과 한계를 뼈저리게 느끼며 자신을 되돌아보지 않을 수 없었다.

조사·정리자 문소정은 1957년 부산에서 출생하여 1991년 「일제시대 농민층 가족에 관한 연구」로 서울대 사회학과에서 박사학위를 받았다. 1996년 현재 부산대에서 여성학을 강의하고 있다. 정신대연구회와 인연를 맺은 것은 1993년 봄부터이며, 그 이후 현재 생존해 있는 전 군위안부 여성들의 생애사에 관한 자료 수집과 연구활동을 하고 있다.

만주에서 보낸 13년의 내 청춘

최일례

......

"어려서부터 고생하더니 젊어서도, 지금도
언제나 고생은 내 곁에서 떠나지 않아요."

나는 1916년생 용띠로 지금 나이가 일흔아홉이다(1994년 현재 정
리자 주). 하지만 어찌된 셈인지 호적에는 두 살이 적게 되어 있다.

내가 태어난 전남 영암군 한대리에서는 여덟 살 때까지 살았다. 우리 식구는 어머니, 아버지, 나와 다섯 살 아래인 여동생 이렇게 네 명이었다. 오빠 한 명은 내가 태어나기 전에 병으로 죽었다고 한다.

우리 마을은 농촌이었으나 우리집은 논밭이 전혀 없어서, 아버지가 남의 논밭에서 일해주고 벌어오는 날품팔이 품으로 먹고 살았다. 하루 한 끼조차 먹기 힘들 때가 많았다. 어머니는 동생을 낳고 계속 아프기만 하여 집에 누워 계셨다. 허리가 아프다고 했던 것 같다. 그러니까 동생 돌보기는 자연히 큰딸인 내 몫이었다.

내가 일곱 살 때였다. 하루는 동생을 업고 밖으로 나가자 어떤 할아버지가 "네 어머니 허리가 아프지?" 하면서, 덜 익은 탱자를 따서 즙을 내어 어머니께 주면 나을 것이라고 했다. 그러면서 독하니까 조금만 주라고 했다. 나는 그 말을 듣자마자 곧바로 동생을 업은 채로 탱자를 따가지고 즙을 내어서 어머니께 드렸다. 빨리 나았으면 하는 바람으로 탱자즙을 아주 많이 드렸다. 그리고 나서 다시 밖으로 나가 동생을 업고 돌아다니다가 집에 들어갔더니 아버지가 어머니 곁에서 울고 계셨다. 어머니가 돌아가셨다는 것이다. 동생은 어머니를 보더니 어머니 젖으로 달려들어 쪽쪽 빨았다. 그러다가 젖도 안 나오고 어머니가 아무 반응도 하지 않자 곁에서 떨어져 나왔다. 나는 멍하니 서서 내가 너무 탱자즙을 많이 주었구나, 내가 어머니를 죽인 것이구나 하고 생각했고, 지금까지도 그렇게 생각하고 있다.

어머니가 돌아가신 후 우리 식구는 옆동네에 있는 할머니 집에 가서 살았다. 할머니 집도 무척 가난하여 끼니를 때우기가 어려웠다. 그래서 그 동네에서 나는 남의 집살이를 하면서 살았다. 이 동네는 그 때나 지금이나 차도 별로 다니지 않는 촌구석이다. 나는 학교나 공부가 무엇인지조차 모르고 살았다.

물 긷다가 트럭에 실리다

열여섯 살 때였다. 1932년이었을 것이다. 그 때는 남의 집살이 안하고 할머니 집에서 생활하고 있었다. 초가을쯤 되는 어느 날 물동이를 이고 집에서 떨어져 있는 동네 우물로 나갔다. 갑자기 누가 뒤에서 내 어깨를 낚아채었다. 물동이는 내동댕이쳐졌고 나는 그들이 이끄는 대로 끌려갔다. 그들은 나를 트럭 안으로 던져 넣었다. 나를 끌고간 사람은 군복을 입은 남자 두 명으로 일본인이었다고 생각된다.

트럭에 실린 채 군인들과 함께 광주 같이 큰 도시로 갔다. 그 곳에서 군인들은 어느 집으로 나를 데려다 놓았다. 이 곳에서 나는 군인들과 함께 한 달 정도 묵었나 보다. 군인들은 나가는 대로 여자들을 잡아오는 듯했다. 그렇게 해서 모인 여자들이 30명 정도 되었다.

한 달쯤 후인 어느 날 우리는 트럭을 타고 그 곳을 떠났다. 여러 대의 트럭이 길게 줄을 지어 움직였다. 나처럼 끌려온 여자들이 운전석 옆에 태워졌다. 이렇게 트럭에 실린 채로 대전, 서울, 평양 등을 지나 만주까지 갔다. 가는 길에 다른 여자들을 또 나처럼 잡아들이는 것을 보기도 하였다. 이런 여자들은 어디로 갔는지 모르겠고 마지막까지 나랑 같이 있게 된 여자는 다섯 명 정도였다.

가는 동안 나는 겁에 질려 군인들이 하라는 대로 그저 따라했다. 식사도 주는 대로 받아먹었는데, 밥도 주고 건빵과 물을 주기도 했다. 아무 이야기도 하지 않은 채 무엇을 하러 가는지도 모르고 그냥 그대로 따라갈 수밖에 없었다. 같이 가는 여자들과도 각자 다른 트럭에 타고 있어서 서로 이야기해보지도 못했다.

가는 도중 가끔씩 폭격소리가 들렸다. 우리는 트럭 위에서 허리를 구부리고 밖이 안 보이도록 웅크리고 앉아 있었다. 폭격이 심할 때는 군인들이 우리를 무조건 밖으로 내던졌고, 군인들과 함께 숨을 곳을 찾아

땅바닥에 엎드려 있기도 했다. 군인들은 총을 메고 갔다. 실탄이 장전되어 있었던 것 같다. 중국의 한 도시에서는 어느 집에 들어가 침대 밑에 숨어 있기도 하였다. 그 집에서 얼마간 묵었던 것 같다. 싸움 때문에 기다랗게 늘어선 트럭은 제대로 움직이지도 못했다.

만주생활 13년 군인들의 손발이 된 신세

우리가 만주에 도착했을 때는 무척 추운 겨울이었다. 트럭이 닿은 곳은 인가도 산도 하나 없는 넓디넓은 허허벌판이었다. 가자마자 군인들은 막사를 짓기 시작했다. 우리 숙소는 군인들이 사는 큰 숙소 옆에 한 마당 정도 차이를 두고 별도로 지어졌다. 얇은 베니어 나무판으로 벽을 만들고 커튼 같은 베로 천장이랑 벽이랑 사방을 둘러쳐 놓은 모양새였다. 우리는 이 곳에서 군인들과 내내 같이 살았다. 처음에 여자들 모두는 같은 방에서 살았는데 두어 달 지나 각기 방을 배정받아서 따로 사용했다. 그러나 여자들끼리 친해지면서 우리는 같이 자곤 했다.

군인들은 우리가 사는 곳까지 철망을 크게 둘러쳤고, 입구에는 매일 두 명씩 보초를 섰다. 보초들이 가끔 죽는 일이 있었는데 그 이유는 자세히 모르겠다. 보초를 서다가 몰래 숨어든 중국사람들에게 죽게됐나보다고 추측할 뿐이었다.

군인들은 그 곳에 도착하자마자 싸우러 나갔다. 우리는 곧 그 군인들의 뒷치닥거리를 하기 시작했다. 옷을 빨고 싸움터에 가는 군인들을 전송해주고, 죽은 군인들의 장례식에 까만 모자와 기모노를 입고 참석했다. 전쟁터에서 상처입고 돌아온 부상병들의 피도 닦아주었다. 우리는 또 군인들의 술자리에 가서 술을 따라 주면서 같이 어울려야 했다. 이 덕분에 우리도 가끔은 정종 술을 얻어마실 수가 있었다.

이제는 잠자리마저

그 곳에 도착한 지 한 달 정도 지났을 때였나 보다. 군인 한 명이 와서 우리 여자들 다섯 명을 다 모이라고 하더니, 귀에서 피를 빼 검사했다. 검사를 한 후에 나는 그 곳의 계급이 높은 군인에게 불려가 그와 잠자리를 같이 했다. 그 때까지 남자의 성기가 어떻게 생겼는지도 몰랐던 내가 평생 처음으로 당한 것이었다. 반항도 못하고 내 팔자가 이러려니 여기며 아무 생각도 안하였다.

그 후 우리는 군인들의 빨래나 상처 돌보기, 술대접도 같이 하면서 군인들을 상대해야 했다. 평일에는 군인이 없을 때도 있으나 쉬는 날에는 밤과 낮 따로없이 최소한 다섯 명 정도의 군인을 상대했다. 군인들은 우리를 불러내어 막사로 데리고 가서 그 짓을 했다. 가끔은 아무도 안 볼 때 갑자기 덮치려고 해서 놀라 달아나기도 하였다.

처음에는 군인들과 잠자리를 할 때면 항상 밑이 불나는 것처럼 아팠다. 밑이 붓고 찢어져서 아플 때마다 나는 소금물로 닦아내었다. 시간이 지나면서 익숙해져 괜찮았지만 성기가 큰 군인을 만나면 입이 벌어지게 아픈 것은 마찬가지였다. 어느 군인은 올라타자마자 끝내고 내려왔지만 어느 군인들은 오래 걸려 그 짓을 했다. 온 몸을 더듬기도 하는 군인들은 있었지만 입에다가 뽀뽀한 군인은 만난 적이 없다.

그리고 오래 한 곳에 있어서인지 군인들과는 낯이 익어 여자들과 군인들은 서로 얼굴을 잘 알게 되었다. 어떤 군인은 한동안 보이지 않다가 다시 오곤 했다. 어디 다른 곳으로 배치되었다가 내가 있는 부대로 다시 배치되어 왔나 보다. 하긴 10년을 넘게 한 곳에 있었으니 그럴 만도 하지 싶다. 나는 주로 장교들만 상대했다. 그래서 장교의 심부름하는 사병이 와서 나를 불러가곤 했다.

우리는 매주 한 번씩 군인들을 상대하지 않는 평일을 택해 밑의 검사를 받았다. 군인들이 우리를 다른 막사 안의 어느 곳으로 데리고 갔다. 우리가 다리를 벌리고 있으면 오리주둥이 같은 고무깔대기를 자궁에 밀어넣고 검사를 하였다. 아픈 사람들은 며칠씩 치료를 받았다. 나도 밑이 붓고 찢어져 있으면 빨간 약을 바를 수가 있었다. 검사하는 날은 우리 다섯을 포함하여 여자들이 한 30명쯤 되었다. 큰 부대 안이라서 여자들이 막사마다 조금씩 나뉘어 있었나보다.

나는 거기에 가서야 생리가 시작되었다. 양은 적은 편이었는데 생리 때면 성병 검사할 때 받은 약솜으로 밑을 틀어막았다. 생리한다고 말을 해도 막무가내로 와서 들이대는 군인들도 있었다. 그래도 대부분 군인들은 어찌 구했는지 자신들이 가지고 있는 삿쿠를 끼고 했다. 그래서 나는 성병을 앓아본 적은 없었다. 그러나 나는 왜 그랬는지 그 곳에서 606호 주사를 한 달 동안 계속 맞은 적이 있다. 남들이 606호 주사라 하여 그런 줄 알고 있다. 지금도 왼쪽 팔뚝에는 이 때 주사 맞은 부위가 크게 부어서 생긴 흉터가 남아 있다.

밀죽을 먹으면서

우리는 숙소에서 군인들과는 별도로 생활했다. 특별한 내규는 없었지만 모든 생활을 군인들이 감시하고 통제하여 우리는 그저 군인들이 하라는 대로만 했다. 처음에는 당번 군인이 우리에게 먹을 것을 가져다 주어 받아먹었지만, 나중에는 군인들이 주는 재료로 우리가 음식을 만들어 먹었다. 군인들은 계절에 따라 옷을 주었다.

먹는 것은 주로 밀죽뿐이었다. 밀죽은 밀가루를 소금과 물로 반죽한 다음 끓는 물에 손으로 떼넣어 만든 것이다. 이것만 계속 먹으니 나중에는 먹을 때마다 옷단장할 때 사용하는 풀냄새가 나서 먹기가 힘들었다. 그래도 전쟁이 심해지기 전까지 우리들은 굶지 않고 꼭 배는 채우고 살았다. 고향에서 배 곯으며 고생한 적이 많았던 나는 이런 밀죽이라도 눈치 안 보고 배를 채울 수 있어서 얼마나 좋은지 싶은 생각이 들때가 있었다. 군인들은 우리한테 다른 먹을 것도 있으면 잘 주는 편이었다. 과일 통조림이나 술, 담배 그런 것들 말이다.

나중에는 우리 여자들끼리 당번을 정하여 식사를 준비했다. 틀어쓰는 수도가 마당에 있어서 거기서 음식준비도 하고 천막이 둘러쳐져 있는 마당에 앉아 식사를 하곤 했다. 세면장은 따로 없었다. 군인들과 그 짓이 끝난 후 우리는 수돗물을 그릇에 받아 커튼 방 속으로 들어가서 살짝 뒷물을 하고 몸도 씻는 것이다.

겨울 추위는 정말 참기 힘들었다. 어느 계절이든 비는 별로 구경하지 못했지만 겨울에는 눈이 무척이나 많이 내렸다. 우리는 이런 겨울을 낡은 다다미가 깔려 있는 방에서 군인 담요를 덮어쓰고 '유담포'1)로 발을 데우면서, 쪼그리고 달달 떨며 보냈다. 조개탄으로 난로를 지피지만 춥기는 마찬가지였다. 그 때 코가 동상에 걸렸는데 귀국하고서도 한동안 코가 무척이나 아팠다. 가끔 군인들이 마당에 불을 지피고 우리에게 불을 쬐라고 불러내곤 했다. 그러면 여자들은 너나 없이 불가에 빙 둘러앉아 불을 쬐며 우리말로 큰소리치며 수다를 떨었다. 우리에게 한국말을 하지 말라고 제재를 가하던 군인은 없었다.

가끔 우리가 우리말로 우스갯소리를 하고 웃고 놀고 있으면 군인들이 따라 웃기도 했다. 하지만 군인들은 우리말을 전혀 모르고 나 또한 일본말을 잘 하지 못하였다. 특별히 우리에게 일본말은 가르치지 않았던 것이다. 한번은 내가 속이 상해 혼자 "염병하네"라고 말했는데 상대하던 군인이 욕한다고 뺨을 후려쳤다. 정말 이상하게 이들은 우리말을

---

1) 온돌이 아닌 일본식 다다미 방에서 겨울 등 추운 날씨에 사용하는 고무나 쇠로 만든 용기로서, 그 안에 따뜻한 물을 넣은 다음, 수건이나 헝겊 등으로 겉 표면을 쌓은 후 몸을 따뜻하게 한다(정리자 주).

모르면서도 우리가 하는 욕은 용케도 알아내서 자기네들 욕한다고 "조센징"이라면서 혹독하게 대하기도 했다. 군인들은 기분 나쁠 때면 아무 때나 우리에게 "조센징"이라고 해대며 화풀이를 했다. 주먹이 올라가기도 하면서 말이다. 나하고만 특별히 친한 군인은 없었다. 이 외에도 군인들은 가끔 여자들 방으로 와서 놀다가기도 했다. 그러나 이 때는 잠자리를 같이 하지 않았다.

우리는 고정적으로 급료 같은 것을 받은 적이 없다. 다만 낯이 익은 군인들이 2엔, 2엔 50전, 3엔 정도를 주었다. 이런 돈을 받으면 옷에 달아 놓은 주머니에 넣었다. 나는 돈 벌 생각은 없었다. 잠자리를 같이 한 군인이 돈을 주면 받고, 안 주면 안 받고, 지니고 다니다가 종종 잃어버리기도 하고, 남들이 달라하면 줘버리기도 했다. 받은 돈이 중국 돈이었는지 일본 돈이었는지도 기억이 없다. 한번은 장교가 옥가락지를 선물로 주기도 했다.

이렇게 돈을 천 엔 정도 모았다. 그 때는 무척 큰 돈이었다. 아마 내가 나올 때쯤이었나 보다. 아는 군인이 서울로 부쳐주었다. 은행이었는지 우편국에서 부쳤는지 이름을 '최일례'로 부쳤는지 '하루코'로 했는지 까막눈이라 모른다. 그 군인은 부치고 와서 파란색 표를 주면서 나중에 서울에 가서 찾으라고 했다. 그러나 이 표도 언제인지 잃어 버리고 지금까지 그 돈을 찾을 엄두도 내지 않았다. 아깝다는 생각도 솔직히 없었다. 모든 게 귀찮다. 망가진 몸으로 살아서 무엇하랴 하는 심정밖에 없었다.

우리가 이 곳에 머문 지 얼마되지 않아서부터 중국인 보따리 장사들이 가끔씩 무언가를 싸들고 찾아오기 시작했다. 우리는 보초병들이 조금씩 눈감아 주면 막사 밖으로 나가 이 장사꾼들이 가져오는 것들을 구경하기도 했다. 그리고 맘에 드는 물건이 있으면 가지고 있던 돈을 주고 사기도 했다. 중국인 장사들은 우리가 가지고 있던 돈을 주면 받아

가니까, 우리는 군인에게 받은 돈을 사용할 수 있었다.

그러다가 중국인이 군 막사와 조금 떨어진 곳에다 가게를 내어 떡이랑 담배, 사탕, 얼굴에 찍어 바를 '구루무(크림)' 같은 것들, 새빨간 고량주를 팔았다. 아마 이 가게에서 아편도 팔았던 것 같다. 우리는 이 가게를 이용하였다. 나도 자주 이 가게를 이용했지만, 떡은 주인이 너무 지저분하게 생겨 비위가 상하고 께름칙하여 사 먹은 적이 없다.

결의형제 맺은 내 친구들

우리 다섯 명은 군인들이 붙여준 일본식 이름을 서로 부르며 생활했다. 군인들은 우리가 가자마자 우리 명단을 작성하여 각기 불러줬다. 군인들은 붙여준 이름 외에 우리의 고향이나 본이름은 물어보지도 않았다.

거기서 지어준 내 이름은 '하루코'였다. 다른 여자들 이름은 '기네코' 밖에 생각나지 않는다. 우리 여자들은 무척 다정하게 지냈다. 내가 나이가 많아 여자들은 나보고 언니라고 불렀다. 우리는 모이면 무슨 일이 있어도 고향에 살아서 돌아가자고 다짐을 했다.

그 중에 나보다 한 살 어린 기네코 하고는 결의형제를 맺을 정도로 사이가 좋았다. 우리는 실에다 파란색 물감을 묻혀 바늘로 왼쪽 손목 바로 위쪽을 몇 군데 떴다. 그러면서 언제까지나 잊지말자며 결의형제를 맺었다. 마르고 키 작은 나와는 달리, 크고 뚱뚱했던 기네코는 성이 문씨로 고향이 부산이었다. 처음에는 부산 사투리가 너무 심해 말을 하나도 알아들을 수가 없었다. 그래도 서로 같이 오래 어울려 있다보니 말도 익숙해지고 친해지게 되었다. 나는 숫자도 읽지 못하는데 기네코는 제 이름 정도는 쓸 줄 알았다.

아이를 낳았던 여자도 있다. 그러나 그 아이는 태어나자마자 군인이 데려가버려 어떻게 되었는지 모르겠다. 내 생각에는 자기 몸뚱아리도 감당하기 힘든 마음에 아이를 뺏기는 일로 아이 엄마가 얼마나 슬퍼했겠는가 싶다.

내 인생, 내 생활

이 곳에 온 지 얼마 안되어 나도 아편중독자가 되었다. 나보다 먼저 아편중독이 되어버린 여자가 아편을 피우면서, 피우면 기분이 좋다고 권하길래 몇 번 피운 것이 습관이 되버린 것이다. 처음에는 얻어 피우다가 나중에는 내가 직접 사서 피우게 되었다. 아편 기운이 있을 때면 살맛이 나다가도 아편 기운만 없어지면 온몸의 뼈가 으스러지는 것만 같고 정신을 차릴 수가 없을 정도였다.

그러다가 그 여자가 아편중독이 심해 죽어버렸다. 나는 그 때 정신이 번쩍 들었다. 이 곳이 어디냐, 내가 왜 이 곳에서 죽어야 하느냐, 몸이라도 부모님 계시는 고향으로 가 그 곳에서 묻혀야 하지 않느냐, 이미 버린 몸이지만 내가 할 수 있는 일은 그것밖에 없을 것 같았다. 그래서 나는 아편이 필요할 때마다 아편 대신에 술을 먹기 시작했다. 그 때 술은 군인들이 공짜로 가져다주어서 언제든지 충분히 먹을 수 있었다. 이렇게 한 잔씩 먹은 술이 늘어 만주에서도 술을 아주 즐기게 되었고, 지금도 밥 대신에 술만 먹고도 살 수 있을 정도가 되어 버렸다. 술뿐만이 아니라 만주에서 담배도 배웠다. 지금도 저혈압이니 담배를 끊어야 된다는 말을 듣지만 끊지 못하고 있다.

안쓰러워 탈출시켜준 단골군인

어느 때인가부터 점점 먹을 것이 없어져서 자주 배를 곯게 되었다.

그런 날이 길어지자 하루는 단골 장교가 나보고 도망가라고 하면서 탈출하는 방법들을 자세히 알려주었다. 그리고 그 군인은 나에게 같이 있는 여자들에게도 말하지 말고 빠져나가라고 하면서 하얀 색의 신분증세 개를 준비해 주었다. 나는 그 군인의 말대로 아무에게도 말하지 않고 몰래 그 곳을 빠져나갔다. 서울까지 가는 동안 신분증을 품에 꼭 지니고 필요할 때는 그것을 보여주면서 배와 기차를 타고 왔다. 그 당시거의 굶다시피한 내 모습은 산송장이나 다름없었다. 사람 목숨이 얼마나 질긴지 그 때 알았다. 서울에 온 후, 곧 우리나라는 해방되었다. 나는 곧장 고향으로 갔다.

귀향

집에 돌아와서 보니, 아버지는 다시 결혼하여 새어머니와 나이어린 동생들을 두고 있었다. 새어머니는 딸 하나를 데리고 왔다. 그리고 아버지와는 아들 넷, 딸 둘을 낳았다. 중간에 아들 둘은 병으로 죽고 큰 남동생은 군대에 가서 죽었다. 아버지도 내가 떠난 후 작은 아버지와 함께 일본군인에게 끌려갔다고 한다. 끌려가던 아버지는 도중에 몰래 탈출하여 다시 집으로 돌아왔지만 작은 아버지는 그 후 지금까지 소식이 없다.

고모는 나를 보더니 끌어안고 마냥 우시기만 했다. 이미 돌아가신 할머니는 돌아가실 때까지 나만 찾으셨다고 한다. 그리고 어린 시절 내가 돌봐주던 여동생은 일본으로 시집을 갔다는 것이다. 그러나 이 여동생은 아들 하나 낳고 중간에 남편이 죽었다. 그래서 다시 결혼해 지금은 부산에서 살고 있다. 내가 돌아온 후 5년 후에 아버지는 돌아가셨다.

고향에 돌아온 후 아는 게 없는 나는 어디 멀리도 나가지 못하고 정신나간 사람처럼 친척집을 이 집 저 집 돌아다니면서 빌어먹고 살았다.

중간에 배다른 남동생이 장가를 들어 동생네 집에 얹혀 살기도 했는데, 동생댁에게 눈치가 보여서 나와 버렸다. 구십이 다 되신 새어머니는 지금도 이 동생네 집에서 함께 살고 계신다.

젊었을 때의 일이다. 한 서른한 살 정도였을까. 장흥에서 새어머니가 데리고 온 여동생이랑 같이 병원에 가서 자궁검사를 한 적이 있다. 임신할 수 있다고 하면 시집이나 갈까 싶어서였다. 내가 혼자 산다고 열녀문을 세워줄 것도 아니고 남편과 함께 애기도 낳고 살고 싶었다. 하지만 임신이 어렵다는 진단이 나왔다. 그래서 결혼은 생각하지 않고 살았다.

환갑이 지나서 배다른 남동생의 소개로 목포의 부부교사 집에서 팔년 동안 아이를 돌봐주며 살았다. 지금은 외사촌 동생네 집에 월세 삼만 원짜리 지금의 이 방 한 칸을 얻어 살고 있다. 목포 교사집에 있을 때 매달 최소한 십만 원은 받았는데, 그것을 모은 것이 한 육백만 원 정도 된다. 생활은 그 돈과 정부 생활보조금으로 꾸려나가고 있다. 지금까지 나는 명절이나 할머니 제사 때가 되면 꼭 우리 할머니 산소를 찾아뵙고 성묘를 드린다. 마지막 돌아가실 때까지 나를 못잊어하셨다는 할머니가 눈에 선하고 제일 그립다.

이제 내 나이 곧 있으면 팔십이다. 눈치로 알았겠지만 나의 이런 경험을 알게 된 남동생은 먼저 한국정신대문제대책협의회에 신고하고 난 후 나보고 괜찮으니 모든 것을 아는 대로 말하라고 했다. 그래서 나는 사람들이 물어보면 묻는 대로 말하고는 있지만 내 원래 아는 것도 말을 안하고 사는 성격이기도 하고, 이젠 나이가 들어 방금 한 것도 잊어버릴 정도로 기억력이 흐려서 40년 지난 그 때 일을 말은 하면서도 뭐가 뭔지 가물가물하다. 꼭 꿈인지 싶다. 아무에게도 이야기 안하고 미친년처럼 살아온 날들이었다. 그래도 지금까지 남에게 신세지고 살지 않으려고 나름대로 노력해 왔다. 어려서부터 고생하더니 젊어서도, 지금도 언제나 고생은 내 곁에서 떠나지 않는다. 내 고생은 죽어서까지도 꼭 계속될 것만 같다.

가끔 결의형제를 맺었던 친구 생각이 난다. 그 애도 살아서 귀국했을 것인데 그 후 한 번도 만나지 못했다. 궁금하긴 해도 내가 원래 아무 데도 나서지 않고, 없으면 없는 대로 죽은 듯이 살아가는 성격이다 보니 그 친구가 그립기만 할 뿐 연락도 못해보고 그대로 세월을 보냈다. 지금도 왼쪽 팔에는 그 친구와 형제애의 표시로 같이 새긴 파란 문신 자국이 그대로 남아 있는데….

내가 처음 할머니를 만난 것은 1992년 5월 어버이날을 맞이하여, 서울의 어느 여성단체에서 마련한 할머니 위안잔치에서였다. 1박 2일의 그 행사 내내 할머니는 쪽진 듯이 뒤로 벗어넘긴 머리에 초등학교 상급반 정도의 작은 몸매로 다소곳이 앉아만 있었던 것으로 기억된다. 그 날 행사장에서 할머니에게 면담을 요청하자, 할머니는 당신을 신고해준 남동생을 따라 서울에 오셨다며 친척집에서 하루를 머문 후 행사 다음날 지금 살고 계시는 전남 장흥지방으로 곧장 떠나겠노라고, 내 눈길을 피하셨다. 나와 고혜정 회원은 다시 남동생을 통해 권유하여 허락을 얻은 뒤, 다음날 서울역에서 만나 면담을 하게 되었다. 할머니는 서울은 군위안부생활을 하다가 만주에서 도망올 때 들른 이후 처음이라며 서울이 '골치가 아프다'고 말씀을 하셨다.

이처럼 정갈하면서도 무척 소박하고 소극적인 '시골할머니' 같다는 첫인상은 이후 계속되는 조사에서도 마찬가지였다. 할머니가 사시는 곳은 장흥읍에서 택시를 타고 20여 분 정도는 들어가는 시골로 바로 산 밑이었다. 무척 말이 짧으시고, 묻는 말 외엔 같이 있는 하루 종일 그저 침묵을 지키곤 하셨다. 혹시 기억장애가 아닐까 싶은 정도로 그 당시 일들을 생각해내지 못하는 경우도 종종 있었다. 그럴 때면 할머니는 몸을 더욱 조그맣게 움추리며 앉아 그저 침묵할 뿐이었다. 그러나 산이나 밭에서 나물 캐는 일을 즐기실 때 내가 찾아가서 같이 나물을 캐면 무척 신나 하셨다.

동생과 떨어져 친척집에서 세들어 살고 있는 할머니는 나랑 동네사람을 만날 때면 '우리 손지(손주)여'라며 자랑(?)하시곤 했다. 나는 대여섯 차례 할머니를 방문하여 먼길이라서 자곤 했는데, 그 때마다 아침이면 내가 일어나기도 전에 먼저 식사준비를 하시고 부엌에는 들어오지 못하게 막무가내로 막으셨다. 할머니의 '가족'과 '정'을 그리워하는 그 마음을 읽으며, 그런 할머니의 꿈을 누가 앗아갔을까라는 생각으로 가슴이 답답해지곤 했다.

❃ 조사·정리자 조혜란은 1960년 너른 평야지대인 전북 정읍에서 태어났다. 정신대연구회 초창기인 1990년 7월부터 회원 활동을 하고 있고, 증언집 1집에서는 문옥주 할머니의 구술을 정리한 바 있다. 또한 신영숙과 공동으로 1995년 광복50주년기념 학술대회 「청산하지 못한 일제시기의 문제」에서 "군위안부의 실태 및 특성에 관한 연구"를 발표한 바 있다.

순사와 군인들에게 끌려가

여복실(呂福實)

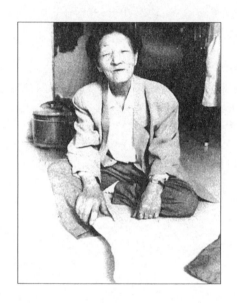

....

**"나는 성격이 쌀쌀맞고 차서 아무에게나
얘기를 털어놓는 편이 아니다."**

나는 1922년[1] 전남 장흥읍 기양리에서 태어났다. 조그만 움막집
에서 아버지가 품팔이를 해서 근근이 먹고 살았다. 내가 일곱 살 때

---

1) 주민등록상에는 1921년으로 되어 있다.

어머니가 돌아가셨다. 어머니가 돌아가신 후 집안 살림과 다섯 살 아래의 여동생을 돌보는 것은 내 차지가 되었다. 그러다가 아버지마저 가슴에 병이 들어서 그 병간호까지 내가 해야 했다. 그 후로는 동네 사람들이 가져다 주는 쌀로 어렵게 살았다. 당시 우리집은 언덕 위에 있었는데, 그 근처는 집이 몇 채 없는 외진 곳이었다. 형편이 어려워서 학교는 들어가지 못했다. 그래서 나는 지금도 일자무식이다. 아버지가 아파서 시집가는 것은 생각도 못했다.

그렇게 어렵게 살던 열여덟 살 무렵이었다. 어느 날 물을 길러가다가 동네에 있는 여자를 모두 데려간다는 소문을 들었다. 동네사람들은 일본 사람들이 여자를 잡으러 온다고 다른 데로 숨으러 간다면서 나보고 어떻게 할거냐고 물었다. 나는 아버지 때문에 어떻게 가느냐고 죽어도 아버지와 함께 여기서 죽겠다고 대답했다.

순사와 군인들이 들이닥쳐

그 얘기를 들은 후 얼마 지나지 않아서 나는 끌려가게 되었다. 1939년, 만으로 열일곱 살 때였다. 동짓달이었는데 그 날 나는 아버지 병간호를 하느라고 밤에 잠을 못 자서 낮에 깜박 잠이 들어 있었다. 갑자기 일본인 순사와 군인들 너덧 명이 집안으로 들어와서 총검을 들이댔다. 그리고는 알아들을 수 없는 일본말을 외치며 나를 강제로 트럭에 실었다. 나는 잠을 자다가 영문도 모른 채 그렇게 끌려갔다. 아버지와 여동생이 살려달라고 울며 애원하였으나 아무 소용이 없었다. 트럭은 두 대가 왔는데 그 때 우리 마을에서 트럭에 실린 여자는 나 혼자뿐이었다. 순사와 군인들이 집집마다 뒤졌으나 우리 마을의 다른 여자들은 어디론가 다 피신해서 집에는 늙은이들만 지키고 있었기 때문이었다. 나를 끌어간 순사 중의 한 사람이 당시 지독하다고 이름난 '다나카(田中)'였다(다나카는 창씨개명한 조선인 앞잡이로 해방 후 고향에 돌아와서 들으니 사람들이 그를 찔러 죽였다고 한다).

트럭에 실려 한참을 가더니 잡아 놓은 7명을 더 태웠다. 나주, 영산포에서도 길가는 처녀들을 닥치는 대로 붙잡아 실어서 트럭에는 곧 열다섯 명쯤 되었다. 군인들이 여자들을 지켰다. 어디인지 모르지만 기차역에 도착하여 기차의 화물칸에 실려서 며칠을 달렸다. 객차 안에는 군인들만 있었던 것 같고, 화물칸에는 우리 여자들만 있었다. 캄캄한 화물칸 안에서 우리는 물 한 모금, 밥 한 덩이를 먹지 못하고 서로 붙잡고 울기만 했다. 죽으러 간다고 생각했다. 몸을 구부린 채로 하도 울어서 눈이 퉁퉁 부었다.

며칠 기차를 타고 북지나 천진에 내려서

날이 새서 기차에서 내리니 북지나 천진[2]이라고 했다. 기차에서 내려서는 배가 하도 고파 역전에서 물을 퍼먹었다. 역에 도착해서 보니 다른 조선인 여자들이 15~20명 정도가 있었다. 노란 별이 달린 모자를 쓴 일본 군인들이 탄 트럭 3대가 기다리고 있었다. 우리 여자들을 8명 내지 10명씩 나누어 트럭에 실었다. 트럭에 타고 있을 때 일본 군인들이 중국인 여자들을 강탈하는 것을 보았다. 중국인 여자들의 발은 전족을 했기 때문에 조막만 해서 종종 걸음을 쳤다. 그래서 총을 든 일본 군인이 위협을 하면 도망가지도 못하고 당했다.

나도 그 중 한 트럭에 태워져 천진 역을 떠났다. 그 날 저녁 무렵에 목적지에 도착했다. 살면서 보니 거기는 성 안이었는데 성벽이 낮아서 바로 옆에 있는 군 병영도 보였다. 막사도 있었고 근처는 벌판이었다. 장교들은 중국인이 살던 집에 들어가 살기도 했다. 군부대는 기마대도

---

2) 일본은 이미 1937년 8월에 천진을 점령하여 이 당시에는 군대가 주둔하고 있었다. 북지나는 중국 북부라는 뜻으로 당시 일본인들이 붙인 지명이다.

있었고, 3개 사단이었던 것으로 기억난다.

일본군이 진격하자 도망간 중국인의 빈 집 중의 하나에 여자들을 들여보냈다. 그 집에 들어가서야 한 덩어리의 주먹밥을 얻어 먹었다. 그 집에는 간판 같은 것은 없었다. 지붕은 갈대로 되어 있었다. 방에는 탄을 넣는 곳이 있었다. 방이 너덧 개였는데 처음에는 가마니로 칸을 막아 여덟 명의 여자들이 한 방에 하나씩 들어갔다. 나중에 문을 만들어서 달아 줬다. 방은 둘이 누울 정도의 크기였다. 방안에는 군인들이 가져다 준 휴지가 있었다. 세숫대야는 처음에는 없었는데 나중에 가져다 주었다. 소독약도 주었는데 이 약을 물에 타면 빨간 색이 된다. 여자들은 이 물로 뒷물을 했다. 옷과 이불은 피난간 중국 사람 집에 남아 있던 것을 군인들이 가져다 주었다.

도착한 날 밤 일본 군인이 여러 명 들이닥쳤다. 밑이 찢어져 피가 나고 부었다. 아프다고 해서 다음날 하루는 쉬었지만, 그 뒤 또 군인들이 들어와서 밑이 쓰리고 계속 부어 있었다. 다리를 절뚝거리고 다녀야 했다. 너무 힘들어서 죽는 것이 낫겠다는 생각이 들기도 했다.

장교들이 매독에 걸리면 큰일난다고 삿쿠를 껴야 한다고 알려줬다. 오후 1시부터 9시까지는 사병들을, 9시부터 12시까지는 장교급들을 상대해야 했다. 방에는 문이 두 개 있어서 군인들은 신발을 벗고 들어와서 일을 마치고는 들어온 문이 아닌 다른 문으로 나갔다. 장교들은 보통 자기 방으로 불렀다. 연락병이 와서 데려가고 데려오고 했다. 성병이 걸리거나 죽을 병이 걸리지 않은 다음에는 매일같이 그 노릇을 해야 했다. 심지어 피가 비치는 날에도 해야 했다. 일본 군인들은 아무 것도 상관 안했다. 어쩌다 싫은 표정을 지으면 구두 발길질에 주먹으로 얼굴을 때리는 군인들이 있었다. 하루에 20~30명을 상대해야 했고 주말에는 더 많았다. 군인들이 작전에 나가면 조금 적게 왔다. 군인들 중에는 내가 울고 있는 것을 보고 불쌍하다는 사람도 있었다. 방에 들어와서는 일이 끝나도 얼른 안 나가려는 군인도 있었는데 그러면 나는 장교한테 이른다고 위협하여 쫓아냈다.

여덟 명의 여자 중에 나를 포함해서 인물이 좋은 여자 세 명은 주로 장교를 상대했다. 장교를 상대하면 삿쿠와 타월을 많이 얻을 수 있었다. 이렇게 얻은 것들은 여자들끼리 나누어 썼다. 나를 자주 부른 대장은 '부깡(무관: 武官)'으로 계급은 금테 같이 두 개였다. 이름은 기억나지 않지만 나이는 좀 들었다.

집 밖에는 총을 들고 교대로 보초를 서는 군인들이 있었다. 그렇지만 집안에서 따로 관리하는 사람은 없었고 군인들은 여자가 있는 방마다 쭉 줄을 섰다가 들어왔다. 한번은 보초를 서는 졸병 하나가 보초를 서다가 들어오려고 했다. 내가 그에게 들어오지 말라고 했더니 총대로 내 왼쪽 어깻죽지를 때리는 것이었다. 내가 그 일을 대장에게 알려서 그 군인은 혼이 났다. 지금도 왼팔을 높이 올리지 못하고 종종 아프다.

거기서 생활한 지 5~6개월쯤 지났을 무렵 한 졸병이 삿쿠를 안 끼려고 했다. 내가 병이 걸린다고 끼라고 했더니 그 군인이 단도로 내 오른쪽 사타구니 부근을 찔렀다. 그래서 병원으로 통근하며 치료를 했다. 지금도 2~3cm 되는 흉터가 남아 있다.

나는 거기 있으면서 돈이고 군표고 받지 못했다. 또 군인들에게서 돈이나 군표를 받는 것도 보지 못했다. 아는 군인들이 용돈을 조금 주기는 했지만 외출을 시켜 주지 않기 때문에 돈 쓸 데가 없었다. 또 군인들은 자기들이 받은 물건 중 비누, 수건, 건빵 같은 것을 가져다 주기도 했다.

밥은 처음에는 '항고'3)에다 갖다 줘서 군인들과 같은 것을 먹었다. 나중에는 밥해 주는 여자들이 3명 정도 있었다. 그 여자들은 나주에서 끌려왔다고 했다. 자식이 있는 여자나 30대의 여자로 이들은 군인을 받지 않고 밥만 했다. 납작 보리밥에 군인들이 가져다 주는 채소로 반찬

---

3) 항고(飯盒)는 군인들의 휴대용 식기이다.

을 해주었다. 김치도 만들어 주었다. 우리는 하루 세 끼를 먹었는데 군인들이 많이 와서 바쁘면 굶고 상대하기도 했다.

삿쿠는 다 썼는데 어쩌다 터지면 병이 옮는 것이다. 나는 영리해서 병에 안 걸렸다. 군인을 상대하다가 삿쿠 터지는 소리가 나면 나는 벌떡 일어나서 다시 끼고 하라고 했다. 군인들은 삿쿠를 하나씩 다 가져왔지만 우리는 삿쿠를 방에다 몇 개씩 준비해 놓았다. 군인을 받고나면 밖에 나가서 아랫도리를 씻었다. 씻는 곳이 따로 있었다. 일 주일에 한 번씩 병원에 가서 군의에게 성병 검사를 받았다. 간호원은 없었다. 성병이 걸린 사람은 병원에 입원하여 치료를 받아야 했다. 한번은 나에게 한 장교가 약을 주면서 이 약을 쓰면 병이 안 걸린다고 해서 여자들끼리 나눠 쓴 일이 있다.

같이 간 여자 8명 중 2명만 평양 여자이고 나머지는 전라도 여자였다. 평양 여자들의 이름이 '히로코'와 '마쓰코'라고 했던 것이 기억난다. 그 두 명 중 하나는 나보다 한 살 많은 열아홉 살에 끌려 왔고, 다른 하나는 열여섯 살에 왔다고 했다. 나이 많은 친구는 김복순이고 두 살 어린 친구가 이맹자였다. 나도 병사들이 자기들 마음대로 지어서 부른 이름이 있는데 '시즈코'였던 것 같다. 일본 이름들은 다 있었지만 여자들끼리는 조선 이름을 계속 불렀기 때문에 다른 이름들은 잘 기억나지 않는다. 밤에 잠을 잘 때는 여자들이 한 방에 모여서 자기도 했다. 그러면서 나는 평양 여자들과 친해졌다. 그 친구들도 군인들에게 끌려왔다고 했다. 여자들 사이에서는 장교와 친한 여자들을 미워하는 분위기도 있었다.

군인들을 받은 지 6개월쯤 지나 방안의 세숫대야 물을 버리러 나왔다가 폭탄 파편에 맞았다. 양쪽 종아리를 다쳐 석 달 동안 병원 신세를 져야 했다. 내가 병원에 입원해 있을 때 병원으로 군인들이 문병을 왔다. 장교의 연락병이 물건을 가져다 주기도 했다. 다리를 다쳤기 때문에 병원에서 퇴원하고 나서도 걸음을 걷지 못해서 줄을 매어 놓고 왔다 갔다 걷는 연습을 했다. 이 때의 흉터가 아직도 남아 있다.

퇴원 후에는 다시 군인들을 상대해야 했다. 담배는 거기 가서 1년쯤 지난 열아홉 살 때부터 군인들이 갖다 주는 것을 피우기 시작해서 지금도 피운다.

같이 있던 여자 중에 전라도 출신 여자는 병에 걸려 고통을 참지 못해 천장에 목을 매어 자살했다. 이 여자 이름이 '미즈코'였다. 나중에 매독에 걸려 자살한 여자도 있었다.

조선인 통역관이 탈출을 도와줘서

그 생활을 한 지 두 해쯤 지난 후의 일이다. 헌병대에 중국어 통역관으로 근무하는 조선인 김씨라는 사람이 나를 자주 찾았다. 그는 평양 사람이라고 했는데 중국어와 일본어를 무척 잘했다. 나는 그에게 "나와 평양 친구 두 명을 어떻게 빼줄 수 없냐"고 부탁했다. 그가 "그러면 큰일난다. 걸리면 총살당한다"고 했다. 그러면서 기회를 보자고 했다. 나는 공일(空日)날 그가 올 때마다 부탁을 했다.

그러던 어느 날 그 통역관이 와서 오늘밤 준비하고 있으라고 했다. 그래서 평양 친구들에게 말을 하고 같이 준비하고 있었다. 밤에 그가 찾아와서 자고 있던 보초들 몰래 그 집을 빠져나왔다. 기차역까지 서너 시간을 걸은 것 같다. 통역관과 같이 밤차를 탔다. 평양까지 여비는 그가 다 냈고 다음날 아침[4] 평양에 도착하자 여기가 평양이라고 하면서 고향에 찾아가라고 했다. 그 뒤 그는 어디로 갔는지 모른다. 그가 헤어지면서 나누어준 돈으로 옷을 샀다. 그래서 입고 있던 중국 옷을 벗고

---

4) 거리상 천진에서 평양까지는 며칠이 걸렸을 것이나 할머니의 기억에는 하루로 기억되고 있었다.

새로 산 옷으로 갈아입었다. 밥도 사 먹었다. 평양에 도착한 때가 21살 (1942년)이었고 늦은 봄이었던 것으로 기억한다. 강냉이가 밭에 쌓여 있었다.

평양 친구들의 집은 평양에서 한 십리쯤 걸어가는 시골이었다. 친구들은 한 동네에 사는 여자들이었는데 집에 가보니 부모님은 돌아가시고 오빠들이 있었다. 그 집에서는 우리를 보더니 모두 고생하고 살아 나왔다고 울었다. 그 집에서 반 년쯤 있다가 세 명이 함께 경성으로 내려와서 다방에서 일하며 돈을 벌었다. 그리고 나서 내가 고향에 가겠다고 하니 친구들이 평양 구경을 하다가 가라고 해서 같이 평양으로 올라갔다. 평양에서 1년쯤 지내다가 해방이 되었다. 해방되자 소련군이 진주하여 부엌에 숨기도 했다. 내가 고향에 간다니까 친구들이 여비를 보태 주었다. 우리는 의형제라고 오른쪽 팔 안쪽에 바늘로 문신을 떴다.

평양에서 해방되어 고향으로

평양에서 고향으로 넘어올 때 길 안내자에게 돈을 주고 왔다. 나는 운동화를 신고 배낭을 메고 강을 삥삥 돌아 군인들이 잠을 자는 시간에 몇 십 명과 함께 넘어왔다. 서울역에서 순경이 넘어온 사람들을 불러세워서 조사를 했다. 그래서 서대문 경찰서에서 하룻밤을 잤다. 같이 넘어온 옥순이라는 여자 집에 조금 있다가 남의 집일을 해서 여비를 번 후에 고향인 장흥으로 내려갔다.

가을이었다. 장흥에 도착하니 아버지는 딸이 납치당한 충격으로 이미 돌아가신 뒤였고, 하나 밖에 없는 여동생은 고모네 있다가 어디로 갔는지 모르는 상태였다. 고향에서는 사람들이 안 죽고 살아왔다며 고생했다고 했다.

이웃이 권유하여 당시 경찰관이었던 3살 연하의 청년과 결혼을 하게

····· 1집에 실린 이상옥 할머니와 담소를 나누고 있는 모습 ·····

되었다. 6.25전쟁이 나던 무렵 목포에서 살림을 차렸다. 나는 애를 가지기 위해서 몸에 좋다는 보약은 다 먹었고 서울대학병원에서 진찰을 받아보기도 했다. 병원에서는 자궁이 굳었다고 했다. 수술까지 했는데도 소용이 없었다. 4년여의 결혼생활에도 애를 못 낳아서 그 집을 나왔다. 집을 나오면서 내가 다리를 놔서 남편에게 여자를 만들어 주었다.

　그 후 경북 풍기 지방에서 날품팔이를 하며 숙식을 해결하고 농한기에는 농가를 돌아다니며 떠돌이 생활을 했다. 그러다 우리 앞집에 살던 여자를 우연히 만나서 여동생을 찾게 되었다. 지금부터 10여 년 전에 동생이 있는 인천으로 왔다. 동생이 사는 것을 보니 사글세도 못 내서 쫓겨날 형편이었다. 식모살이를 해서 동생네 전세금도 마련해 주고 조카가 결혼할 때 패물값도 마련해 주었다. 그런데 내가 군위안부였다고 신고를 하자 동생네는 연락을 끊어 버렸다.

　나는 애 봐주는 일을 최근까지 했다. 1992년 2월 마을 부녀회에서 나이도 있고 하니 남의 집 일을 그만 하라고 해서 혼자 살게 되었다.

전에 살던 방은 집주인인 할머니가 그냥 쓰라고 한 것이다. 그동안 호적 정리가 안된 것을 부녀회와 동사무소에서 애를 써서 생활보호대상자가 되었다. 그 방을 공짜로 써서 미안했는데 최근에 정부로부터 받은 목돈을 보증금으로 주고 나니 마음이 조금 덜 불편하다. 그 후 지금 사는 임대아파트로 이사와서 살고 있다. 생활비가 모자라서 방 한 칸은 다른 사람에게 세를 주었다.

나는 성격이 쌀쌀맞고 차서 아무에게나 얘기를 털어놓는 편이 아니다. 이 얘기도 옆방의 할머니에게 무슨 이야기 끝에 한마디 한 것을 옆방 할머니가 신고를 해서 알려진 것이다. 그 후 나를 만나러 오는 사람이 너무 많아서 힘들었다. 한 번 이야기를 하고 나면 눈물도 쏟아지고 당시 일이 떠올라서 담배를 더 피우게 된다. 며칠 동안 밥을 잘 못 먹기도 한다. 약값도 수월치 않게 든다. 병원에서는 영양실조라고 식사를 잘하라고 한다.

일생을 망치고 자식도 없이 혼자 사는 사람이 많은데, 일본한테 사과와 배상을 받아야 한다. 만약 한국 군인이 일본 여자들을 데려다가 그런 짓을 했다면 일본이 50년 동안이나 이렇게 놔두겠는가?

할머니와 처음 만난 것은 이 문제가 여론에 알려지기 시작한 1992년이었다. 1집에 싣기 위해서 여러 번 찾아 뵙고 정리하였으나, 모래알을 씹는 것 같다는 평가에 묵혀두었다가 2집에 싣게 되었다. 여러 번을 찾아뵈었으나 처음의 증언에서 크게 달라지거나 풍부해지지는 못했다. 현재 위안부 생활을 하다 폭발탄에 맞아 다친 다리가 아파서 고생하고 있다. 젊었을 때는 제법 미인이라는 소리를 들으셨을 듯싶은데 현재는 검게 그을린 얼굴에 주름도 많이 있어 그동안 세상살이의 고초를 짐작케 한다. 더구나 이 할머니는 초기에 신고하여 신문기자들과 방송국의 인터뷰에 많이 시달렸다. 그러한 때문인지 아니면 어릴 때부터 고생을 많이 해서인지, '쌀쌀맞다'는 성격 때문인지 증언을

듣는 과정이 수월치 않은 편이었다. 이 증언에서 기본적인 뼈대는 있지만 살이라고 할 수 있는 세세한 부분이 부족한 것은 이러한 할머니의 성격과 조사자의 능력 부족에 기인한다.

✽ 조사·정리자 여순주는 성차별에 관심을 두고 여성학을 공부하면서 여성사에 관심을 가지게 되었다. 본 연구회 활동은 처음 만들어질 때부터 해 오고 있다. 일제 말기 조선인 여자근로정신대에 관한 연구로 석사 논문을 썼다.

이 몸은 죽어서나 편할래나…

전금화(全錦花)

. . . . .

**"위안소에서 지낸 5년간의 짐승 같은 생
활을 어찌 말로 다 할 수 있겠는가!"**

내 어린시절 이야기를 하자니 아득하기만 하다. 나는 1924년[1] 충
청남도 천안의 지지리도 가난한 농가에서 태어났다. 어렸을 때 먹을
것이 없어 굶기도 많이 굶었다. 죽이나 한 끼 먹으면 그만이었다. 우
리집은 가진 땅이 없었으므로 남의 집 논을 붙여먹고 살았고, 아버지

---

1) 호적상으로는 1923년으로 되어 있으나 원래는 1924년생이다. 호적은 33세 때
에야 남편이 만들어 주었는데 출생년도가 정확히 기재되지 않았다.

가 품을 팔기도 했다. 아버지는 늘 술을 드셨고 노름을 하며 집안을 제대로 돌보지 않았다. 어머니는 광주리를 머리에 이고 다니며 행상을 했다.

내 형제 자매는 위로 오빠가 두 명 있었고, 아래로 여동생 둘이 있었다. 내가 맏딸이었고 엄마는 장사를 다녔기 때문에 나는 아주 어렸을 때부터 밥 짓고, 나무 하고, 동생들 돌보는 등 허리가 휘도록 집안 일을 했다.

부모님이 돌아가신 후 가세는 더욱 기울어 집안에 먹을 것이 없었다. 배가 고픈 나는 일곱 살 때 집을 나와 얻어 먹으며 걸어서 서울까지 왔다. 서울에서 어떤 사람의 소개로 남대문에서 여관을 하는 마사코(正子)라는 일본 사람의 집에 가정부로 가게 되었다.

마사코는 두 명의 딸이 있었다. 처음에 그 집에 가서는 아이들을 돌봐주고 청소도 하고 했다. 몇 년이 지난 후 조금 커서는 밥하고 청소하는 일 외에 여관일을 거들었다. 그 여관에는 주로 철도 공사하는 인부들이 하숙을 했으므로 나는 그들의 밥, 빨래 등을 해주어야 했다. 그곳에서 일한 대가로 돈을 받지는 않았으나 밥은 굶지 않았다. 그러나 일을 잘 못한다고 마사코에게 맞기도 많이 맞았다.

어려서 고향에 있을 때는 정해진 이름도 없이 갓난이, 언년이라고 불리다가, 일곱 살이 되어서 마사코네 집에 식모살이 갔을 때 마사코가 '수미코'라는 이름을 지어 주어 그 때부터 그 이름을 계속 사용했다.

1940년 내가 열일곱 살 되던 해 어느 날, 한동네 어떤 언니가 청진에 동태잡이 하는 데 가서 일을 하면 돈을 많이 번다고 했다. 그래서 같은 동네 사는 내 또래 여자들 4명과 함께 청진으로 갔다. 그들 중에는 나처럼 남의집살이 하는 사람도 있었다. 마사코도 나에게 청진으로 갈 것을 권했다. 지금 생각하면 마사코가 나를 팔아 먹은 것이 아닌가 싶다. 나는 집에서 입던 옷을 그대로 입은 채 돈 한푼 없이 청진으로 갔다.

우리가 탄 기차는 군용기차였기 때문에 군인들이 많았다.

청진에 도착하자 상황은 듣던 것과 달랐다. 황색 군복을 입은 일본 군인들이 우리에게 오더니 칼로 위협하며 시키는 대로 하라고 겁을 주어 어린 우리들은 사색이 되어 벌벌 떨었다. 말을 안 들으면 죽을까봐 겁이 나서 나는 그들이 데려가는 대로 따라갔다. 도저히 반항할 수 없는 공포스런 분위기였다. 군인들은 우리를 다시 기차에 태워 하얼빈까지 갔다. 그 곳에서 트럭을 타고 중국 '흑하(黑河)'에 있는 위안소로 데려갔다.

죽지 못해 사는 짐승 같은 삶

위안소에서 지낸 5년간의 짐승 같은 생활을 어찌 말로 다 할 수 있겠는가? 우리는 사람이 아니었다. 군인들은 우리를 돼지우리 같은 판자집에 넣었다. 방은 전부 9개였고 얇은 판대기로 벽을 만든 좁은 방이어서 옆방에서 하는 이야기가 거의 다 들렸다. 나는 처녀였는데 그 곳에서 일본군인에게 처음으로 당했다. 입을 틀어 막고 덤벼드는데 당해낼 도리가 없었다. 창피해서… 그 때 일을 어찌 말로 할 수 있겠는가.

위안소에는 모두 9명의 여자들이 있었다. 그들은 남한 출신이 대부분이었고 열네 살에서 열일곱 살 정도의 나이였다. 나는 열일곱 살에 그 곳에 가서 스물두 살까지 있었고 이름은 계속 '수미코'를 썼다.

방안에는 나무로 된 침대와 담요가 있었고 세숫대야, 뒷물대야와 뒷물할 때 쓰는 소독약 등이 있었다. 방안에 있는 조그마한 수도꼭지에서 조금씩 나오는 물을 받아 방안에서 세수와 뒷물을 했다. 물은 늘 모자랐다.

식사는 하루 세 끼를 주었는데 양이 적어 늘 배가 고팠다. 밥이라도 배불리 먹여줄 것이지… 반찬은 거의 없고 주먹밥 한 덩어리에 소금이 전부였다. 가끔 단무지와 된장국이 나올 뿐이었다. 끼니 때가 되면 마치 개밥 주듯이 밥을 방안으로 밀어넣어 주어 방안에서 밥을 먹었다. 먹는 물도 넉넉히 주지 않고 겨우 목 축일 정도만 주어서 늘 목이 탔다. 물이라도 맘껏 마셨으면 하는 생각이 늘 들었다.

옷은 기모노를 입었는데 일 년에 서너 벌씩 지급해 주었다. 빨래는 우리가 직접 해 입었다. 옷 외에도 치약, 칫솔, 비누, 생리대, 수건 등을 위안소측에서 공급해 주었고 화장품은 없었다.

혹하(黑河)는 겨울이 길고 날씨가 무척 추웠다. 난방은 벽을 데워서 방안을 훈훈하게 하는 방식이었는데 얼어 죽지 않을 정도로만 불을 때 주었다. 정말로 추웠다. 내복도 없도, 겉옷도 변변치 않아 항상 추웠던 기억뿐이다.

일 주일에 한 번씩 차를 타고 병원에 가서 성병 검진을 받았다. 군의관과 위생병이 있었는데 모두 일본남자였다. 위안부 중 성병이 걸린 것으로 판명되면 군인들은 더럽다고 나가라고 발로 차고 때렸다. 성병 걸린 것이 어디 우리 잘못인가? 일본 군인들이 우리에게 옮긴 것인데. 나는 위안소에 있을 때 성병에 걸리거나 임신한 적은 한 번도 없었다. 위안소에 있는 동안 다행히도 몸은 건강했다.

성병 검진을 받으러 가는 날은 유일하게 외출하는 날이었다. 검진하러 가기 전날은 트럭을 타고 목욕탕에 가서 약 30분간 목욕을 했다. 군인들은 그동안 밖에서 보초를 서면서 기다리고 있었다. 목욕이 끝나면 다시 트럭을 타고 병원으로 갔다.

우리는 검진을 받으러 병원에 갈 때 외에는 방안에서 거의 나오지 못했다. 대소변도 방안에서 보았다. 대소변이 마려우면 밖에 있는 군인에게 깡통을 갖다 달라고 소리를 질러서 갖다주면 일을 보고 다시 군인들이 깡통을 가지고 나갔다. 그러나 늘 깡통을 빨리 갖다 주지 않아 가져올 때까지 대소변을 참아야 했다. 내가 위안소에서 생활하면서 가장 괴로웠던 것은 매일 대소변을 참아야 하는 것이었다.

아침 7시쯤 되면 기상 나팔을 불었다. 그 때 일어나지 않고 늦잠을 자면 벽을 두드리며 깨웠다. 8시가 되면 군인들이 아침 밥을 가져와서 먹었다. 밥을 먹고 나면 군인들이 하나둘씩 오기 시작했다. 어떤 때는 새벽이나 밤에 몰래 부대를 빠져 나와 위안소에 다녀가는 군인들도 있었다. 특히 공휴일에는 군인들이 많이 왔다. 하루에 몇 명이나 왔는지는 정확히 모르겠다. 몇 명인지 셀 정신도 없었다. 군인들은 우리 위안부들만 보면 미친듯이 덤벼들었다. 나는 그 당시 덩치도 좋고 억셌기 때문에 위안소에 와서 이상한 체위를 요구하거나 지나치게 귀찮게 구는 군인들이 있으면 맞을 때 맞더라도 막 소리를 질러댔다. 말로 다 할 수 없는 온갖 추접한 사람들이 많았다. 내가 막 소리지르고 난리를 치면 밖에 있던 헌병이 와서 군인을 끌고 나갔다.

나는 몸이 좋고 살집도 탐스러워 군인들이 내게 유난히 많이 왔다. 그 중에는 때때로 먹을 것을 갖다 주기도 하고 내가 예쁘다고 칭찬하며 나를 추켜세워 주기도 했지만 나로서는 많은 군인들을 상대해야 했기 때문에 더 괴로울 뿐이었다. 군인들이 삿쿠를 가지고 왔는데 그들 중에는 삿쿠를 사용하지 않으려는 군인들도 있었다. 삿쿠는 한 번 쓰고는 방안에 있는 쓰레기통에 버렸는데 방안에서는 그 냄새 때문에 항상 메스껍고 구역질이 날 정도였다.[2]

그 곳에서 술을 배웠다. 원래는 위안소내에서 술을 못 먹게 되어 있었으나 내게 자주 오는 군인들이 몰래 수통에 정종을 담아와 몇 모금씩 주었다. 세상을 잊고 싶고, 이렇게 사는 나를 잊고 싶어 술을 마셨다. 그러나 술주정은 하지 않았다.

일본인 군인 중 나를 좋아하는 군인이 하나 있었다. 그는 자주 와서

---

2) 이 대목에서 할머니는 아주 여러 차례 더럽다는 표현을 하며 머리를 절레절레 흔들었다.

내가 불쌍하다고 위로해 주기도 하고, 매맞지 않게 잘하라고 타일러 주기도 했다. 때로는 건빵, 카라멜, 물, 술 등 먹을 것을 갖다 주기도 했다.

나는 열일곱 살부터 스물두 살까지 5년간 같은 위안소에 있었다. 다른 곳으로 이동하지도 않았고 군인을 상대하는 일 외에 다른 일은 안했다.

위안소에는 심부름하는 중국인 늙은 남자가 한 명 있었는데 그 사람도 일본 군인들에게 많이 맞다가 결국은 쫓겨났다. 위안소 관리를 누가 했는지 정확히는 모르겠다. 아무튼 우리에게 이래라저래라 지시하는 사람은 모두 일본 군인들이었다. 군인들이 보초를 서며 우리를 감시하고 또 밥도 군인들이 날라다 주었고, 비누, 수건, 치약 등 생활필수품도 일본 군인들이 갖다 주었다. 그러나 군인들이 위안소에 같이 거주하지는 않았다. 군인들은 위안소와 가까운 거리에 있는 부대에서 숙식을 했다.

위안소에 있는 동안 보고 싶은 사람은 하나도 없었다. 부모님도 돌아가시고 형제자매들은 어디 사는지 소식조차 모르고, 혈육 한 점 없이 오직 내 한 몸뿐이니…. 정말 외로웠다. 오직 도망가고 싶은 생각뿐이었다. 같이 있는 위안부 서너 명과 함께 흑룡강을 건너 러시아 땅으로 도망갈 계획을 세운 적이 있었으나 가다가 벌판에서 얼어 죽거나 붙잡힐 것 같아 포기하고 말았다. 도망갔던 위안부들은 결국 다시 붙들려 와서 늘씬하게 두들겨 맞았다. 도망쳐 봐야 소용 없는 것을… 원통해도 할 수 없는 일이었다. 내가 거기서 고생한 이야기는 말로 다 못한다. 생각만 해도 지긋지긋하다.

이름도, 호적도 없이 산 30여 년의 삶

어느 날 일본 헌병이 위안소로 와 내일 아침이면 러시아 군인들이 쳐들어와서 위안소에 불을 지를 테니 어서 도망가라고 알려 주었다. 그래서 같이 있던 '미즈코'와 둘이서 새벽에 도망나왔다. 그 때 다른 위안부들도 다 도망나왔는데 뿔뿔이 흩어졌다. 나와 함께 나왔던 '미즈코'와도 귀향 도중에 인파 속에서 서로 잃어 버렸다. 기차에 매달려 타기도 하고, 기차 지붕 위에 타기도 하고, 그것도 여의치 않을 때는 걸어서 하얼빈을 거쳐 한 달 닷새만에 개성까지 왔다. 기차에 매달려 길이가 몇 십리나 되는 것 같이 느껴지는 굴 속을 지나갈 때면 기차에서 떨어져 죽는 사람도 많았다. 나는 많은 인파 속에서 살아나려고 안간힘을 써서 기차에 매달렸다. 개성에서 걸어서 서울을 거쳐 내 고향인 충남 천안까지 찾아갔다. 그러나 고향이라고 돌아가면 무엇하랴. 부모는 돌아가신 지 오래고 형제간은 소식조차 모르니. 동네 사람들에게 물어물어서 아버지 산소를 찾아가보니 돌보는 이 없는 부모님 산소는 거의 흔적도 없을 정도로 씻겨 내려가 버렸다. 무거운 발걸음으로 고향을 떠나 다시 서울을 거쳐 인천으로 왔다. 인천에 와서는 장사도 하고 남의 집 살이도 하며 겨우겨우 살아갔다. 내가 여기 송도에 산 지도 49년째이니 여기가 내 고향이나 마찬가지다.

20대 초반에 충남 서산 출신의 쌀장사하는 사람을 만나 아이를 가졌는데 알고 보니 부인이 있었다. 그래서 그 사람과 헤어졌다. 그와의 사이에서 낳은 아들을 데리고 송도의 주막집에서 식모살이를 하며 어렵게 살았다. 그러다가 그 주막에 자주 오던 목수를 만나 아들 하나를 낳고 살았는데 그는 객사하고 말았다. 그 후 황해도 연백 출신으로 나보다 열아홉 살 더 먹은 영감을 만나 함께 살았다. 그는 1.4후퇴 때 부인을 이북에 남겨두고 자식만 데리고 남한으로 내려와 송도에서 살고 있었다. 통일이 되면 언젠가는 자기 부인을 다시 만나게 될지도 모른다며 나와는 혼인신고를 하지 않고 호적에 동거인으로만 올려 주었다. 내가 서른세 살이던 그 때서야 비로소 내 호적을 만들었다. 그 이전까지는 호적도 이름도 없이 살았다. 호적을 만들 때 전금화(全錦花)라는 이름을 지었다. 내가 젊었을 때 남자들과는 말도 잘 안하고 무뚝뚝하다고 사람들이 날보고 거만하다고들 했다. 그래서 '거만'하다는 말이 이름이 되어 '금화'가 되었다.

영감의 전처 소생으로 아들 하나, 딸 둘이 있었고 내가 딸 하나를 더 낳았다. 영감의 직업은 목수였는데 벌이가 좋지 못해 밥도 많이 굶고 고생도 많이 했다. 영감이 나이가 들어서는 목수일마저도 못해 내가 행상을 해서 가족들을 먹여 살렸다. 동회에서 정부미 타다가 밥을 하면 모자라서 자식과 영감을 겨우 먹이고 나는 항상 먹을 것이 없었다. 이렇게 배를 곯으면서도 영감에게 맞기도 많이 맞았다. 영감이 때리면 나는 '부모 없고 갈 데 없다고 무시하냐'며 같이 때렸다. 그러던 영감도 13년 전에 죽었다.

영감과 자식들 모두 내가 위안부였던 사실을 그동안 몰랐다. 내 자신도 내가 중국에 갔던 곳이 '위안소'였다는 것도 모른 채 한평생을 살았다. 그렇게 잊고 지냈는데 새마을 취로사업을 나갔다가 전 위안부 출신인 어떤 할머니의 이야기를 듣고 내가 갔었던 곳이 '위안소'라는 것을 알게 되었다. 그 할머니가 일러 주어 한국정신대문제대책협의회에 신고하게 되었다.

지금 나는 보증금 없이 월 2만 5천 원을 내는 사글세 방에 살고 있다. 한옥 집의 문간방인데 사람이 사는 방이라 할 수 없을 정도로 누추하고, 굴 속 같이 컴컴하다. 내 소원이 있다면 그저 이 한 몸 편안히 누울 수 있는 내 집 한 칸 있었으면 하는 것이다.

워낙 박복한 사람이다보니 자식이 있어도 아무 소용없다. 한 명 있는 딸 하고만 가끔 연락하며 지내고 아들들 하고는 연락도 잘 안하고 지낸다. 딸은 내가 위안부였다는 사실을 얼마 전에 알았는데 내가 불쌍하다며 마음을 많이 써준다. 그러나 저도 장사하며 먹고 살기 바빠서…. 내가 그동안 고생하고 속 썩은 것은 책으로 엮어도 몇 권은 될 것이고 또 앞으로 죽을 때까지도 고생문이 훤하다. 몸도 성하지 않고, 그저 그러려니 생각하고 산다. 죽어서야 편안할래나….

"아휴. 말로 다 못해유." 만날 때마다 전금화 할머니가 가장 많이 하시던 말씀이다. 할머니의 쓰라린 삶을 말로 다 표현할 수 없음은 이해하고도 남음이 있었다. 몸이 아파 입원해 있던 병실에서, 혹은 할머니가 살던 좁은 방에서 만나 살아온 이야기의 실타래를 하나씩 풀어갔다. 할머니는 어렵고 고생스럽게 살았음에도 불구하고 푸근하고 넉넉한 마음을 지닌 분이셨다. 할머니는 당신의 살아온 이야기를 다 쏟아놓고 애통하게도 1994년 3월 12일 새벽에 아무도 없는 어두운 방안에서 이승에서의 한많은 삶을 마감하였다. 혼자 왔다 혼자 가는 게 삶이라더니 할머니는 그렇게 가셨고, 지금은 망향의 동산에 유골이 모셔져 있다. 사망진단서에는 심부전증이라고 나와 있었으나 아팠던 곳이 어디 심장뿐이었겠는가? 돌아가시기 전날 밤 자신의 죽음을 예견하였는지 딸과의 전화 통화에서 "너 면사포 쓰는 것 보고 외손자 안아보고 죽어야지. 그러니 내가 살아야 한다. 원통해서도 못 죽는다"고 말씀하셨다고 한다. 그 말이 마지막일 줄이야. "이 몸은 죽어서나 편안할래나" 하시며 혼잣말처럼 되뇌이던 할머니 모습이 생각난다. 이승에서 할머니의 몸과 마음을 할퀴었던 고통들이 모두 걷히고, 저승에서는 평화롭고 편안한 삶을 누리시길….

조사·정리자 안연선은 '딸이지만 섭섭해 하지 말아라' '딸이라서 미역국 끓일 기분도 안난다' 등의 말을 들으며 막내딸로 태어났다. 이화여자대학교와 동국대학교에서 '여성학,' '성문화연구' 등을 가르쳤고, 지금은 영국의 워릭 대학교에서 여성학을 공부하고 있다.

어린 나이에 빚을 지고

최정례

......

"오래도록 술만이 친구였다."

나는 1928년 음력 11월에 당시 전북 전주군 전주면 청수정에서 태어났다. 가난한 집의 맏딸이었는데, 내가 열한 살 때 부모님은 나를 외갓집에 맡기고 공사일을 하러 평양으로 떠났다. 삼 년 후에 부모님은 서울 남대문에 셋방을 얻어놓고 나를 데리러 왔다. 그래서 나도 서울로 올라가 다시 부모님과 함께 살게 되었다. 부모님은 장사를 했는데 무슨 장사를 했는지는 잘 기억이 나지 않는다. 여전히 가난해서 나는 학교에 다니기는 커녕 남의 집에서 식모살이를 해야 했다.

그렇게 일 년 정도 일하던 중에 어떤 조선인 남자가 집에 와서 어머니에게 딸을 공장에 보내지 않겠느냐고 권유했다. 나도 남의 집에서 비참하게 사는 것보다 그 편이 차라리 나으리라고 생각했다. 그 남자는 공장이 이북 청진에 있다고 했다. 내가 떠날 때 어디에다가 어머니가 도장을 찍는 듯 하였다. 1942년 가을, 만으로 열네 살 때 였다. 나는 그 남자를 따라 서울에서 기차를 타고 청진으로 갔다. 서울에서 가지고 간 능금을 차 속에서 많이 먹어 토하기도 했던 생각이 난다.

웅기와 중국 훈춘에서 위안부가 되어

청진에서 하룻밤을 자고 다시 기차를 탔다. 웅기에서 내려서 촌에 있는 어떤 집으로 들어갔다. 그 집에는 나보다 나이 많은 여자들이 15명 정도가 있었다. 나는 공장에 가기 위해 들른 집이라고 생각하고 영문도 모른 채 앉아 있었는데, 어떤 여자가 방에서 나오더니 "아이구, 너는 나이가 너무 어려보이는데, 몇 살이니?" 하고 물었다. 그래서 "열다섯 살이예요"라고 대답했다. 그랬더니 "나이 어린 게 여기까지 왔구나"라고 안쓰러워했다.

그 날 밤에 밥을 먹고 앉아 있으면서 보니 그 집에 모자를 쓰고 누런 군복을 입은 남자들이 많이 드나들었다. 나는 '저 사람들도 공장에서 일하는 사람인가보다'라고 막연히 생각했다. 이삼 일 정도 아무 일도 안하고 있었는데, 거기에 있는 언니들은 나를 보고 "나이가 어려서 어떻게 하니?"라고 말했다. 내가 "공장에 가자고 해서 따라왔는데요" 하니까 언니들은 "여기는 공장이 아니라 몸 파는 데다"라고 하는 것이었다.

며칠 후 나도 손님을 받아야 했다. 처음에 당한 것이 스물 서너 살 정도의 '다카시마 군소(高島軍曹)'라고 하는 헌병이었다. 처음에는 막 울고 그랬으나 몇 개월 지나서는 여기 생활에 적응할 수밖에 없었다.

그 집은 창고 같이 생긴 집이었다. 관리인은 전라도 출신의 조선인

부부였고 여자들도 전라도 출신이 많았다. 나는 거기에서 '야마모토 요시코(山本吉子)'라고 불렸다. 작은 방에 기거하면서 저녁에 군인들을 받아야 했다. 어떤 때는 하루 저녁에 말할 수 없을 정도로 많이 왔다. 손님은 모두 군인들이었다. 식사는 제대로 먹었던 것 같다. 밑이 가려운 증세가 있으면 군인 병원에 가서 주사를 맞았지만 정기적인 검사는 없었다.

웅기에서 5개월 쯤 지낸 후(1943년 봄으로 추정), 중국 훈춘에서 위안소 업자가 와서 나는 그 업자를 따라 여러 명의 여자들과 함께 훈춘으로 가게 되었다. 훈춘에도 여자들이 열다섯 명 정도 있었다. 손님은 역시 군인들이고 웅기에 있을 때보다도 많이 왔다. 사복 입은 헌병도 많이 왔다. 관리하는 사람은 역시 조선 사람이었다. 여기 여자들은 경상도 출신이 많았다.

어느 날 내가 주인에게 '여기를 떠나고 싶다'라고 했더니 주인이 '그렇다면 돈을 갚아야지'라고 했다. 그 때 알고 보니 나는 2,000원 정도의 빚을 지고 있었다. 이 빚 때문에 나는 돈 구경도 못했다. 사고 싶은 것이 있으면 사라고 하였는데 그것이 다 빚이 된 것이다.

여기서도 역시 정기적인 검사는 없었다. 군인들은 콘돔을 가지고 왔다. 내가 월경이 시작된 것은 해방 전해인 만 열여섯 살 때이다. 동료 중에는 임신한 사람도 있었다. 겨울에는 눈이 많이 오고 추웠다. 저녁에 눈이 오면 지붕까지 눈이 쌓여 다음날 아침에는 문도 못 열었다.

나는 복희라는 친구가 있었다. 복희를 좋아하던 일본인 헌병이 복희의 빚을 갚아주어 복희는 해방이 되던 해 5월경에 서울로 돌아갔다.

어느 날 아버지한테서 '빚이 얼마 있느냐?'고 하는 편지가 왔다. 내 이름이 쓰인 편지를 받고 얼마나 놀랐는지 모른다. 나중에 안 것이지만 우리 부모님이 서울에 산다는 것을 알고 있는 복희가 서울에서 우연히 우리 어머니를 만나게 되었다고 한다. 집이 가까웠던 것이다. 물론 처음에는 몰랐는데 어머니 얼굴이 나와 닮았고 목소리도 똑같아서, 어머니에게 '혹시 딸이 있어요?'하고 물어봤다고 한다. 어머니가 나의 사연을 이야기하니 맞아떨어진 것이다. 그래서 내가 빚이 있어서 나오지 못한다는 것을 안 부모님이 편지를 한 것이었다. 나는 글을 못 읽으니까 위안소 주인이 읽어주었다. 그래서 내 빚이 천 원이라는 답장은 초등학교를 나온 동료에게 부탁하여 써보냈다. 아버지가 바로 천 원을 부쳐주었다. 당시 아버지는 채권 장사를 해서 돈을 조금 벌었던 모양이다. 돈이 왔다고 해서 우체국에 갔는데 수수료를 많이 뺀다고 했다. 그래서 나는 아버지가 이 돈을 버느라고 얼마나 고생했을까 하는 생각이 들어 그 돈을 받을 수가 없었다. 그래서 도로 집으로 부쳐버렸다. 그 때 부모님이 살던 집 주소가 서울 중림동 18번지라는 것을 외워두었다.

전쟁이 점차 심해지자 위안부들도 낮에는 몇 시간씩 붕대 감는 일등을 하는 훈련을 받게 되었다. 공습 경보가 울리면 우리는 무서워서 난리가 났다. 낮에 하는 훈련만으로도 힘들었는데 밤에는 여전히 군인들까지 받아야 했다. 우리는 그 때 일본이 지면 모두 죽는 줄 알았다.

시체 속을 빠져나와

1945년 8월에 들어서자 소련군이 진격하여 우리들은 일본 사람들을 쫓아서 피난을 가게 되었다. 그 바람에 위안소의 주인과도 헤어지고 대여섯 명의 여자들끼리 함께 뭉쳐서 갔다. '키미코' '에이코' '아라이 노부코' 등의 이름이 기억난다. 두만강을 건너가는데 임신 삼 개월이었던 위안부 한 명이 잘못해서 물에 빠져 죽는 것을 보았다. 도처에 시체가 있었다. 우리들은 트럭과 기차를 타고 겨우 피난했다. 해방이 된 것은 어느 촌에서 듣고 알았다. 강 너머에 말과 군용차를 타고 가는 소련 군인들이 보였다. 소련 군인들이 여자들을 강간한다는 소문 때문에 우리들도 강간을 당하면 어떻게 하나 하고 겁이 났다.

그 후 여자들은 뿔뿔이 흩어지고 나는 청진으로 갔다. 거기서 우연히 부부와 딸 하나가 있는 집에서 살게 되었다. 그 딸이 극단에서 연극을 하고 있었는데 나도 거기에 같이 나가게 되었다. '코리아극단'이라는 이름이었고 노래를 부르거나 연극을 했다. 나는 <최후에 웃는 자가 승리자>라는 극에 주인공의 동생역으로 출연해서 연기상을 받기도 했다. 그 표창장은 나중에 6.25사변이 나는 바람에 국군의 눈에 뜨일까봐 겁을 낸 아버지가 찢어버렸다.

동생들을 공부시키기 위해서 요정에 나가

거기서 3년 가까이 지내다가 부모님과 동생들이 보고 싶어서 서울로 갔다. 당시는 장사꾼들이 남북을 왔다 갔다 하고 있어서 나도 어떤 장사꾼 아저씨를 따라서 원산을 거쳐 서울로 갈 수 있었다. 나는 극단에서 번 빨간 돈 이천 얼마를 가져왔다.

서울에 와서 부모님 집을 찾으려고 했는데 마침 장마철이라 비가 심하게 내렸다. 그래서 여관 밖으로 나갈 수가 없었다. 여관 숙박비가 하루 백 원인데 돈이 거의 바닥날 무렵에야 날이 갰다. 외워둔 주소였던 중림동 18번지를 찾아갔다. 동사무소에 가서 물어보았더니 가르쳐 주었다. 거기에 가 보니 다 쓰러져 가는 초가집이 있었다. 병으로 코가 얽은 사람이 집 주인이었다. 그에게 물어보니 얼마 전까지 우리 부모님이 세를 들어 살았는데 이사갔다면서 이사간 집을 가르쳐 주었다.

그래서 겨우 부모님을 만나게 되었다. 아버지가 장만한 조그만 집에 동생들이 줄줄이 있었다. 나는 복희와 다시 만나 할 일 없이 돌아다녔다. 당시 나는 스무 살 남짓의 젊은 나이인데다가 연극도 했기 때문에 멋을 부리고 다녔다. 아버지는 시집가라고 야단을 했다. 하지만 나는 시집은 가기 싫었고 아버지가 무서워서 집에도 안 들어갔다. 지금이야 시집가는 게 좋았을지도 모른다고 생각하지만 그 때는 남편 얻고 싶은 생각도 없었고 시집 가면 자유롭지 못해서 살지 못할 줄 알았다.

6.25가 터졌는데 부모님은 식구가 많아서 피난을 가지 않겠다고 했다. 그래서 나는 혼자 피난민 대열에 끼어 대구로 갔다. 거기서 일 년, 부산에서 일 년 살다 또다시 대구로 가서 살았다. 나중에 들으니 부모님은 평택으로 피난을 갔다고 했다. 전쟁이 끝나고 서울에 돌아와 방을 얻었는데, 아무리 생각해도 할 일이 마땅치 않아서 요정에 나가기 시작했다. 일류 요정인 청운각에서 일하다가 4.19가 나는 바람에 그만두었다. 복희는 6.25때 양키하고 살았는데 그 후 한국 사람한테 시집가서 산다고 했다.

그 사이에 다시 부모님과 동생들을 찾아 하코방에서 같이 살았다. 아버지는 가난 속에서 2년만에 돌아가셨다. 어머니도 몇 년 후에 돌아가셨다. 동생들은 학교에도 못 다니고 있었는데 내가 수속도 다 밟아주고 동생들 공부시키기 위해 열심히 벌었다. 청운각을 그만둔 후에도 이 일 저 일 하면서 살았다. 현재는 가정부 일을 하며 혼자서 살고 있다. 오랫동안 술만이 친구였다.

진정으로 사죄하고 보상해야

텔레비전을 보고 정신대문제대책협의회를 알았다. 창피해서 신고할 생각은 없었으나 여동생이 울면서 이제 창피할 것이 어디 있느냐, 지금까지 고생해 왔는데 신고하는 게 어떠냐고 말했다. 또 그 때 속아서 따라간 것이 내 인생을 이렇게 만들었으니 분하고 억울했다. 그래서 신고하기로 했다. 일본 정부는 더이상 발뺌하지 말고 진정으로 사죄하고 보상해야 한다.

할머니를 처음으로 만난 것은 1992년 10월 6일, 당시 아현동에 있던 정대협 사무실에서였다. 할머니는 그 해 7월에 정대협에 피해자 신고를 했는데, 그 날 우리가 좀 더 자세한 이야기를 듣기로 되어 있었다. 오후 늦게 사무실에 도착한 할머니는 단발머리에 화장을 하고 큰 안경을 쓰고 계셨다. 그 모습은 할머니라고 부르기에는 너무 젊어 보였다. 처음에는 약간 긴장한 표정으로 대답을 했지만 목소리는 컸고, 마치 어제 일을 얘기하는 것처럼 생생하게 표현하곤 했다. 그러나 얘기를 계속 들으면서, 얼핏 보기에는 화려한 모습이지만 그 모습 뒤에 험한 인생을 걸어오신 할머니의 고생과 고독을 느끼지 않을 수 없었다. 오랫동안 술만이 친구였다고 하면서 눈물을 닦으신 모습과 국가의 생활보호를 받을 수 있도록 도와달라고 부탁하신 말씀이 지금도 떠오른다.

1993년 6월 정부는 「일제하 일본군위안부에 대한 생활안정지원법안」을 가결, 8월부터 전위안부에 대한 생활지원을 시작하였다. 그러나 할머니는 이 지원금이 나오기 전인 4월 3일 평소에 다니시던 교회에서 철야기도를 하던 중 갑자기 돌아가셨다.

조사·정리자 야마시다 영애는 일본에서 한국인 아버지와 일본인 어머니 사이에 태어났다. 일본 쯔다주구(津田塾) 대학 대학원에서 국제관계학을 전공했고, 1988년 9월 한국에 와서 이화여자대학교 여성학과에 입학, 수료하였다. 특히 일제시대의 공창제도와 위안부문제에 대해 관심을 갖고 연구하고 있다.

일본의 도야마껭에서 히로시마, 큐슈로 옮겨다니며…

박순이(가명)

**"내가 어릴 때는 멍청이어서 일본에서
해방된 줄도 모르고 귀국했다."**

나는 1930년 합천에서 8남매 중 셋째딸로 태어났다. 우리집은 딸이 네 명, 아들이 네 명이었다. 아버지는 농사도 짓고 잠깐 동안 건어물 장사도 했다. 농사는 겨우 먹고 살 정도였다. 일본놈 시대에 공출을 바치면서도, 언니들은 초등학교 공부는 다 마쳤다. 큰언니는 초등학교를 나와 면사무소에 다니기도 했다. 내가 어릴 때는 멍청이어서 뭘 몰랐다. 시골에서 살아서 더 몰랐다. 학교를 9살에 들어간 것 같다. 학교는 오전에도 가고 오후에도 갔다. 나는 오후반1)에 많이 갔다. 나는 어릴 때 마당발이어서 잘 걷지를 못했다. 뜀박질도 늘 꽁방(꼴찌)을 해서 안 뛰었다. 내 일본 이름은 '이와모토'이다.

합천 초등학교 6학년 때2) 1944년 8월 담임선생님인 후지다 선생이 일본에 가서 공부를 시켜준다고 했다. 여학교에 간다는 말과 일본에 가보고 싶은 생각에 가겠다고 손을 들었다. 엄마에게 이야기 하니까 펄쩍

---

1) 동창의 증언에 의하면 제 나이에 들어간 사람은 오전반, 나이를 좀 먹어서 들어온 사람은 주로 오후반으로 나누어서 수업을 받다가 5학년 때 같이 수업을 받게 되었다고 한다.
2) 할머니는 5학년 때 간 것으로 기억하고 있으나 학적부와 당시 학교를 같이 다녔던 동창이 6학년 때 담임선생님이 정신대를 가면 좋다는 말을 했다고 증언하고 있어 6학년으로 정리하였다.

뛰셨다. 친구들도 처음에는 많이 가겠다고 하더니 나중에는 무슨 공부를 시켜주겠냐고 거짓말이라고 서로 얘기했다. 그래서 나도 안 간다고 했다. 그 일로 집에 가서 도장을 받은 기억은 없다. 선생님께서 '데이신타이'3)라고 그랬는지도 잘 모르겠다.

학교에서 그런 일이 있은 지 한 달쯤 지난 어느 날 오후에 담임선생님과 낯선 남자 한 명이 집으로 찾아왔다. 둘 다 양복을 입고 있었던 것 같다. 부모님은 일하러 나가서 집에는 나 혼자 있었다. 무슨 소리가 나기에 빼끔 내다봤다. 그들이 내 이름을 부르고 있었다. 무서워서 뒷간에 숨었는데 그들이 나를 찾아냈다. 그리고는 함께 가자고 했다. 어리숙해서 무조건 따라갔다. 만 열네 살인 1944년 9월이었던 것 같다.

'진자(신사)'에 가서 '가미사마(神様) 덴노헤이카(천황) 폐하' 만세 부르고 차를 타고 어디로 간다고 했다. 지금 생각해 보니 전송하는 것 같았다.4) 거기에 합천 초등학교 교장선생님이 나왔다. "징오모니왕가고소고소…"라고 설날 같은 무슨 행사 때마다 하는 말을 하고, 빨랫비누 3장을 주었다. 경찰이나 군인이 있었는지는 모르겠다. 옷은 치마저고리를 입고 있었다. 진자에 가서 보니 같은 반 2명이 있었다. 그 중 한 명은 엄마가 술장사를 했다. 우리 초등학교에서는 모두 3명이 갔다.

버스를 타고 부산으로 갔다. 부산에 가니 사람이 훨씬 더 많았다. 부산에서 잠을 자지는 않았다. 부산에서 같이 간 다른 2명과 헤어진 것 같다. 그 날 저녁에 연락선을 탔다. 나는 배의 2층에 있었다. 밥은 양복을 입은 낯선 남자가 '벤또(도시락)'를 하나씩 주었다. 나는 멀미를 심

---

3) 그러나 학적부에는 분명히 6학년 칸에 여자정신대라고 적혀 있다. 또 동창 중의 한 명도 "후지다 선생이 '데이신타이'로 가면 돈도 많이 벌고 좋다고, 지상천국이라고 학생들을 꼬였다"고 증언하고 있다.
4) 신사에서 이루어진 이와 같은 환송회는 '장행회(壯行會)'라고 하는데 학교에서 정신대를 동원할 때 정례적으로 하는 행사였다. 동창 중의 한 명도 신사에서 깃발을 흔들었던 이 행사를 기억하고 있다.

하게 했다. 배 안에 다른 여자들도 있었던 것이 기억난다. 군인이 있었는 지는 기억나지 않는다.

눈이 많이 오는 도야마껭에서

아침에 일본에 도착하니 트럭이 나와서 배에서 내린 여자들을 태웠다. 어딘가에 도착하니 저녁 무렵이었다. 정문에 군인들이 총을 들고 보초를 서 있었다. 정문에는 간판이 있었던 것 같은데 뭐라고 적혀 있었는지 모르겠다. 그리고 트럭을 타고 철조망이 쳐진 높은 담벽 안으로 들어갔다. 바깥을 내다볼 수 없을 만큼 높은 담이었다.

2층인지 3층인지 기숙사로 들어갔다. 먼저 와 있던 여자들이 나보다 두세 살 많았다. 그 여자들이 '데이신타이'라고 말하면서 군인들을 받는다고 위안부라는 말을 했는데, 나는 그게 무슨 소리인지 전혀 몰랐다. 그 여자들이 '도야마껭(富山縣)'5)이라고 했다. 3층에 있는 방에서 우리는 여섯 명도 자고 열댓 명도 같이 잤다. 방은 다다미 방이었다. 같은 방에 있던 여자들은 나보다 나이가 많았다. 나이가 열여덟 살, 스무 살 정도로 내가 언니라고 불렀다. 부산에서 온 사람도 있고 전라도에서 왔다는 여자도 있었다. 모두 몇 명이 있었는 지는 잘 모르겠다. 다른 나라 여자도 있었던 것 같다. 필리핀인지 영어 비슷한 말을 했다. 조그맣게 목욕하는 곳이 있었던 것 같다. 나중에 3층이라 밖을 보기도 했는데, 근처에 동네가 없었던 것 같다.

처음에 한 보름 정도의 훈련을 받았다. 아침에 밥을 먹고 오전에 마당에서 군대식으로 서고 하는 학교에서 하는 훈련 같은 것을 받았다. 체조 같은 것도 했다. 훈련은 뚱뚱한 일본인 여자 한 명이 시켰다. 군복

---

5) 패전 당시 도야마에는 步兵 제514연대가 주둔하고 있었다. 戰史硏究會, 「最後の ねが鄕土部隊步兵聯隊總特集」, 『調査資料』, 103호(內野安男 작성)

같은 것을 입고 우리를 훈련시키는 일본인 여자들이 서너 명 더 있었다. 그들은 우리와 같이 자지는 않고 통근했다. 그들은 아침저녁으로 이름을 불러 인원을 확인하였다. 나는 당시에 일본말을 조금 했다.

군인을 받기 이틀 전쯤인가 우리를 훈련시켰던 일본인 여자가 방에 와서 군인받을 준비를 하라고 했다. 남자들 끼는 거, 삿쿠를 껴야 되고, 뒷물을 잘해야 하고, 소독도 하라고 했다. 나는 그게 무슨 말인지 몰랐다.

처음 일본인 여자가 '이와모토'라고 내 이름을 불러 옆 건물의 칸막이 방에 들어가 있으니 군인이 들어와서 나를 보고 옷을 벗으라고 했다. 내가 가만 있으니까 내 옷을 벗겼다. 처음에는 얼마나 아팠는지, 아래가 찢어져 퉁퉁 붓고 피도 나고 얼마나 울었는지 모른다. 내가 아프다고 일본 여자한테 그랬더니 바르는 연고를 가져다 주었다. 그런데도 군인을 받고 또 받았다. 부모님도 보고 싶고 동생도 보고 싶었다. 처음 군인을 받고 여자들이 모여서 도망갈 방법을 생각해 보았지만 도망가려고 해도 갈 수가 없었다. 길도 모르고 돈도 없고, 도망가다 잡히면 더 험한 데로 갈까봐 무서워서 도망도 못 갔다. 일본인 여자도 와서 도망가면 죽는다고 겁을 주었다.

우리 여자들은 아침 일찍 일어나 세수하고 청소를 했다. 아침을 먹고 방에 모여 있으면 그 일본인 여자가 와서 여자들 이름을 불렀던 것 같다. 그러면 이름이 불린 여자는 2층인 옆 건물로 가서 군인들을 주로 오후부터 저녁 때까지 상대했다. 방은 겨우 혼자 잘 정도의 크기였다. 방에는 나무침대 같은 것이 하나 있고 얇은 이불이 있었다. 뒷물하는 방이 옆에 따로 있었다. 뒷물하는 방에는 세숫대야가 여러 개 있었고 하얀 소독물이 있었다. 소독물이 없을 때는 분말 소독약이 있는 조그만 봉지를 주었다. 잠은 처음에 있던 건물로 돌아와서 잤다. 나는 군인을 받기가 싫어서 내 차례가 되면 일부러 배가 아프다고 하고 변소에 가기도 했다. 내가 군인을 안 받겠다고 하니 일본인 여자가 욕을 하기는 했지만 때리지는 않았다.

우리가 살던 그 담벼락 안에 부대가 있는 것이 아니라, 군인들이 트럭을 여러 대에 타고 와서 마당에서 내렸다. 군인들은 누리끼리한 군복을 입고 있었다. '헤이타이(兵隊)상'이라고 했다. 군인만 왔는데 장교는 못 보고 졸병만 왔다. 일요일인지는 모르겠지만 어쩌다 군인들이 오지 않는 날도 있었다.

하루에 7명에서 12명을 상대했다. 많을 때는 15명까지 상대했던 것 같다. 군인들은 신발도 안 벗고 들어왔다. 군인들이 들어와서 삿쿠를 끼고 일을 마치고는 우리에게 벗기라고 하기도 했다. 한참 상대하고 나면 버려진 삿쿠가 방구석에 보기흉하게 쌓여 있었다. 군인은 삿쿠를 껴야 하지만 재미가 없다고 안 끼는 경우도 있었다. 자고 간 군인은 없었다. 군인들은 말도 잘 하지 않고 냉랭했다. 이름이나 어디에서 왔는지를 묻는 군인은 있었지만 특별히 나와 친했던 군인은 없었다.

밥은 하루 세 끼 다른 방에 가서 먹었다. '닥꽝(단무지)'을 먹은 것은 기억이 나는데 무슨 밥을 먹었는지 너무 오래되어서 기억이 안난다. 밥을 한 적은 없다. 누군가 밥을 가져다 주었다.

빨래는 각자 했다. 이나 빈대가 없도록 약을 쳐주었다. 옷은 군복 비스름한 것을 두 벌 주었다. 치마는 주지 않았다. 속옷도 준 것 같다. 머리는 동여맨 채 있었고, 화장은 한 적도 없다.

귀국할 때 외에는 돈이나 표를 받은 적도 없고 나중에 돈을 주겠다는 말도 듣지 못했다.

거기서 몇 달이 지난 후 한번은 휴일이라 방에 있는데 군인들이 몰려와서 바깥으로 끌려나와 열두 명의 군인들에게 겁탈당한 적도 있다. 나와 다른 여자 한 명이 당했다. 울고 불고 소리지르고 발광을 했더니, 보초들이 헌병에게 알렸는지 헌병들도 왔다. 헌병들이 군인들을 잡아간 것 같다.

성병이 걸렸는지 검사를 받으러 트럭을 타고 병원에 갔다. 병원에 가면 진찰대에 누워서 의사의 진찰을 받았다. 며칠만에 한 번씩 검사했는지는 생각나지 않는다. 나는 그 때는 월경이 없었다. 월경이 있는 여자들에게는 아래에 솜을 끼워서 군인을 받으라고 하였다. 그러면 그 여자들은 월경이라 군인을 받지 않겠다고 고함을 지르고 해도 여자들을 때리지는 않았다.

몇 달이 지난 후 아래가 간지럽고 오돌토돌 한 게 나서 따갑고 오줌을 누면 찌릿하고 해서 언니들한테 물어보니 매독이라고 했다. 일본말로 '바이도쿠'라고 했다. 언니들에게 말하니 소금물로 씻어보라고 하여 그렇게 하였으나 악화되어 뿌연 물같은 고름이 나오고 쓰리게 아팠다. 일본인 여자에게 말을 해서 같이 트럭을 타고 군인 병원에 갔다. 병원의 의사도 군인이었던 것 같다. 약을 먹고 주사도 맞았다. 주사가 606호였는지 처음에 맞으니까 냄새가 났다. 서너 달 동안을 그 때문에 고생했다. 그동안 군인은 받지 않았다. 매독에 걸리긴 했어도 군인을 안받으니 편안했다. 같은 동료 중에 임질에 걸린 사람도 있었다. 맹장수술을 받은 여자도 있었다. 아파서 골골한 여자들은 있었지만 자살한 여자는 없었다.

도야마에서 몇 달이 지나고 보니 겨울에 눈이 말도 못하게 많이 왔다. 내 키를 훨씬 넘는, 온통 흰눈으로 덮인 그 곳 광경이 지금도 생생하게 기억난다.

히로시마와 큐슈로 이동하여

어느 날 소지품을 준비하고 밖으로 나오라고 했다. 옷하고 칫솔 등을 챙겨서 기차를 타고 이동했다. 같은 방에 있던 여남은 명이 같이 간 것 같다. 군인들이 우리를 데리고 갔다. 히로시마라고 했다. 그 곳에서는 바깥에는 보초가 없고 현관문 앞에 보초가 한 명 서 있었다. 간판이 씌어있기는 했지만 기억이 안난다. 여기서는 단층짜리 집이 한 동이었다. 집은 산비탈에 기다랗게 있었다. 한 방에 15명쯤 잔 것 같다. 목욕하는 곳과 식당이 있었다. 여기서도 군복 입은 일본여자들이 아침 저녁으로 인원점검을 하면서 관리했다. 이 여자들은 도야마에서와 다른 여자들이었다.

여기서도 모여서 자는 방과 군인받는 방이 따로 있었다. 트럭을 타고 온 군인들이 마당에서 내렸다. 도야마만큼 군인들이 많이 오지는 않았다. 히로시마에서는 폭격이 자주 있어서 마당에 있는 방공호에 들어가곤 했다. 방공호는 여러 개 있었다. 하늘이 쿵쾅쿵쾅 했다. 군인을 받다가도 사이렌 소리가 나면 방공호에 들어가기도 했다. 어떤 여자는 사이렌이 울면 까만 보자기로 창문을 가리기도 했다.

여기서도 검진을 받으러 근처 병원에 갔다.

히로시마에서였는지는 모르지만 군인을 받다가 자궁을 다쳤는지, 배가 무척 아파서 울면서 방을 빙빙 돌았던 적이 있었다. 정말 그 때는 죽는 줄 알았다. 의사가 와서 진통제인지를 주사하고 나니 어지럽고 자꾸 빙빙 돌았다. 주사는 낮에 맞았는데 다음날까지도 빙빙 돌아서 이틀인가 정신없이 잠을 자고 났더니 나았다.

히로시마에서 몇 달 있다가 큐슈로 배를 타고 갔다. 섬이었다. 히로시마에 있던 여자 중 반만 갔다. 나머지 반은 다른 데로 간다고 했다. 거기서 히로시마에서보다는 오래 있었다. 군인이 데리고 갔다. 섬에 내려 걸어가니 단층집이 하나 있었다. 집 밖에는 보초가 없고 현관 앞에 군인 1~2명이 보초를 섰다. 밥은 식당이 없이 방에다 가져다 먹었다. 큐슈의 집이 제일 더러웠다.

여기서도 관리는 일본 여자들이 했다. 검진은 근처에 있는 병원에 가서 했다.

방은 크지 않아서 몇 명씩 나누어서 잤고 군인을 받을 때는 역시 작은 방으로 가서 받았다. 큐슈에서는 군인들이 걸어서 왔다. 하루에 많을 때는 8~9명, 적어야 5명이었다.

공장에는 가보지도 않았다.[6] 처음간 도야마가 제일 힘들었다. 일본에서 양력설이었는지 모찌 두 개를 두 번인가 받아먹은 기억이 난다. 얼마나 맛이 있었는지…. 돌아오기 몇 달 전에는 군인을 안 받고 그 집에서 그냥 살았다. 옛날만큼 일본인 여자들이 감시를 안했다. 밥은 주는데 군인들도 안 오고 이상하다고 생각했지만 해방되었는지 몰랐다.

관리하던 일본여자가 해방되었다는 말도 하지 않고 차비를 주면서 집으로 가라고 했다. 고생을 많이 했다고 집으로 가서 쉬라고 했다. 그 무렵에 월경을 시작했다. 그 때 받은 돈이 얼마였는지도 모르겠다.

큐슈에서 배를 타고 나와서 어디인지 기차를 타고 항구로 가서 부산으로 가는 배를 갈아탔다. 배 안에는 여자들이 한 30명쯤 있었다. 돌아오는 연락선 배 안에서 속이 미식미식해서 '미깡(귤)'을 사 먹은 것이 기억난다. 얼마나 달고 맛있었는지 모른다. 올 때는 갈 때 입었던 치마저고리를 입었는데 작아서 삐져 나왔다. 좋아서 추운지 더운지도 몰랐다. 부산에 돌아오니 사람들이 우리말을 쓰고 있어서 아직 일본인 세상이 아니냐고 물었더니, 도대체 어느 나라 사람이고 어디서 왔느냐면서 이상하게 여겼다. 일본에서 왔다고 하니, 해방된 지 몇 달이나 지났는데 왜 모르냐고 해서 창피해서 몸을 숨겼다. 부산에서 합천으로 오는 버스를 탔다.

---

6) 도야마껭에서 여자근로정신대를 많이 동원했던 '후지코시(不二越)'라는 공장이름과 정신대 노래를 들어보았느냐고 필자가 물었더니 할머니는 처음 듣는다는 얼굴로 모른다고 했다.

정신대 갔다 왔다고 소문이 나서

합천에서 버스를 내려 집까지는 걸어서 얼마 되지 않았다. 돌아온 것이 열일곱 살이었다. 3년만에 돌아왔다고 생각된다. 집에서는 내가 죽은 줄 알았다고 했다. 부모님은 살아계셨다. 나를 보더니 붙잡고 울었다. 부모에게 일본에서 놀다왔다고 했다. 남동생은 달만 보면 누나가 일본에 갔다고 울었다고 한다.

고향에는 내가 정신대 갔다 왔다고 소문이 났다. 개울가에 가면 저희들끼리 쑥덕쑥덕 거리곤 해서 나는 객지로 뛰쳐나왔다. 열여덟 살 때였는데 부모에게 말도 안하고 돈을 약간 챙겨서 도망나온 것이다. 큰아버지가 있는 진해로 왔다. 큰아버지도 일 보러 다니고 집에 자주 있지 않아 오래 있지 못했다. 그 후 내맘대로 객지를 돌아다녔다.

6.25때는 진해에 있었다. 나는 6.25도 터진 지 몇 달 지나고 나서야 이북에서 쳐들어온 것을 알았을 정도로 참 멍청이었다. 얼마나 어리석었는지 부산역에서 화장실 다녀온 사이에 보따리를 잃어버리고는 그 보따리를 찾아준다는 깡패 같은 남자를 쫓아가 또 당한 적도 있다. 그 사람이 함께 살자고 하였지만 내가 그런 건달 같은 놈과 살 수는 없다고 생각하였다. 그 후에도 여기저기 혼자 다니면서 별 고생을 다하고 온갖 험한 꼴도 많이 보았다. 그동안 살아온 사연이야 책으로 써도 몇 권이 될지 모른다. 하지만 이런 이야기를 자꾸 물어보면 가슴도 아프고 잠도 못 잔다.

스물일곱 살에 동두천에 와서 힘들게 살다가 미군하사와 2년 정도 살림도 하였고, 그 군인이 제대하여 귀국한 후 미군 PX에서 물건 장사를 하였다. 그러던 중 같이 PX에서 일하던 사람이 중신을 서서 서른세 살에 결혼했다. 남편은 남매가 딸린 상처한 사람이었다. 남편은 대학도 나오고 국회에 다녔다. 사무관으로 들어가서 서기관까지 했다. 남편에게는 내가 일본에 간 것을 입도 덥석거리지 않았다. 그걸 알고 누가 결혼을 하겠는가? 그 후에도 남편에게 과거를 숨기느라고 무척 애를 썼다. 동네사람들이 알까봐 쉬쉬했다.

남편은 1984년 국회의원에 출마하려다가 갑자기 뇌출혈로 사망했다. 전처 자식들은 처음에는 포항에 살던 시어머니가 키웠는데 시어머니가 돌아가시고 난 후는 당시 열세 살, 열한 살이던 그 애들을 내가 키웠다. 지금은 둘다 출가시켰다. 강남에 살고 있는 아들은 명절 때나 찾아오고 용돈도 거의 안 주지만 가까이 사는 딸은 가끔 용돈을 주기도 한다.

같이 갔던 학교 친구들도 돌아왔다는 소문을 들었지만 만나보지는 못했다.

남편이 살아있다면 나도 가슴이 아프지만 나오지 못했을 것이다. 남편이 내가 일본놈한테 위안부로 있었다고 하면 나를 뭐라고 취급하겠는가? 처음에 신고해서 시청에서 나온 사람들과 얘기할 때는 그 때 일이 생각나서 눈물만 나왔다. 동생에게도 당한 게 억울해서 보상이라도 받아야 한다고 말했다. 남동생 1명만 잃고 7남매가 모두 살아있지만 크게 왕래는 하지 않고 있다.

지금도 억울한 것은 남들처럼 자식을 못 낳은 것이다. 이렇게 살다가 가면 산 흔적이 없는 것이 아닌가. 고생을 많이 해서 몸이 좋지 않아 등과 가슴에 근육이 뭉친 것처럼 몽우리가 만져진다. 몸이 아파서 병원에 며칠 입원하기도 했다. 전에는 살기가 힘들어 취로 사업에 나가기도 했다. 지금 생활은 현재 살고 있는 집의 방 한 칸을 세주고 받는 돈과 정부에서 나오는 돈으로 산다(이 조사는 1994년 1월 신영숙과 강정숙이 첫 번째 조사를 한 후 신영숙의 3번의 방문조사와 1995년 11월 여순주의 조사를 기초로 한 것이다. 학교에서 근로정신대로 동원되었는데, 공장에서 노동한 것이 아니라 위안부가 되었다는 사례의 특수성 때문에, 1996년 2월 안병직 선생님, 강정숙과 여순주의 합천 현지조사(학적부와 할머니와 같이 동원된 다른 두 명의 행적에 대한 조사 등)와 동년 6월 강정숙과 여순주의 박할머니와 동창인 2명에 대한 면담조사를 거쳐 최종적으로 여순주가 정리하였다. 인상기는 할머니를 자주 만난 신영숙이 썼다).

✚ 할머니는 당신이 너무나 어리숙하였다고 하고, 실제로 많은 사실들을 거의 전혀 기억하지 못하셨다. 특히 장소와 시간 개념, 계절 감각 등이 없이 막연히 조금 과장된 말씀을 하시는 듯 하였다. 예를 들어 남편과의 만남과 함께 사신 생활은 25∼26년이나 된다고 하시는데, 실제 혼인 생활은 34세에서 55세까지였으며, 혼인 전 처음 만나서부터 계산해도 1∼2년 정도로 더 늘어나봐야 23∼24년이 되는 것이다. 연행시기를 계속 초등학교 5년(나이로는 맞지 않음)으로 고집하신다. 3년만에 귀국하셨다고도 하신다.

남편의 대학원 졸업앨범에 할머니 사진이 수록되어 있는 걸 무척이나 자랑스러워하시고, 세상 돌아가는 걸 알기 위해 TV 뉴스를 열심히 보신다고 한다. 신고도 TV를 보고 남동생과 상의하여 하셨다고 한다. 현재 할머니는 경제적 곤란과 다리의 신경통, 고혈압, 심장병 등 정신적·육체적 고통은 물론이고 고독함을 견디기 힘들다고 하신다. 동료 할머니들을 만나고 싶어하며 일본의 배상에 큰 관심을 갖고 계신다. 한편 서울에서 잘 살고 있는 초등학교 동창생이 할머니 집을 다녀갔다고 하는데, 그 후 왕래는 없다. 당시에 함께 간 두 명 중 한 명은 외지 사람이라 이혼했다는 이야기만 있고 소식을 모르며 또 1명은 역시 미군 위안부(양공주라고 표현)였는데 죽었다고 한다. 3명의 공통점은 모두 아이를 못 낳는다는 것이라고 동창 할머니가 일러주었다. 이 할머니의 혼인은 할머니의 돈을 노린 남편의 속임수가 아니었을까 하고 친구는 생각하였다. 할머니 당신은 남편이 술을 먹고 주정을 하기도 하였지만 할머니의 과거는 전혀 몰랐고 지금도 신고를 도와준 남동생과 동창 외에는 아무도 모른다고 어떤 과거도 밝혀지는 것을 지극히 꺼려하고 있다. 그러나 남편이 동두천에서 그렇게 오래 살며 할머니의 과거를 전혀 몰랐다는 것은 단지 할머니만의 생각이 아닐까 싶다. 할머니의 기억력이 없는 것은 본래 성격도 그러시겠지만 기억하고 싶지 않은 내용들을 잊어야 살 수 있었기 때문인 것으로도 이해된다. 단지 일본군인들에게 당한 것만 생각하면 지금도 살을 깎는 듯한 아픔뿐이며, 자식 하나 낳아보지 못한 채 이렇게 죽어가고 있다는 생각은 자다가도 가슴을 쓰리도록 아픈 고통으로 자지러진다고 하셨다. 그저 당신이 복이 없어 운명적으로 이런 삶을 살게 된 것이지 무슨 큰 잘못한 게 있냐고.

지금은 동두천에도 양색시가 별로 없다고 한다. 그 이유는 먹고 살만큼 되어, 남편이 노동자라도 맞벌이는 할 수 있으니까. 그리고 미군수도 줄고 그들도 약아져서. 이젠 전쟁이 일어난다 해도 일본군 위안부 같이 강제로 끌려가 당할 일은 없을 것이다. 왜냐하면 여자들도 똑똑해졌고, 한국이 그전처럼 힘없는 식민지는 되지 않을 테니까.

결국 할머니는 돈 한 푼 받은 기억도 없고 뭐가 뭔지도 모르는 상태에서 완전히 일방적으로 당한 일본군 위안부는 다른 그 어떤 것과도 비교될 수 없는 특별한 상황으로 이해하고 그것이야말로 정말 억울하고 분한 것으로 느끼고 계셨다. 다만 지금이라도 보상을 받아 집을 수리하고 부엌에 나가 발이 시린 걸 면할 수 있었으면, 조금이라도 넉넉한 생활을 할 수 있었으면 하는 소박한 바람이 있을 뿐이었다.

❈ 조사·정리자 신영숙은 대학원에서 근대한국여성사를 전공하고 대학, 대학원에서 한국 근현대사, 여성학, 여성사 등을 강의한다. 정신대연구회에 늦게 들어와 공부하는 자세로 열심히 노력중이다.
여순주는 성차별에 관심을 가지고 여성학을 공부하면서 여성사에 관심을 가지게 되었다. 본 연구회 활동은 처음 만들어질 때부터 해오고 있다. 일제 말기 조선인 여자근로정신대에 관한 연구로 석사논문을 썼다.

정신대로 동원되어

김은진(가명)

.....

"우리를 개, 돼지 취급을 했다."

내 이름은 김은진으로 일본식 이름은 마쓰다 츠레코이다. 1932
년 대구 봉산동에서 태어났다. 부모님도 모두 경상도 분이었다. 내가
태어난 집은 아버지가 부모로부터 물려받은 것이었다. 형제는 맨 위에
오빠가 있고 그 아래로 딸 다섯이 있었는데 그 중에서 나는 셋째딸이
다. 내가 태어났을 때 세 번째도 딸이라고 엄마는 미역국도 못 드셨다
고 한다. 엄마는 평소에 딸 중에 내가 제일 못생겼어도 인정이 제일 많

다고 했다. 아버지는 배재학당 출신이었는데 독립운동을 했으며 파고다 공원에서 있었던 대한독립만세 운동에 참여하기도 했다. 아버지는 대구에서 집 옆에 권투하는 곳을 차리고 그 옆에는 이조, 고려자기를 진열해 놓은 골동품 가게를 운영하였다. 마당에 호랑이도 사다 놓고 고기를 매일 한 근, 두 근씩 사다 먹었다고 한다. 황새도 길렀다고 한다. 남을 잘 도와주어서 신문에도 많이 났다고 했다. 아버지는 결혼이 늦어 스물아홉 살 때 했는데, 당시 어머니는 열아홉 살이었다고 한다.

그 후 내가 다섯 살 때 자식들은 서울에서 길러야 된다고 서울로 이사하였다. 아버지는 나를 신당동에 있는 광희 초등학교에 입학시켰다. 오빠는 일제 때 대구에서 초등학교를 나왔다. 서울에서는 경기 고등학교를 다녔다. 아버지와 오빠는 내가 초등학교 2, 3학년 때에 단둘이서만 중국으로 피난을 갔다. 아버지가 배재학당 출신이지만 나는 태극기가 어떻게 생겼는지도 모를 정도로 당시는 무서운 시기였다. 지금 생각하니까 아버지가 오빠가 학도병에 끌려갈까봐 오빠만 데리고 중국으로 들어간 것 같다.

그래서 어머니와 큰언니, 나, 여동생 둘이 서울에서 생활했다. 내 위로 두 살이 많은 둘째 언니가 있었는데 폐병으로 중학교 때 죽었다. 중국으로 피신한 아버지를 대신하여 어머니는 아버지가 조금씩 보내주는 돈으로 생활을 했다. 그렇지만 가난한 살림이라 어머니가 쌀을 꾸어 오면 그것으로 끼니를 때웠던 기억이 난다. 학교 갈 때도 도시락을 싸지못했다. 대신 점심시간에는 학교에서 빵을 배급받아 먹었다. 당시 먹을것이라고는 모리나가 카라멜하고 '아메다마(눈깔사탕)'밖에 없었다.

학교에서 정신대로 동원되어

당시 나는 열두 살이었다. 6학년 당시 담임선생님은 '시게노부'라는 일본인이었고 교장은 '요시무라 고조'라는 나이 많은 일본인이었다. 교장선생님이 따로 불러서 정신대로 간다고 그랬다. 거절하려고 했지만 거기 가면 좋은 교습도 받을 수 있고 실습도 받을 수 있다고 했다. 기술도 배운다고 했다. 나는 어머니께서 고생하는 것이 너무 안타깝고, 중학교도 못 갈 것 같고 해서 간 것이다. 가서 죽으면 죽는다고 떠난 것이다. 어머니는 야단이셨다. 다른 애들은 부모들이 반대해서 안 갔다. '도야마겡 후지코시(富山縣 不二越)'로 송출되어 간다는 사실은 그들이 알려 주었고 학교 전체에서 정신대로 간 사람은 나 혼자였다.[1] 내가 뽑힌 것은 독립운동을 하던 아버지의 영향이라고 지금 생각한다. 우리 학교 외에도 종로 초등학교, 방산 초등학교 등 서울 시내에 있는 약 40여 초등학교에서 정신대로 보낼 사람을 뽑은 것으로 알고 있다. 정신대로 간 당시의 사실은 학적부에 기록되어 있다.

내가 정신대로 끌려간 것은 1944년 아마도 4, 5월쯤인 것 같다. 학교에서 떠날 때 의식은 없었다. 군복색의 옷을 아래 위로 맞춰가지고 입고 갔다. 신사에 간 것이나 환송회가 있었던 것은 기억나지 않는다.

출발은 서울역에서 하였는데 아침 일찍 서둘러서 나갔다. 그 때는 전차가 다녔는데 전차의 종점은 평화시장이었다. 그래서 신당동에서 전차로 서울역에 나갔다. 서울역에 모이는 시간이 정해져 있었던 것 같다. 서울역에 배웅하러 어머니와 큰언니가 나오셨지만 정작 담임 선생님은 나오지 않았다. 당시 나는 어려서 어디 먼 곳으로 여행을 떠나는 것으로만 생각했다. 계절상 아주 춥지도 덥지도 않을 때였다. 서울역 광장

---

1) 그러나 학적부 상에는 같은 반에서 1명, 다른 반에서 1명이 동원된 사실이 기록되어 있어 김은진 할머니를 포함하여 모두 3명이 동원된 것으로 파악되었다. 다른 반에서 동원된 경우는 '富士越工業會社에 女子挺身隊로'라고 한 반면 김은진 할머니와 다른 한 명의 경우에는 '不二越挺身隊'라는 표현이 사용되었다. 富士와 不二는 일본어로 모두 '후지'로 읽기 때문에 교사가 한자를 혼동했던 것으로 보인다.

에 나 외에도 학생, 징용가는 사람, 여자 등 송출되어가는 사람들이 많았는데, 손에는 일장기를 들고 있었다. 그리고 일본 군인도 상당히 많이 있었다. 군인들은 총을 메고 있었는데 일본으로 강제로 송출되는 한국사람들을 감시하는 것 같았다.

기차 안에서 내다보니 어머니가 울면서 서 계셨고 큰언니는 그 옆에서 어머니를 부축하며 달래고 있었다. 그 모습은 지금도 눈에 선하다. 서울역에서 기차가 출발한 뒤 한 번도 정차하지 않고 부산에 도착했다. 기차의 각 칸에는 빽빽하게 사람들이 탔었는데 내가 탄 칸의 승객은 모두 여자였다. 기차는 요즘의 완행열차와 똑같이 생겼는데 복도를 사이에 두고 3명씩 앉는 의자가 마주 보는 모양이었다. 기차 안에서도 일본 군인들이 왔다 갔다 하면서 한국사람들을 감시하였다. 혹시 무슨 사건이라고 날까봐서 그랬던 모양이다. 일본 군인은 주로 2명씩 짝을 지어, 요즘 기차 안에서 승무원들이 차표검사하는 것과 같이 총을 메고 다녔다. 승차하여 부산에 도착할 때까지 음식은 먹지 않았다.

내가 멀리 간다고 해서 어머니가 특별히 음식을 싸주지는 못하였다. 대신 당시 경성에서 제일 인기있는 간식이 건빵과 모리나가 카라멜이었는데 어머니는 자그마한 모리나가 카라멜 2곽을 내게 주었다.

한 번도 쉬지 않아서인지 서울역을 출발하여 부산에는 당일 오후에 도착하였다. 부산역에 있는 부두에서 '가모메(갈매기)' 연락선을 탔다. 부산에서 하룻밤도 묵지 않고 출발한 것이다. 부산에서 출발한 연락선으로 밤을 새워가면서 아침에 시모노세키에 도착했다. 이 때 주먹밥과 건빵을 받아먹었다.

도야마겡에 도착하여

배에서 내려서는 군인들이 운전하는 트럭을 타고 갔다. 군인이 감시하는 상태에서 도착한 사람들은 여러 트럭에 나뉘어 실렸다. 차들은 똑같은 방향으로 가지 않고 이리저리 나뉘어서 각기 다른 방향으로 출발하였다. 나를 비롯한 열일곱에서 서른 살까지의 여자들은 약 20개 정도의 트럭에 실려 도야마껜의 후지코시 공장²⁾으로 갔다. 당시는 전시여서 기차가 없고, 앞뒤로 트럭이 연이어서 먼지를 풀풀 날리면서 도야마껜으로 갔다. 차를 목적지까지 한 번도 세우지 않고 직행으로 몰았다. 먹은 것이 별로 없어서인지 차를 타고서 화장실에 가고 싶지도 않았다. 시모노세키에서 출발한 뒤 꽤 오랜 시간이 걸려서 도야마껜에 도착하였을 때는 날이 컴컴한 것이 한 9시는 된 모양이었다.

공장에 도착할 때 짐은 거의 없었다. 공장은 산 속에 있지 않고 요즘의 울산이나 밀양(서울과 비교해서 그만한 정도 크기의 도시) 정도의 도시에 있었다. 공장에서의 일은 도착한 그 다음날부터 시작되었다. 후지코시 공장은 비행기 부속을 만드는 공장으로 굉장히 컸다. 공장건물은 단층이었다. 공장주변에 다른 민간 건물은 없었고 총알 만드는 공장 등 공장들만 모여 있는 공장지대였다. 일본남자가 쇠를 깎는 스파나 같은 도구를 알려주고 가져오라고 시키기도 하고 일도 가르쳐 주었다. 나는 키가 작아 궤짝을 두 개 포개놓은 곳에 올라가서 큰 기계에 매달려 부속을 만드는 일을 했다. 이런 모습을 사람들이 카메라로 찍기도 하였다. 밤일은 하지 않았다. 기계소리가 엄청나게 컸다.

공장 안에는 놋그릇이 수북이 쌓여 있었다. 아마도 우리나라에서 싣고 간 그릇일 것이다. 그 놋그릇을 녹여서 무기를 만들었다.

---

2) 1938년 4월 1일 국가총동원법과 동시에 공포된 공장사업장관리령에 의해 주요 군수공장이 국가관리의 대상이 되었는데, 후지코시 공장은 동년 11월 육해군의 공동관리공장으로 지정되었다. 또한 1943년 군수성이 설치던 직후 공포된 군수회사법에 의해 1차로 군수회사로 지정되었다. 1944년부터 1945년에 거쳐 한국에서 여자정신대 1,090명, 남자보국대 540명이 입사한 것으로 사사(社史)는 전하고 있다. 不二越鋼林工業株式會社, 『不二越二十五年』, 1953, 29~30쪽; 株式會社 不二越, 『不二越 五十年史, 1978, 68쪽』.

숙박은 기숙사라고 학교 교실 같은 데서 여럿이 서로 담요를 당기면서 덮고 잤다(성내동에 살 때 물난리가 나서 장충 초등학교로 피신가서 자던 교실과 같았다). 그 큰 강당은 공장에서 떨어진 건물이었다. 우리는 개 취급 당했다. 분단장이 있었고 일본남자에게 아침에 몇 명이 출석했다고 보고했다. 같이 자던 여자들을 내가 언니라고 불렀다. 시집가서 애가 있는 여자도 있었고 처녀들도 있었는데, 서울, 인천, 개성에서 왔다고 했다. 내가 처음에 듣던 말과 다르다고 울면 언니들이 나를 달래주고 그랬다. 나는 어려서 겁에 질려 있었기 때문에 자세히는 기억이 안 난다. 부산까지 가는 기차 안에서 방산 초등학교 아이들과 얘기를 하기도 했는데 기숙사에서는 못 만났다.

식사는 '니기리메시'라는 소금 바른 주먹밥을 하루 세 끼마다 주었는데 식사는 큰 강당에서 했다. 국이 있었던 적도 있었다. 공습 때문에 겁에 질려서 배가 고픈 줄을 몰랐다. 어머니 생각만 났다.

아침에는 약 7시 정도에 일어나서 세면장에 가서 씻었다. 칫솔이나 치약이 있었는지 기억이 없다. 아침체조는 없었다. 가끔 점심식사로 '니기리메시' 외에 빵을 주기도 하였다.

수첩 같은 것은 없었고 월급이고 뭐고 돈도 받은 적이 없다. 이 곳은 매일 비행기가 날아왔는데 특히 내가 일을 시작한 지 석 달 정도 지난 뒤에 폭격이 시작되었다. 한창 일하던 때는 '사쿠라(벚꽃)'와 개나리 꽃이 피는 계절이었다. 폭격이 시작되면 공장에서 200m 떨어진 곳에 지하도가 있어서 피신을 했다. 폭격이 날이 갈수록 심해지니까 2시간 간격으로 일하고 피신하고 하였다. 폭격은 하루에도 여러 차례 있었다.

어디서 배웠는지 '아아 우미고헤데야마고헤데…(아아 바다를 넘고 산을 넘어서…로 시작하는 근로정신대 노래)'라는 노래를 같이 불렀던 기억이 난다.

아오모리겡에서 시작한 위안부생활

도야마겡의 공장지대는 많은 폭격이 있었는데 후지코시 공장에도 폭탄이 떨어져 파괴되었다. 폭격으로 공장이 파괴되어 더 이상 작업할 수 없었다. 그 때 많은 사람이 죽었고 살아남은 사람 30~40명만은 트럭에 태워져 '아오모리겡(青森縣)'으로 갔다. 이 때는 2월 말쯤으로 생각된다. 왜냐하면 그 때 일본인의 설이라고 찰떡을 주어서 먹었기 때문이다. 한 트럭에 사람들이 서서 가면 약 40~50명 정도 타고 갈 수 있었는데 몇 대의 트럭이 갔다. 떠날 때 아오모리겡으로 간다는 소리를 들었다. 도착한 지 얼마 후에 사쿠라 꽃이 피기도 했다. 그러나 당시 어떤 옷을 입고 갔는지는 기억나지 않는다. 실려간 사람의 나이는 16~20세 전후였다. 아오모리겡은 군인부대가 있는 곳이었는데 창녀굴[3]이었다.

아오모리겡에는 두 종류의 건물이 있었다. 한 건물은 단층짜리 건물로 이 곳에서는 주로 잠을 잤는데 30명 정도가 같이 잠을 잤다. 이 건물은 공장하던 자리에 지은 것 같은 것으로 교실만한 크기의 방들이 있었다. 지하에도 방이 있고 자던 방 옆으로 돌아가면 수도꼭지가 다섯 개 있어서 더울 때는 씻고 목욕하고 그랬다. 다른 건물은 지하 1층에 지상 2층짜리였는데 이 건물이 위안소 건물로 사용되었다. 이 건물은 베니다로 칸을 나누었는데 여자마다 고정된 방은 없었다. 칸칸이 나뉘어진 방은 요즘 여인숙처럼(머리 위에 보따리를 놓고 신발을 벗고) 혼자 잘만한 크기였다. 바닥에는 다리가 짤막한 나무침대 같이 생긴(군인침대인 것으로 여겨짐) 딱딱한 것이 있었다. 이불은 군인담요가 있었다. '지리가미'라고 거무스름한 휴지가 있었다.

저녁식사를 한 후인 8시쯤에 처음으로 군인이 들어왔다. 군복을 입은 남자가 며칠날에는 몇 명의 군인이 오는지 미리 아는 것 같았다. 여

---

3) 할머니는 위안소를 창녀굴이라고 표현했다.

자들을 7~8명씩 끌고 가서 칸칸이 쳐놓은 건물로 들어가라고 했다. 개, 돼지 취급을 한 것이다. 칸마다 번호는 없었다. 그 말을 다 어떻게 할 수 있을까?

땅딸막한 일본 군인들 30~40명씩이 휴식하고 있는 방에 와서는 우리를 둘러보고 2층짜리 건물로 우리를 데리고 갔다. 군인들은 주말과 평일 모두 왔다. 하루에 보통 3,4번씩 군인들을 상대하였는데, 무서워서 살려달라고 우는 나를 군인들이 발로 이리차고 저리차고 하였다. 군인을 많이 받은 언니들은 하혈을 하기도 했다. 군인을 상대한 댓가로 돈을 받거나 하지는 않았다. 군인들이 나보고 어리다고 해서 내가 초등학교 6학년이라고 이야기했다.

밥은 도야마겡 공장에서 근무할 때보다는 조금 나아 니기리메시와 단무지, 묽은 된장국이 나왔다. 나는 생김이 조그마하고 동글동글하여 일본아이 같기도 하고 그 일을 할 때가 되면 우는 등 꾀를 부려 그 당시를 피하기도 하였다.

그 곳에서 한 달 정도 지낸 나는 저녁을 먹고나서 해가 거름거름할 때 탈출을 시도했다. 이런 짓을 하는 것이 끔찍스럽고, 일본군 옷만 봐도 무서웠다. 왜놈이 상놈이라는 말이 맞는 말 같다. 집 앞에는 지키는 군인도 없었고 내가 입은 옷도 허름하고 하도 키가 작으니까 빠져나와도 모른 것이다. 도망가서 식당 같은 곳에서 설겆이라도 하고 있다가 한국사람을 만나 한국으로 도망치려는 마음에서였다. 그러나 도망가다 '가와바시'라는 대천의 나무다리에서 발을 헛디뎌 물에 빠졌다. 물을 많이 먹었는데 마침 지나가던 일본인 할머니가 대나무로 된 것으로 건져주었다. 이 할머니에게 나는 한국에서 정신대로 와서 공장에서 일을 하였는데 그 공장이 파괴되어 그 곳에서 산 사람만 아오모리겡으로 왔다고 말했다. 그러나 창피해서 군인들 위안부라고는 말하지 않고 그냥 배가 고프고 겁이 자꾸 나고 무서워서 도망나왔다고 하면서 밥을 좀 달라고 하였다. 남의 집에 가서 일이라도 해서 실컷 얻어먹었으면 좋겠다고 했다. 할머니 집 근처에는 '야마다노가가시(허수아비)'가 서너 개 세워져 있었다. 3일 정도 그 집에서 할머니가 주는 밥은 얻어먹었으나 할머니가 신고하는 바람에 군인 2명이 나를 다시 데리러 왔다. 그래서 위안소로 다시 되돌아왔다. 군인들이 내가 너무 어리고 마르고 형편없으니까 발로 찼다.

위안부들에 대한 정기검진은 없었으며 아래가 아프다고 울고불고 하는 처녀들 몇몇을 우리가 자는 뒷방에 데리고 가서 검사한 적은 있다. 위안부 생활을 하면서 다행이 병에 걸리지는 않았는데 월경을 열아홉 살에야 했다. 나는 겁에 질려서 병이 걸렸는지 안 걸렸는지 몰랐다. 이곳에선 성병에 걸려서 죽은 사람을 보지 못했다. 이상하게 임신한 사람도 듣지 못했다. 위안부 생활은 주로 오후 2,3시 사이이거나 저녁 5,6시 사이에 이루어졌다. 아오모리에서 군인들이 제일 많이 왔다.

공습이 심하면 군인들이 우리한테 오는 것을 삼가서 덜 왔다. 1년 정도 아오모리에서 있었다. 고베(神戶)를 거쳐 시즈오카겡(靜岡縣)으로 갔다. 거기도 부대가 두서너 군데 있었던 것 같다. 집들이 폭격으로 인해 제대로 된 건물이 없었다. 나는 크고 주식회사 건물처럼 생긴 건물에서 잤다. 군인은 100미터쯤 떨어져 있는 건물의 지하에서 상대했다. 군인들이 많이 오지는 않았다.

시즈오카겡에서 8.15되던 해까지 있었다. 쇼와(昭和)[4] '덴노(천황)'가 항복하는 소리를 라디오에서 들었다. 빨리 내보내지 않으니까 죽을까봐 겁이 났다. 엄마생각만 났다. 다른 사람들과 함께 모여서 해방된 지 7개월 있다가 시모노세키로 군인트럭을 타고 나왔다. 다시 그 곳에서 연락선으로 부산역에 왔고 부산에서 기차로 서울역에 왔다. 서울역에 오니 어머니는 아파서 마중나오지 않았고 큰언니가 나와 있었다. 큰언니

---

4) 1926년 이후의 일본의 연호

는 해방된 것을 알고부터 매일 서울역에 나와 나를 기다렸다고 한다. 서울역에 도착한 많은 사람들 속에서도 언니는 내가 워낙 어리고 혈육이기 때문에 알아보았다고 한다.

돌아온 후 일생을 혼자 산다

큰언니는 나를 보더니 정신도 없고 죽은 송장 같다며 남대문에 있는 세브란스 병원에 입원시켰다. 거기서 치료를 받았다. 집으로 돌아가 보니 살던 집은 불이 나서 없어졌고 어머니가 그 집 근처에 움막을 치고 살고 있었다. 내가 떠난 후에 어머니가 학교에 찾아가곤 했고 그 때 우리반에 키 작은 애 하나가 통역을 했다고 들었다. 아버지는 해방된 이 듬해에 종로갑구 국회의원으로 출마하기도 했다.

가갸거겨 한글도 모르는 나를 오빠가 안양 여자중학교에 입학시켰다. 오빠는 해방이 되어 돌아왔을 때 북경대학 영문과를 졸업한 상태였다 그 후 6.25 당시 신흥대학과 안양 공업고등학교, 충청도 제천 중고등학교의 영어 선생을 하였다. 나는 중학교를 졸업했으나 고등학교에는 진학하지 못했다. 당시는 15살이나 16살이어도 한글을 가르쳤다. 세브란스 병원을 퇴원한 후에도 정신병이 재발되어서 재입원하곤 하였다.

나는 중학교 이후 어머니랑 같이 살았는데 어머니는 배가 고프면 쓰레기통을 뒤지기까지 하였다. 6.25 전쟁이 나자 대구 공산면 외갓집으로 피난을 갔다. 그 곳은 농사를 지어 배고프게 지내지는 않았으며 주로 뜨개질을 하면서 보냈다. 그러다 시내 미장원에서 불파마 시다노릇을 하였다. 피난와서 다시 정신병이 도지자 형제들이 다시 나를 입원시켰다. 결국 어머니는 고생만 하시다 돌아가셨다. 어머니가 돌아가시자 세상을 다 산 것 같은 느낌이 들었다. 아버지는 어머니가 돌아가신 후 7년 정도 있다가 돌아가셨는데 그 때까지 큰언니가 아버지를 모셨다.

왜냐하면 오빠는 딸만 둘이 있는 집의 사위여서 장모님을 모시고 살았기 때문이다. 그 후 오빠와 조카는 모두 미국으로 이민가고 큰 집은 호주로, 작은 집은 미국으로 이민을 갔다. 오빠를 못 본 지 20년도 넘는다.

그 이후 일생을 혼자 산다. 30~40년을 가정부 생활을 하며 지내왔다. 부지런하고 떨어진 돈을 주우면 가져다 주고 아껴서 살림해주고 하니까 주인은 나를 좋아했다. 열심히 일하면서 밥도 많이 먹으니 살이 좀 쪘다. 병원에 가서 밥을 해주기도 했다. 일을 잘 해준다고 돈을 더 주고 해서 모은 돈으로 이 집에 들어와 산 것이다. 부모한테 돈 한 푼 못 받고 이만큼 살아왔다. 주로 소개소를 통해 남의 집 가정부 노릇을 하였다. 박대통령 당시에는 가정부에게 밥만 먹여주고 월급을 주지 않기도 하였다.

현재 초등학교 동창생들은 시집가서 다들 잘 산다. 평화시장에서 '구니모토게이코'를 한 번 만난 적이 있다. 초동에서 가정부를 할 때도 '오오야마게이코'가 약사가 되었는지, 그 애가 약방을 하더라고 그래서 그 동네에서는 가정부를 못했다.

한번은 사촌언니가 중매를 하였는데 맞선보는 다방에서 변소간다고 거짓말하고 도망을 가기도 했다. 그래서 그릇장사하는 집의 가정부로 갔는데, 또 다시 사촌언니 딸이 그 곳으로 찾아왔다. 조카는 맞선보았던 남자가 나를 마음에 들어한다는 얘기를 전했지만 결혼하고 싶은 마음이 없었다. 또 서울 수유리에 사는 유치원선생집에서 가정부일을 할 때도 교회 권사님의 남동생한테 시집가라는 말도 있었다. 재취로 가라는 말도 있었지만, 잘해도 계모 소리 듣고 못해도 계모 소리 들으니 절대 안 가리라고 생각했다. 남자가 다 끔찍하여 갖은 고생을 하면서도 지금까지 혼자 살았다.

이 때까지도 정신대 일은 까맣게 잊고 살았는데 3년 전부터 정신대에 관한 일들이 알려졌다. 그 후로 옛날 일이 자꾸 생각이 난다. 예전에는 많이 놀랐다. 희한한 꼴 다 보면서도 정신이상이 안된 것이 다행이다. 그 소식을 접하고 치가 떨리는 것을 느끼면서 동회와 강동구청 상담실에 신고하였다. 큰언니는 나의 과거가 창피하다고 말도 못하게 한다. 나의 과거가 알려지면 조카들 시집도 못 간다고 조용히 지내라고만 한다.

내가 현재 알고 지내는 이웃집 예순여섯 살 먹은 언니도 공출을 가지 않으려고 열다섯 살에 시집을 갔다고 한다. 그래서 환자였던 신랑과의 사이에 난 아들을 낳았고 현재는 손자, 손녀랑 살고 있다.

가정부로 일을 할 때는 사연이 많아서 군인 담배인 화랑을 피웠다. 홧병이 있어서 피운 것이다. 그러다 영락교회에 다니고 나서 담배를 딱 끊었다. 술은 혈압이 높아서 못 먹는다. 내 원래 이름은 불교를 믿던 집안에서 지어준 이름이라 내가 은은(銀)자에 보배진(珍)을 써서 은진이라고 새이름을 지었다. 깨끗하게 살라는 바람에서 그렇게 지은 것이다.

얼마 전까지 목걸이의 라벨을 붙이는 일을 하여 개당 2원을 받았는데, 하도 많은 일을 하여 손을 사용하면 너무 아파 깜짝깜짝 놀라기까지 하였다. 종일 쭈그리고 앉아서 하다보니 소화가 안되서 그만두었다. 지금은 쑥과 민들레를 뜯으러 다니고 그걸 먹고 콩나물 하나 사 먹지 않는다. 가끔은 장애인 보호시설에 가서 일을 해주고 밥도 얻어먹고 그런다. 마늘이 몸에 좋다는 말은 들었지만 마늘이 비싸 김치를 못 담갔다. 그랬더니 구역예배를 같이 보는 구역식구가 그 얘기를 듣고 마늘을 주기도 하였다.

지금은 성내동에 영세민으로 등록되어 있고 정부에서 주는 생활보조금으로 연명하고 있다. 혈압이 높아 닭고기나 돼지고기는 먹지 않고, 강동보건소에 7, 8년째 다니면서 혈압약을 먹고 있다. 예전에 하도 고생을 해서 지금은 죽을 먹어도 하느님께 감사하다고 생각한다. 아들 딸이 없으니까 고독한 건 말로 다 할 수가 없다. 나이가 먹어가니까 고독도 더 못 이기는 것 같다. 혼자 교회에 나가서 큰 소리로 기도도 하고 찬송도 한다. 그전같이 뭘 많이 먹지는 못한다. 옛날 어렵게 살던 생각을 하면 지금 정부에서 나오는 돈도 잘 못 쓴다. 돈을 아껴서 나중에 어린 아이들 장학금이라도 대주고 싶은 마음을 가지고 있다.

어릴 적의 기억들은 죽어서야 없어지는 것인지 요즘에도 밤에 자다가 벌떡 일어나게 되고 그러면 과거의 그 기억들이 눈에 선하다. 이제는 교회에 다니면서 편안하고 자유롭게 살다가 죽고 싶다(이 조사는 최경애가 1994년 5월 이후 여러 번의 조사를 기반으로 정리한 것인데, 여순주가 1996년 7월 할머니와의 면담과 8월의 학적부 조사를 통해 내용을 약간 교정하였다.)

언제나 의식 속에서든 의식의 또 다른 형태인 무의식의 작용으로든 나의 일상과 사고를 틀지우고 있는 것들로부터 자유로와지고 싶다. 세상에 대해서 쑥스러워 하며 성에 대해서는 백치에 가까울 정도로 무지하다는 것을 자랑으로 느끼게 하는 사회. 그 속에 안주하며 성에 대한 무지를, 세상의 때를 전혀 타지 않은 상징으로 여기는 나에게 결혼이란 성으로부터 자유롭게 사고하고 대화하고 느낄 수 있는 계기가 되었다.

김은진 할머니를 만난 것은 1994년 5월인데, 결혼한 지 약 3개월 정도 지난 신혼 초였다. 맨 처음 인터뷰를 하도록 제안받았을 때는 겨우 그 정도의 결혼생활로 모두들 들처내고 싶지 않아 하는 사실들을 자연스럽고 담담하게 부끄러워 하지 않으면서 공론화할 수 있을까 몹시 걱정되었다.

할머니에 대한 인터뷰는 몇 차례에 걸쳐 진행되었다. 당시는 이미 군위안부 할머니들에 대한 사회 여론화가 이루어진 때였기 때문에 초기처럼 할머니들이 자신들의 과거에 대해 회고하는 것에 대한 무조건적인 거부는 비교적 덜한 것 같다. 그러나 그것은 동시에 또 다른 문제

를 안고 있었다. 군위안부였다는 것이 확정되면 국가로부터 생계보조
비를 지급받을 수 있도록 법률이 제정되었던 것이다. 김은진 할머니
는 정신대로 동원되었다가 군위안부가 되었다고 하는 사실 여부가 확
인되지 않아 몇 차례의 인터뷰가 계속되었다. 나는 할머니에게 최초
의 인터뷰 내용과 정신대로 동원되었던 시기의 사실적 정황들을 토대
로 할머니의 묻어둔 과거들을 들추었고 왠지 석연치 않은 사실들에
대해서는 의심의 눈길로 되물었다. 할머니는 당신의 이야기를 믿지
못하는 듯한 나의 되질문에 대해 때로는 몹시 노여운 눈길을, 때로는
억울하다는 눈길을 주었다. 할머니는 과거의 일들을 대충 이야기하거
나 숨기려고 하기보다는 당당하게 가능한 한 기억을 더듬어 나에게
당신이 정신대 출신임을 여러 가지 정황을 들어 확신시켜 주고자 하
였다.
인터뷰 과정은 묻어두고자 하였던 개인의 사적인 영역들이 사회적 이
슈와 경제적 문제와 결합되면서 공적인 영역으로 전환되었을 때는 또
다른 형태를 띄게 된다는 사실을 깨닫게 해주었다.

✽ 조사·정리자 최경애는 1992년 성균관대 대학원 사회학과에서 「한국
의 전문환경운동단체의 가치지향과 그 요인에 관한 연구」로 석사학위
를 받았다. 1994년 결혼하였으며 이름만큼 귀여운 '회동'이의 엄마이
자 '롱다리'의 아내이다. 현재는 한국사회과학연구협의회 간사이다.

편집후기

지난 93년 첫 번째 증언집을 내고 95년 중국조사집을 내는 사이사이에 계속 준비를 해온 두 번째 증언집이 마무리되었다. 첫 번째도 채근을 많이 받았지만 두 번째의 책은 그 이상으로 주위에서 도대체 언제 책이 나오느냐는 질문을 많이 받았다. 이번에는 첫 번째 증언집이 나온 것을 보시고 면담에 응해주신 할머니들까지도 왜 당신들의 책이 나오지 않느냐고 채근하셨다. 이렇게 늦어지게 된 것은 우선 몇 명 되지 않는 회원들이 작업을 하다보니 한 권의 책으로 낼 수 있는 분량의 조사작업을 하는 데 시간이 그만큼 걸렸기 때문이다. 준비기간이 오래되다 보니, 이 책에는 최종정리자의 이름이 실렸지만 그 최종원고가 나오기까지 정리자가 바뀌는 경우도 있었다.

첫 번째 증언집이 나오고 나서 여러 가지 비판의 반응을 들을 수 있었다. 여러 번에 걸쳐서 들은 할머니의 증언을 그대로 실을 수가 없어서 전체적으로 재구성하여 정리하였다. 정리하는 방식도 연대기적으로 하여 통일성을 기했다. 내용도 일제시기의 피해를 중심으로 해방 이후의 삶을 간략하게 실었다. 아니나 다를까 이러한 정리형식이 여성중심적이 아니고 할머니들을 대상으로 취급했다는 비판이 많았다. 또한 정리자가 누구인지도 잘 드러나지 않는다는 비판도 있었다. 순결과 정조가 강조되는 더구나 한국이라는 상황에서는 어쩌면 위안부로서 피해는 당시 생활을 하면서 얻은 것보다 돌아와서 남성기피증 등의 정신적인 측면과 불임 등의 신체적인 측면, 이로 인해 제대로 결혼생활을 하지 못한 점 등등 귀국 후 생활에서 더 두드러진다는 점을 고려하면 이러한 비판은 어느 정도 타당하다고 여겨졌다.

따라서 이번 두 번째 증언집에서는 첫 번째 증언집과의 일관성을 고려하여 연대순으로 정리하는 체제는 그대로 유지하였지만 할머니들의 증언을 생생하게 복원하려는 데 역점을 두었다. 할머니들이 쓰는 단어를 그대로 살리려고 노력하였고 귀국한 이후의 생활도 그대로 실었다. 또한 회원들이 할머니들을 만나서 이야기를 듣는 과정에서 느꼈던 여러 가지 감정과 생각 등도 인상기의 형태로 뒤에 실었다. 그럼에도 어떻게 해야 할머니들의 증언을 생생하게 복원할 수 있을까 하는 것은 계속적인 고민으로 남아 있다.

이 문제가 세상에 모습을 드러낸 지도 벌써 6년여의 세월이 흘렀다. 여러 국제기구와 우리의 국제법에 따른 배상 권고를 아직도 무시하고

'국민기금'으로 다시 한번 늙고 병들은 할머니들을 기만하고 있는 일본 정부를 상대로 적절한 배상을 촉구하는 데 이 증언집이 일조를 하였으면 한다.

그동안 저희 연구회 회원들과 만나서 당신의 얘기를 열심히, 때로는 짜증을 내시면서도 들려주신 '위안부' 할머니들의 절절한 피해의 경험이 독자들 가슴에도 전달되기를 기대한다.

예정보다 많이 늦어진 이 증언집을 만드는 데 고락을 함께 한 한국정신대연구회 회원들을 대신하여 이 글을 쓴다

여순주

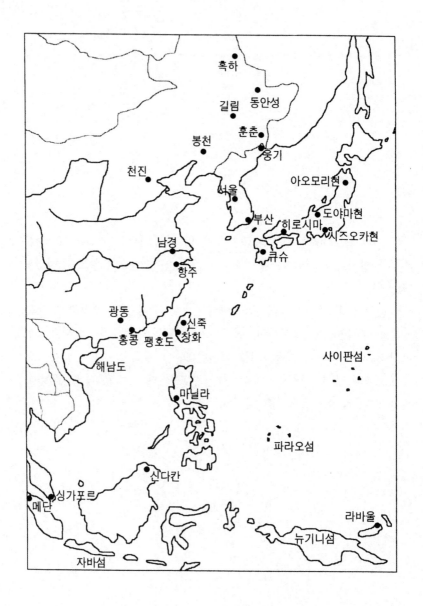

흑하

길림 동안성

훈춘
봉천 웅기

천진 아오모리현

서울 도야마현

부산 히로시마
시즈오카현

남경 큐슈

항주

광동 신죽
홍콩 팽호도 창화

해남도 사이판섬

마닐라

파라오섬

신다칸

싱가포르
메단 라바울

자바섬 뉴기니섬

■ 할머니들의 동원연대와 지역이름입니다. 지도와 함께 참조하여 주시기 바랍니다.

1 강무자(가명). 1941~1945
　파라오의 코롤/ 사이판/ 앙가루섬
2 김복동. 1941~1945. 6
　중국의 광동/ 홍콩/ 싱가포르/ 수마트라, 인도네시아, 말레이지아, 자바
　종전 후 싱가포르 제10 육군병원
3 김분선. 1937~1945
　중국의 봉천/대만의 신죽(新竹) / 필리핀 마닐라
4 박두리. 1940~1945
　대만 쇼카(彰化)
5 배족간. 1938(9)~1946
　중국의 고슈(杭州)/ 진송(陳村)/ 다이찡
　해방 후 상하이 수용소
6 손판임. 1941~1946
　라바울 논뙤브 위안소/ 보루네오의 신깡(산다칸, SANDAKAN시)/ 뉴기니아 미군
　점령 후 육군 병원/ 필리핀
7 여복실. 1939~1942
　중국 천진근처 시골
8 전금화. 1940~1945
　중국 혹하(黑河)
9 박연이(가명). 1941~1945
　중국 광동/ 싱가포르의 조슈구루앙 지구
10 최일례. 1931~1945
　만주
11 최정례. 1942~1945
　함북 웅기/ 중국의 훈춘
12 김춘자. 1939~1942
　만주 동안성 한사이카(반지아)
13 진경팽 1939~1946
　대만 기륭 근처 오카야마

<근로정신대 출신>
14 박순이(가명). 1944~1946
　일본 도야마현, 히로시마, 큐슈
15 김은진(가명). 1944~1946
　일본 도야마현(근로정신대)/ 아오모리현, 시즈오카현에서 위안부

- 한국정신대연구소

우리나라에서 유일하게 일본군 위안부 문제를 조사연구하는 모임이다. 1990년 7월 정신대연구회로 발족하고, 1997년 한국정신대연구소로 개칭했다. 위안부 관계자료를 발굴·조사하고, 피해자의 면담조사와 연구작업 그리고 교육·홍보작업을 계속해오고 있다. 군위안부 증언집인 『강제로 끌려간 조선인 군위안부들1, 2, 3』(1993, 1997, 1999), 중국 무한지역 할머니들의 증언을 담은 『중국으로 끌려간 조선인 군위안부들1, 2』(1995, 2003)를 책으로 펴냈다. 또한 1997년에는 광복 50주년 기념 학술대회를 개최했으며('한일 간의 미청산과제'), 1998년에는 피해자를 돌보는 공무원들을 대상으로 교육을 실시한 바 있다. 일제시기 징병·징용당했던 분들의 위안소나 위안부에 관한 증언을 기다리고 있으며, 본 연구소의 연구원 또는 후원회원도 모집하고 있다. (전화: 02-2672-3304, 이메일: ianfu1990@hanmail.net).

증언집

강제로 끌려간 조선인 군위안부들 2

ⓒ 한국정신대문제대책협의회·한국정신대연구소, 1997

엮은이 | 한국정신대문제대책협의회·한국정신대연구소
펴낸이 | 김종수
펴낸곳 | 한울엠플러스(주)

초판 1쇄 발행 | 1997년 4월 30일
초판 3쇄 발행 | 2018년 7월 20일

주소 | 10881 경기도 파주시 광인사길 153 한울시소빌딩 3층
전화 | 031-955-0655
팩스 | 031-955-0656
홈페이지 | www.hanulmplus.kr
등록번호 | 제406-2015-000143호

Printed in Korea.
ISBN 978-89-460-6472-0 03910

*책값은 겉표지에 표시되어 있습니다.